BIBLIOTHÈQUE

DE L'ÉCOLE

DES HAUTES ÉTUDES

PUBLIÉE SOUS LES AUSPICES

DU MINISTÈRE DE L'INSTRUCTION PUBLIQUE

SCIENCES HISTORIQUES ET PHILOLOGIQUES

CENT-TRENTE-NEUVIÈME FASCICULE

ÉTUDES SUR L'ÉTYMOLOGIE ET LE VOCABULAIRE DU VIEUX SLAVE
(1re PARTIE), PAR A. MEILLET.

PARIS (2e)

LIBRAIRIE ÉMILE BOUILLON, ÉDITEUR

67, RUE DE RICHELIEU, AU PREMIER

1902

TABLE DES MATIÈRES

CHARTRES. — IMPRIMERIE DURAND, RUE FULBERT.

ÉTUDES

SUR

L'ÉTYMOLOGIE & LE VOCABULAIRE

DU VIEUX SLAVE

CHARTRES. — IMPRIMERIE DURAND, RUE FULBERT.

ÉTUDES

SUR

L'ÉTYMOLOGIE & LE VOCABULAIRE

DU VIEUX SLAVE

PAR

A. MEILLET

DIRECTEUR D'ÉTUDES ADJOINT A L'ÉCOLE DES HAUTES ÉTUDES

PREMIÈRE PARTIE

PARIS (2e)

LIBRAIRIE ÉMILE BOUILLON, ÉDITEUR

67, RUE DE RICHELIEU, AU PREMIER

1902

AVERTISSEMENT

En faisant les recherches nécessaires à la préparation d'un dictionnaire étymologique du vieux slave que je me propose de publier d'ici à quelques années avec la collaboration de M. P. Boyer, j'ai été conduit à étudier un certain nombre de questions encore incomplètement résolues. Ce sont les résultats de ces études que je publie ici. Cette première partie renferme un examen détaillé de l'emploi de l'aspect dans l'Évangile vieux slave et la discussion de divers problèmes d'étymologie, de phonétique et de morphologie dont la solution importe à qui veut déterminer la forme et l'origine des mots slaves. Une seconde, qui paraîtra ultérieurement, et qui contiendra l'index de tout l'ouvrage, sera consacrée à la dérivation et au vocalisme.

Comme dans les *Recherches sur l'emploi du génitif-accusatif* parues dans cette même collection, les textes slaves ont été transcrits lettre à lettre, sans aucune part d'interprétation. On n'a innové que sur un point : la transcription par *x* de la spirante gutturale qui est ordinairement rendue par *ch*. Il a paru bon de proposer ici pour le slave l'emploi d'une transcription déjà familière depuis longtemps aux linguistes par l'usage qui en est fait dans la transcription de l'iranien et de l'arménien, et qui évite l'inconvénient, toujours grave, qu'il y a à rendre une lettre unique d'une langue par deux lettres de la transcription ; le *x* ne saurait d'ailleurs causer aucune ambiguïté puisqu'il n'a jamais en linguistique sa valeur vulgaire de *ks* et il fera particulièrement peu de difficulté aux slavistes puisqu'il est la reproduction pure et simple du caractère de l'alphabet russe. Le *h* qu'ont employé certains savants, notamment Miklosich, est plus critiquable encore que *ch*, car *h* désigne ordinairement tout autre chose qu'une spirante gutturale. D'une manière générale, il conviendrait, ce semble, d'employer *x* pour rendre la spirante gutturale sourde dans toutes les transcriptions ; le χ grec auquel on recourt souvent produit un effet disgracieux, puisqu'il appartient à un alphabet différent de l'alphabet latin, et a au fond l'inconvénient de ne pas s'accorder avec la prononciation ancienne du grec et par suite d'être légèrement ambigu. Si, comme on doit l'espérer, un congrès international de linguistes se réunit enfin un jour pour établir un système de transcription un et rationnel, il lui appartiendra de se prononcer sur l'innovation essayée dans cet ouvrage.

I

DES ASPECTS
PERFECTIF ET IMPERFECTIF
DANS LA TRADUCTION DE L'ÉVANGILE
EN VIEUX SLAVE

L'objet de la présente étude sur les aspects perfectif et imperfectif dans la traduction de l'Évangile en vieux slave est étroitement limité.

1° L'emploi des deux aspects n'est étudié que dans le seul texte vieux slave de l'Évangile, à l'exclusion de toute recherche systématique sur cet emploi dans les autres textes vieux slaves et, à plus forte raison, dans les textes d'autres langues slaves. Cette première limitation est aisée à justifier.

Depuis la *Vergleichende grammatik* de Miklosich où le chapitre de l'aspect tient la place qui convient, la question a été reprise en détail par M. Ul'janov au volume II de ses *Značenija glagol'nyx osnov* (Varsovie, 1895) ; les vues de M. Ul'janov ont été résumées et discutées à fond par M. Fortunatov, dans le volume XXXIV du *Sbornik* de la section de langue et littérature russes de l'Académie de Saint-Pétersbourg, p. 1-158 ; enfin M. Jagić a examiné les principaux faits et les principales difficultés dans ses *Beiträge zur slavischen syntax,* I, p. 72 et suiv. (au volume XLVI des *Denkschriften* de l'Académie de Vienne, *Phil. hist. cl.*), et M. Delbrück a exposé les choses au point de vue de la grammaire comparée dans sa *Vergleichende syntax,* II, p. 127 et suiv., 161 et suiv. Le sujet a donc été suffisamment étudié dans son ensemble ; le moment est venu de déterminer d'une manière détaillée et complète quel est l'emploi des aspects à chaque date dans chaque dialecte ; par là seulement on a quelques chances de faire avancer la solution des problèmes délicats qui restent encore à résoudre.

Dans ces études de détail il importe avant tout de s'en tenir à des textes qui représentent d'une manière précise et sans aucun mélange un moment défini d'un dialecte défini ; pour le vieux slave, l'Évangile est le seul document qui réponde à cette nécessité de la méthode. C'est en effet le seul texte étendu qui soit connu par plusieurs manuscrits anciens et fidèles à la source, le seul par conséquent où l'on puisse faire le départ entre l'œuvre du traducteur original et les altérations des copistes. Quand on étudie les autres monuments, on en est réduit à se demander perpétuellement ce qui est original et ce qui est dû aux copistes, sans avoir la plupart du temps aucune indication de fait qui permette de rien décider. — Par une heureuse rencontre, il se trouve que, d'une part, par la nature même du texte, l'Évangile présente des emplois très clairs et très variés et d'autre part que, la traduction ayant été à ce qu'il semble l'une des toutes premières, la langue dans laquelle elle est rédigée n'est point encore une langue littéraire fixée par tradition, mais représente effectivement le parler d'un certain lieu en un certain moment.

2° On s'est astreint à isoler la notion de l'aspect de toutes les autres notions plus ou moins connexes qui en obscurcissent la netteté. Cet isolement ne peut être réalisé que d'une manière abstraite ; car, dans chaque phrase, une forme verbale donnée exprime tout un ensemble de notions, les unes appartenant aux mots, les autres à chacune des catégories grammaticales dont elle relève ; comme l'aspect se trouve en rapports définis à la fois avec les divers types verbaux et avec les diverses formes temporelles, il a fallu l'étudier dans ses rapports avec ces deux catégories. Mais l'objet propre de cette étude est uniquement de définir ce qui est commun à tous les perfectifs et à tous les imperfectifs, de déterminer en un mot l'essence même de l'aspect.

Ce n'est pas à dire qu'on ait essayé de ramener à des formules abstraites la valeur du perfectif et de l'imperfectif : rien n'est plus dénué de réalité que ces règles où l'on prétend enfermer le sens d'une forme grammaticale ; car on ne définit la valeur d'une forme que par les types de phrase où elle figure et par le jeu des oppositions des diverses formes : une syntaxe qui ne renfermerait pas d'exemples serait de tous les livres le plus inutile et le moins intelligible.

3° *Aucune catégorie sémantique n'a été admise qui ne répondît à un moyen d'expression distinct dans la langue même.* Il a paru tout à fait vain de préciser arbitrairement des nuances de sens plus ou moins subtiles là où la langue n'a point institué de signes propres ; nul criterium ne permet de fixer où l'on doit s'arrêter dans ces distinctions et en effet on voit que les grammairiens qui se sont occupés de syntaxe n'ont cessé de raffiner les uns sur les autres, sans d'ailleurs réussir à tomber d'accord ; car on ne peut jamais s'accorder que sur ce qui est imposé par l'observation même des faits. La poursuite de nuances subtiles est une conséquence naturelle de la recherche des formules abstraites qui a eu en syntaxe tant de conséquences fâcheuses et à laquelle on a cru devoir entièrement renoncer ici.

Par là même on a été dispensé de discuter les catégories qu'a posées M. Ul'janov. Le vieux slave ne distinguant dans la forme que deux catégories, le perfectif et l'imperfectif, il n'y avait, d'après le principe général, que cette seule opposition à étudier.

4° L'opposition du perfectif et de l'imperfectif qui, dans les autres langues où on la rencontre, le baltique, le germanique, le latin, ne joue qu'un rôle accessoire, est au contraire un élément absolument essentiel du système verbal slave. Dès lors toute comparaison partielle de l'aspect en slave et de l'aspect en baltique par exemple ne peut aboutir qu'à donner une idée fausse du rôle de l'aspect dans l'une des deux langues envisagées ; le seul procédé légitime est d'opposer l'ensemble du système slave à l'ensemble du système de chacune des autres langues, de manière à en faire ressortir la rigueur toute particulière. Pareille comparaison d'ensemble ne saurait être faite dans une monographie portant sur un seul texte, quoiqu'il se trouve que l'état présenté par la traduction slave de l'Évangile ne doive pas différer très sensiblement de l'état slave commun.

Mais il importe, pour éviter tout malentendu, de poser dès le début deux principes qui sont certains.

a. — L'opposition du perfectif et de l'imperfectif est à peu près exactement synonyme de celle des thèmes d'aoriste et de présent en grec; le traducteur de l'Évangile l'a vu très clairement, et d'autant mieux que, dans le grec de son temps, il n'existait plus d'autres thèmes que ceux d'aoriste et de présent; *aussi traduit-il, autant que possible, un thème d'aoriste par un perfectif, un thème de présent par un imperfectif.*

Là où le traducteur a transcrit les verbes grecs au lieu de les traduire, il ne s'est pas servi pour chaque verbe d'un seul et même thème, mais a transcrit, suivant les cas, tantôt le présent et tantôt l'aoriste: βλασφημεῖν a donné *vlasvimljati*, βλασφημῆσαι *vlasvimisati*:

Mt., IX, 3 βλασφημεῖ: *vlasvimlěatŭ* Mar.; *vlasfymlěetŭ* Ass.; l'accord de Mar. et Ass. prouve que *vlasvimisaetŭ* Zogr. est une innovation.

J., X, 36 βλασφημεῖς: *vlasviml^ěeši* Zogr. Ass.; *vlasfimlěęši* Mar.

mais:

Mc, III, 28 βλασφημήσωσιν: *vlasvimisajątŭ* Zogr.; *vlasfimisajątŭ* Mar.; ib. 29 βλασφημήσῃ: *vlasvimisaetŭ* Zogr.; *vlasvimisaatŭ* Mar.

L. XII, 10 βλασφημήσαντι: *iže vlasvimisaetŭ* Zogr. Mar. Ass.

Si l'on trouve seulement *skandalisati*, c'est que, dans les deux passages où le verbe apparait, le grec a σκανδαλίσαι:

Mt., XVIII, 6 σκανδαλίσῃ: *skandalisaetŭ* Mar. (Zogr. Ass. def.); dans ce passage le verbe est construit parallèlement à des perfectifs et semble indiquer que ces verbes en *-isati* ont la valeur perfective;

L. XVII, 2 σκανδαλίσῃ: *skanŭdalisaatŭ* Mar. (*sŭblažněetŭ* Zogr.; Ass. def.).

Dans des textes postérieurs, ces transcriptions d'aoristes grecs en slave deviennent plus fréquentes et finalement, c'est en principe sous la forme de l'aoriste qu'ont été faits les emprunts de verbes grecs par les dialectes slaves méridionaux (v. Miklosich, *Vergl. gramm.*, II, p. 276 et suiv.).

Or, comme l'aoriste et le présent du grec répondent à l'aoriste et au présent de l'indo-iranien et de l'arménien dont les thèmes expriment l'aspect et non le temps, de même que les formes grecques (mais avec moins de netteté), on peut dire que le perfectif et l'imperfectif slaves sont en gros synonymes de l'aoriste et du présent indo-européens ; ceci ne signifie pas que le perfectif et l'imperfectif continuent d'une manière quelconque les distinctions exprimées par l'aoriste et le présent indo-européens, et la question de la substitution de l'un des procédés à l'autre reste entière.

b. — De ce qu'un imperfectif est transformé en perfectif par l'addition de certains préverbes en letto-slave, en germanique et en latin, il ne résulte pas que cette action des préverbes soit un fait dialectal de date indo-européenne. Car en indo-européen, les mots qui ont fourni les prépositions et les préverbes étaient encore des sortes d'adverbes, parfois juxtaposés à un nom ou à un verbe de manière à n'avoir avec le mot suivant qu'un seul ton (tombant sur l'adverbe au moins dans une partie des cas), mais souvent aussi complètement indépendants et isolés.

Ainsi dégagée de toute considération étrangère, la présente étude — où l'on ne trouvera aucune nouvelle théorie et qui a pour unique objet de préciser les idées — permettra d'apprécier à quel point la notion de l'aspect a de rigueur et de constance en slave ; il est à souhaiter qu'elle dissipe le préjugé qui fait si souvent chercher dans le verbe slave le type même de l'emploi du perfectif et de l'imperfectif, alors que le slave présente cet emploi sous sa forme la plus fixée, la plus rigide et, par suite, la plus éminemment particulière et la moins propre en un certain sens à éclairer les faits des autres langues.

CHAPITRE I

DÉFINITION MORPHOLOGIQUE DU PERFECTIF ET DE L'IMPERFECTIF VIEUX SLAVES

I

Généralités.

L'originalité du slave à l'égard des aspects perfectif et imperfectif consiste essentiellement en ceci :

Le slave possède en face de tout perfectif un imperfectif correspondant — et il possède — en général, mais non pas toujours — un perfectif en face de chaque imperfectif.

Un verbe imperfectif par lui-même prend en général l'aspect perfectif quand il est précédé d'un préverbe quelconque : *bljusti* est imperfectif, *sŭbljusti* est perfectif. Toutefois, quelques verbes naturellement imperfectifs — peu nombreux d'ailleurs — peuvent rester imperfectifs même après addition d'un préverbe : *sŭležati* est imperfectif aussi bien que *ležati*.

Un verbe perfectif, soit par lui-même, soit par addition d'un préverbe, se reconnaît toujours à ce qu'il a en face de lui un verbe, généralement dérivé, qui lui sert d'imperfectif et qu'on nomme *itératif*; par exemple le caractère perfectif de *sŭbljusti* est établi par l'existence de l'itératif *sŭbljudati*. En d'autres termes, l'*existence d'un itératif est le criterium essentiel du caractère perfectif d'un verbe donné.*

Par suite, les itératifs sont le seul type de verbes vieux slaves que l'addition d'un préverbe ne rende jamais perfectifs.

Il résulte de là que la formation constante et régulière d'un itératif en regard de tout perfectif est le trait caractéristique du système de l'aspect verbal en slave.

Cette formation était la condition nécessaire d'une particularité que le slave est seul à présenter entre toutes les langues indo-européennes et dont les dialectes les plus immédiatement voisins, les dialectes baltiques, n'ont en aucune manière l'équivalent : la forme du présent de tout verbe imperfectif exprime le temps présent, mais la forme du présent d'un verbe perfectif indique en général un fait futur, au moins en proposition principale : *bljudą* signifie « j'observe » et *sŭbljudą* « j'observerai » ; suivant donc qu'une forme de présent indique en proposition principale un fait présent ou futur, on peut conclure qu'elle appartient à un verbe imperfectif ou perfectif. Ce criterium permet de suppléer à l'absence accidentelle d'une opposition des formes perfectives et imperfectives. Il convient d'ajouter à ce criterium très important d'autres indications secondaires dont la principale est que l'imparfait et le participe présent n'existent en général que dans les verbes imperfectifs : tous ces détails seront examinés plus loin. On peut dès à présent les retenir pour faciliter la détermination du caractère perfectif ou imperfectif de chaque verbe.

II

Verbes simples.

A. — Type radical thématique et athématique.

La plupart des verbes de type radical sont nettement imperfectifs ; c'est le cas de *bljudą, bljusti* — *brĕgą, brĕšti* (variante de *roditi,* pouvant ne pas appartenir au texte original de la traduction ; comme *neroditi, nebrĕšti* n'a pas de perfectif et c'est la périphrase *nebrĕšti vŭčinetŭ* Zogr. Ass. dans Mt., VI, 24, et Zogr. dans L. XVI, 13 qui sert à traduire le futur καταφρονήσει) — *vladą, vlasti* — *vlĕką, vlĕšti* — *gnetą, gnesti* — *gryzą, grysti* — *grędą, gręsti* (sans doute anciennement du type à nasale infixée, mais ayant en slave l'aspect d'un verbe du type radical) — *jesmĭ* — *žegą, žešti* — *živą, žiti* — *židą, židati* — *žĭrą, žrŭti* — *zovą, zŭvati* — *jiską* (et secondairement, par analogie, *jištą*, cf. M. S. L. XI, 300 n.), *jiskati* — *kradą, krasti*

— *mogą, mošti* — *pasą, pasti* — *peką sę, pešti sę* — *prędą, pręsti* — *pojq, pěti* — le participe *pitomŭ*, isolé — *rastą, rasti* — *strěgą, strěšti* — *sŭsą, sŭsati* — *tĭrą, trŭti* — *tlŭką, tlěšti* — *čĭtą, čisti* — *šiją, šiti* — *jadą, jaxati*. Il convient d'ajouter à part l'ancien parfait *vědě (věmĭ), věděti*.

L'examen de cette liste suffit, sans qu'il soit besoin d'insister, pour établir que l'aspect est indépendant et du vocalisme avec *e* ou *ŏ*, ou sans *e*, du présent aussi bien que de la forme de l'infinitif — infinitif simple, ou infinitif en *-a-ti*. A cet égard, le slave s'oppose au sanskrit : le type skr. *bódhati* (auquel répondent en slave *bljudą* et en grec πεύθομαι) a en effet le caractère imperfectif en général tandis que le type skr. *giráti* (auquel répond v. sl. *žirą*) a le caractère plutôt perfectif, comme l'a montré M. Delbrück, *Vergl. synt.*, II, p. 83 et suiv. Cette différence des deux langues provient sans doute en partie d'innovations du slave, car, on le sait, le fait que le vocalisme du type *giráti* se retrouve normalement dans les aoristes thématiques grecs (λιπεῖν en regard de λείπειν) semble bien indiquer que l'opposition sanskrite de la valeur sémantique des deux types remonte au moins en partie à l'indo-européen. Mais il n'y avait rien là de tout à fait absolu ; car la valeur aoristique de γενέσθαι montre assez qu'une forme à vocalisme radical *e* n'a pas nécessairement le sens imperfectif et que le sens perfectif n'est pas indissolublement lié à la forme sans *e*. Il faut, avec M. Delbrück, tenir compte de la valeur naturellement perfective ou imperfective (ou indifférente) de chaque racine. Et c'est ce qui permet d'expliquer les exemples suivants où un verbe du type radical — de forme d'ailleurs quelconque — est perfectif par lui-même, sans l'intervention d'aucun préverbe :

padą (inf. *pasti*) est nettement perfectif: L. XX, 18 = Mt. X, 29 ; L. XXI, 24 (*padątŭ* « πεσοῦνται ») ; Ps. IX, 31 (*padetŭ* « πεσεῖ ») ; XVII, 39 (*padątŭ sję* « πεσοῦνται » ; il y a un itératif *padaetŭ* « πίπτει », par exemple L. XI, 17. De même r. *padú, pástʹ* ; polon. *padę, paść*. — On ne saurait rapprocher cette valeur perfective si bien établie d'aucun fait identique d'une autre langue indo-européenne, parce que *padą* ne se retrouve *identiquement* nulle part ; le skr. *pádyate*, qui est ce qu'il y a de plus proche, ne peut rien indiquer. Mais la racine, sans doute parente, qui a fourni le verbe grec de même sens était sûrement perfective, au moins dans une partie de ses emplois; si en effet on rapproche la racine de γίγνομαι, on constate que les formes du présent à redoublement peuvent être employées en grec là où la forme radicale a la valeur perfective ou aoristique; c'est ce qu'enseignent également δίδωμι, ἔδομεν — τίθημι, ἔθεμεν — ἵστημι, ἔστην — etc.; la forme radicale à vocalisme *e* fournit l'aoriste ἔπετον (la forme ion. ἔπεσον est obscure), de même que ἐγενόμην et ἔτεκον en regard de γίγνομαι et τίκτω (de *τίτκω); là où la forme à vocalisme *e* a la valeur imperfective (présent grec), le présent à redoublement a une valeur légèrement intensive, ainsi dans μίμνω, ἴσχω en regard de μένω, ἔχω et alors l'aoriste radical, s'il en existe un, a la forme sans *e* de la racine : ἔσχον (sur ἰάχω, voir Schulze, K. Z. XXIX, 237 sqq.).

jimą (jęti) a l'itératif anomal *jemlją, jimati*; l'exemple J. V, 47 est très caractéristique à cet égard : *ašte li togo kŭnigamŭ věry ne emlete. kako mojimŭ glomŭ věrą jimete* Zogr. « εἰ δὲ τοῖς ἐκείνου γράμμασιν οὐ πιστεύετε, πῶς τοῖς ἐμοῖς ῥήμασιν πιστεύσετε » (ici *věrą jimą* a entraîné *věrą jemlją*; mais d'ordinaire c'est *věrują* qui sert d'imperfectif à *věrą jimą*). Le polon. *jąć* est de même perfectif et a pour itératif *imać*. — Ici encore la valeur perfective paraît ancienne. Le correspondant lituanien *imù, imti* a en effet le caractère perfectif et il en est de même de got. *niman*. L'aspect de lat. *emere* n'est pas clair.

Dans les deux exemples précédents l'aspect perfectif est constant et par suite très visible. Il n'en est généralement pas de même dans les autres verbes radicaux; l'aspect perfectif ne s'y rencontre d'ordinaire que concurremment avec l'imperfectif. Ainsi :

vedą, vesti : le caractère perfectif de J. XXI, 18 *vedetŭ* « οἴσει » est plus apparent que réel, et l'on verra au chapitre II que, dans une phrase construite comme celle-ci, la valeur future ne prouve pas le perfectif; mais l'itératif *voditi* se rencontre une fois Mt. XV, 14. Toutefois il y a aussi des imparfaits : L. XXIII, 32 *veděaxą* « ἤγοντο » Zogr. Mar. (mais aor. *věsę* Ass.); L. IV, 1 *veděaše sę* « ἤγετο » Zogr. Mar. (Ass. déf.) et un participe présent L. XXI, 12 *vedomy* « ἀπαγομένους » Zogr. Mar. Ass.

nesą, nesti n'a pas dans l'Évangile une valeur proprement perfective ; on lit même un participe présent J. XIX, 39 *nesy* « φέρων » Zogr. Mar. Ass., mais on notera que dans ce passage le sens est « apportant » plutôt que « portant ». Pour préciser le caractère duratif, c'est l'itératif *nositi* qui est employé, ainsi L. XIV, 27. Dans J. XIX, 17, le participe βαστάζων est traduit par *nesy* Zogr. Mar., mais par *nosę* Ass. Sav. Nikol. — Malgré la différence essentielle de la forme il n'est pas inutile de rappeler ici que, en grec, un thème de la famille de *nesą*, ἐνεγκεῖν, fournit à φέρω son aoriste. Cf. Delbrück, *Vergl. synt.*, II, p. 138.

ženą, gŭnati n'existe dans l'Évangile à l'état de simple qu'une fois ; et il est à l'aoriste : Mc I, 36 *gŭnašę* Zogr. Mar. Ass. L'imperfectif « διώκειν, ἐλαύνειν » est exprimé à plusieurs reprises par l'itératif *goniti*. — On ne saurait rien tirer du rapprochement avec skr. *hánti* pour expliquer l'aspect du verbe slave, d'abord à cause de la très forte divergence de sens entre les verbes des deux langues et, en second lieu, parce que l'aspect du verbe sanskrit n'est point clair (v. Delbrück, *Vergl. synt.*, II, 73).

teką, tešti est d'ordinaire employé à l'aoriste dans l'Évangile, mais on a aussi une fois, J. XX, 4, l'imparfait *tečaašete*. L'itératif *točiti*, qui sert à souligner quand il y a lieu la valeur imperfective, ne se rencontre pas dans l'Évangile ; il y en a un exemple Euch. 44 b (*točęšti buri*) et le substantif abstrait est dans l'Évangile même : *točenii* « ῥύσει » Mc V, 25 Zogr. Mar. (*tečenii* Ass.) et L. VIII, 43 Zogr. Mar. Ass.

tepą, teti semble perfectif : dans une série de perfectifs, Mt. XXIII, 34 *tepete* « μαστιγώσετε » Ass. Ostr. (mais *bięte* Mar. : l'ancien texte de Zogr. manque pour ce passage) ; cf. *tepenŭ* « μεμαστιγωμένος » Ps. LXXII, 14 ; dans Euch. 88 a, on lit, il est vrai, le participe présent *tepy* à la suite de plusieurs imperfectifs, mais, dans l'Évangile, c'est *biti* qui sert d'imperfectif : L. XVIII, 13 *biěše* Zogr. Mar. Ass. « ἔτυπτεν » ; L. XXIII, 48 *bijąšte* Zogr. Mar. Ass. « τύπτοντες » ; etc. Si, dans le Marianus, *biete* traduit μαστιγώσετε Mt. XXIII, 34, c'est que, comme on le sait, *biete* a pris la place de *tepete* de l'original. — L'opposition de *teti* et de *biti* ne saurait surprendre, si l'on se souvient que l'aoriste du skr. *hánti* est *ávadhīt* et que le parfait du lat. *feriō* est *percussī* (Osthoff, *Suppletivwesen*, 12).

rekǫ, rešti est nettement perfectif (et le polonais *rzec, rzekę* l'est aujourd'hui encore); on lit par exemple *rekǫ* « ἐρῶ » L. XV, 18. L'imperfectif correspondant est l'intensif *glagolati*, qui n'est d'ailleurs pas itératif, car il possède un aoriste souvent employé et les formes munies de préverbes, comme *vŭzglagolati*, sont perfectives. On ne doit pas opposer absolument le participe présent *rekomyĭ* « λεγόμενος » qu'on lit une fois J. IV, 25 ; ce participe présent se trouve en effet entouré de perfectifs et il semble bien que l'auteur lui ait, d'une manière tout exceptionnelle, attribué une valeur également perfective : *vėmĭ ėko mesiė pridetŭ. rekomy xŭ. egda tŭ pridetŭ vĭzvėstitŭ namŭ vsė* Zogr. Mar. ; néanmoins cet emploi a choqué les correcteurs, car Ass. a *glagolemy* et Ostr. *naricajemy* (qui est la traduction ordinaire de λεγόμενος) au lieu de *rekomyĭ*. Il convient cependant d'ajouter qu'on n'aurait pas employé ainsi le participe présent d'un perfectif obtenu à l'aide d'un préverbe et que, d'autre part, le même participe *rekomoe* se trouve isolément dans Sav. à la place de *naricaemoe* Zog. Mar. Ass. Mt. XXVII, 33 (l'innovation de Sav. a pour objet de varier l'expression, ce que Ass. a réalisé autrement) ; cf. Ul'janov, *Znač. glag. osnov*, II, 171. Il est impossible de ne pas rapprocher : gr. λέγω, ἐρῶ, εἶπον et skr. *brávīti, vákṣyati, ávocat* de v. sl. *glagolją, rekǫ, rėxŭ* ; cf. aussi got. *rodjan*, imperfectif de *qiþan* ; le caractère perfectif de i.-e. **wek*ʷ- est confirmé par le fait que l'on n'obtient un présent imperfectif de cette racine qu'à l'aide d'un redoublement : skr. *vívakti*. Il n'est sans doute pas fortuit que le verbe assez isolé v. sl. *rekǫ* rappelle de si près la forme de la racine perfective i.-e. **wek*ʷ- ; cf. toutefois le présent gr. ἐνέπω en regard de l'aoriste à redoublement ἔσπετε « dites ».

jidǫ, jiti a un aspect moins net que le verbe précédent ; la valeur est future L. XV, 18 *jidǫ* « πορεύσομαι » Zogr. Mar. Ass., et dans plus d'un autre passage, *jidǫ* paraît bien être perfectif ; d'autre part on rencontre *xoditi* toutes les fois que le sens est vraiment imperfectif, ce qui souligne le caractère perfectif de *jidǫ* ; pour le traducteur de Év., *jidǫ* peut être perfectif sans l'addition de *po-* ; toutefois de bonne heure le besoin d'un préverbe a été senti, et on lit déjà L. XV, 20 *pojide* Ass. (*jide* Zogr. Mar.) ; Mt., XXVI, 46 *pojiděmŭ* Zogr. (*jiděmŭ* Ass. Mar.) ; cf. Cloz, 303, Supr. 311, 28. Mais ceci n'empêche pas qu'on rencontre souvent l'imparfait et le participe présent de *jidą*. Cette inconséquence dans l'emploi de *jidą* n'a rien de surprenant, car, tandis que, en sanskrit, *ágāt* est l'aoriste de *éti*, en grec on voit εἶμι servir de futur à un verbe dont le présent est ἔρχομαι et l'aoriste ἦλθον ; or on sait que *jidą* (ancien **jĭdą*) est un élargissement du thème racine i.-e. **ei-*, *i-*, exactement comme *jadą* est un élargissement de i.-e. **yā-* (skr. *yā́ti*). L'aspect imperfectif de *xoditi* tient à la formation (cf. *voditi*, etc.) et non à la racine, car les participes passés de *jiti* sont fournis par la même racine : *šĭdŭ*, *šĭlŭ* (cf. Osthoff, *Suppletivwesen*, 8 et suiv.).

pĭją, piti présente les deux aspects, perfectif et imperfectif, mais moins clairement que *jidą, jiti*. Les exemples d'imperfectif comme Mc II, 16 *pietŭ* « πίει » Zogr. Mar. Ass. ; Mt., XI, 18 et 19, etc. sont d'une netteté parfaite et le contraste de l'infinitif imperfectif *piti* Mt. XX, 22 et du perfectif *ispieta* ib. 23 Mar. est plus frappant encore, bien que *piti* traduise l'aoriste « πιεῖν ». Au contraire les exemples du perfectif J. VII, 37 ; Mc XIV, 25 ; L. XVII, 8 ; Mt. VI, 25 ; XXVI, 29 sont plus ou moins discutables ; et de Mt. XX, 22, 23 et Mc X, 39 il résulte que le présent *pĭją* n'exprime pas par lui-même le futur ; aussi ne trouve-t-on point d'itératif en regard ; mais les exemples montrent néanmoins que ce verbe a un caractère particulier et qu'il est autre chose qu'un imperfectif ordinaire. Or on notera que le présent indo-européen de ce verbe est une forme (anomale) à redoublement : skr. *píbati*, irl. *ibim*, lat. *bibō* et que, en grec, πῖθι est un impératif aoriste (cf. aussi ἔπιον). La racine indo-européenne parait donc avoir eu plutôt l'aspect perfectif.

jamĭ, jasti est nettement imperfectif dans nombre de cas, par exemple L. XVII, 27, mais n'a nulle part une valeur bien clairement perfective ; les deux exemples (Mt. XIV, 16 et XXV, 35) cités par M. Jagić, *Beitr. z. slav. synt.*, 74, où l'infinitif *ěsti* traduit φαγεῖν ne prouvent pas, car le sens imperfectif est très admissible et le vrai perfectif *sŭn-ěsti* aurait faussé le sens ; quant aux deux autres exemples cités par

M. Jagic', Mt. VI, 25 et L. XVII, 8, *ěmĭ* s'y trouve à côté de *pĭją* et la valeur demi-perfective de *ěmĭ* s'explique assez par l'influence du verbe voisin dans la phrase (et souvent associé dans l'esprit des sujets parlants, par suite de la fréquence des cas analogues) *pĭją*. L'exemple suivant de Supr. 372, 24 a un peu plus de valeur sans être encore décisif : *vĭ n'ĭže dĭnĭ jasi* (φάγῃ), *sŭmrĭtĭją umreši* (ἀποθάνῃ). Il est inutile d'ajouter qu'il n'existe aucun itératif en regard de *jamĭ*. — Le caractère imperfectif de la racine indo-européenne de *jamĭ* est bien établi par le fait que, en regard des présents skr. *átti*, arm. *utem*, gr. ἐσθίω, les aoristes sont skr. *ághaḥ*, arm. *keray*, gr. ἔφαγον ; comme πίομαι, la forme ἔδομαι doit sa valeur de futur à ce qu'elle est un ancien subjonctif.

metą est tenu pour perfectif par M. Jagic', *Beitr. z. slav. synt.*, I, 79 à cause de J. XIX, 24 *metěmŭ žrěbiję* « λάχωμεν » ; mais cet impératif n'est pas nécessairement perfectif ; il importe de noter d'ailleurs que *pometą* n'existe dans l'Évangile qu'au sens de « je balaierai » (par exemple L. XV, 8). En revanche on lit J. X, 32 et 33 *kamenĭe metete* (resp. *metemŭ*) « λιθάζετε » (resp. λιθάζομεν) Mar. Ass., et si Zogr. a *meštete, meštemŭ*, cela ne tient pas nécessairement à ce que *metą* était perfectif, mais tout simplement à ce qu'un présent *meštą* était normal en regard de l'infinitif *metati*, supposé par l'aoriste *metašę* Mt. XXVII, 35 — Mc XV, 24 — J. XIX, 24 Zogr. Mar. (jamais dans Ass.). Le présent de la forme *meštą* est celui qu'on trouve aujourd'hui au sens de « je jette » dans russe *metát', mečú* — serbe *mètati, mèćēm* — tch. *metati, mecu*, tandis que *metą, mesti* n'a subsisté d'ordinaire qu'au sens de « balayer » (s. *mèsti*, etc.). De même, et pour la même raison, Zogr. a *meštetŭ* Mc, XII, 41, en regard de *metetŭ* « βάλλει » Mar. (Ass. def.). — Il n'y a pas dans l'Évangile trace d'un infinitif *mesti* pour un autre sens que celui de « balayer », mais l'infinitif anomal *metati* (cf. *zŭvati* en regard de *zovą*) a de bonne heure cessé d'être compris et a paru être une forme d'itératif, si bien qu'un imparfait *metaaxą* a été substitué à *metašę* dans L., XXIII, 34 Zogr. Mar. Ass. et Mt., XXVII, 35 Ass. ; il a aussi été formé un participe présent d'itératif *metająšte* qu'on lit Mc, XV, 24 Ass. et Ps. CXXV, 6 ; cf. pol. *miotac', miotam*. Il est résulté de là une conséquence singulière : au lieu des formes d'itératif ordinaires *vŭmětati, otŭmětati, pomětati* (Évangile), *jizmětati, primětati* (Ps. sin.), on rencontre isolément : *otŭmetati* 4 fois dans Mar. (jamais dans Zogr. Ass.), *pometati* Mt. VII, 6 Ass. (*pomětati* Zogr. Mar.) ; au contraire *premetati sę* Euch. 84 a est sans doute perfectif. Il n'y a donc aucune raison de considérer *metą* comme perfectif.

vrŭgą, vrěšti est peut-être perfectif dans une certaine mesure ; mais aucun des exemples d'Év. n'est probant en aucun sens : J. VIII, 59 *da vrŭgątŭ* « ἵνα βάλωσιν », ib., 7 *vrŭdzi* « βαλέτω » etc. ; *vrŭže* « ἐξέβαλες » Ps. XLIX, 17 ne prouve rien non plus. Sreznevskij, *Materialy*, cite un participe présent *vrŭgy* « βάλλων » et les dictionnaires ne donnent aucune forme du vieux slave comparable à l'itératif tch. *vrhati*, pol. *wierzgac'* qu'on a en regard des perfectifs tch. *vrhnu*, pol. *wierzgnę*, serbe *vȓgnēm*. — On ne saurait donc rien dire de certain sur ces verbes.

klĭną sę, klęti sę semble perfectif dans Mt. V, 33 *ne vŭ lŭže klĭneši sę* Zogr. Mar. (Ass. def.) « οὐκ ἐπιορκήσεις » et peut-être aussi dans toute la série d'exemples Mt. XXIII, 16 et suiv. ; mais le participe présent *klĭny sę* est fréquent et Ps. LXI, 5 a aussi l'imparfait. Il n'y a pas d'itératif en regard de *klęti sę*.

En somme, à part *padą, jimą* et sans doute aussi *tepą* et surtout *reką*, les verbes radicaux du slave n'ont pas les caractères d'un vrai perfectif : existence d'un itératif correspondant, valeur de futur de la forme du présent et inexistence du participe présent et de l'imparfait. Mais beaucoup de ces verbes ont une valeur qui n'est ni nettement perfective ni nettement imperfective ; un verbe simple n'est pas imperfectif avec autant de constance que les itératifs qui sont formés en vue de l'expression même de l'aspect imperfectif ; on verra au chapitre II que les verbes simples imperfectifs ont un aoriste, à la différence des itératifs ; quand l'addition d'un préverbe fait difficulté, un verbe simple peut, même sans être expressément perfectif, indiquer le futur ; ainsi dans Év. *popeką sę* ne se rencontre pas et *pečetŭ sę* traduit par suite « μεριμνήσει » Mt., VI, 34 (cf. aussi Supr. 51, 8).

Il est permis de penser que l'aspect nettement perfectif de *padą, jimą, reką* et *tepą* n'est que le débris d'un emploi ordinaire de beaucoup de verbes simples comme perfectifs par eux-mêmes. La réduction du nombre des perfectifs immédiats s'explique sans peine : un verbe simple conserve aisément son aspect perfectif dans une langue telle que le lituanien où le perfectif ne joue qu'un rôle accessoire et n'est pas un élément essentiel de la grammaire; mais là où, comme en slave, l'opposition du perfectif et de l'imperfectif vient à dominer tout le système verbal, chacun des deux aspects tend de plus en plus à être marqué par des signes bien sensibles et faciles à reconnaître : il n'y a pas de raison de croire que les anciens présents radicaux perfectifs énumérés ci-dessus aient jamais pris d'une manière constante la valeur de futur si éminemment caractéristique des présents perfectifs slaves. Même les verbes qui sont encore nettement perfectifs en vieux slave n'ont pas toujours conservé leur aspect dans le développement ultérieur de la langue; M. Ul'janov signale (*Znač.*, II, 171) l'emploi comme imperfectif de *jimą* en russe, en polonais et en tchèque et même de *padą* en russe; le tchèque *tepu* est imperfectif (Gebauer, *Hist. mluv.*, III, 2, p. 154 et suiv.). — Cette explication, donnée pour les verbes radicaux, a une valeur générale et s'applique naturellement à tous les autres types de verbes qui présentent des perfectifs immédiats ; on en verra de nombreux exemples par la suite.

B. — Type radical à redoublement.

Le slave n'a pas conservé de type à redoublement à proprement parler. Mais il possède un verbe qui comprend un élément de redoublement : *damĭ, dati* et, chose singulière, ce verbe est perfectif par lui-même comme le montre tout l'ensemble de ses emplois, trop connu pour qu'il y ait lieu d'y insister ici (cf. s. *dâm*, r. *dám*, pol. *dam*); M. Fortunatov a indiqué que les rares exemples où l'on a cru reconnaître une valeur imperfective de *damĭ* au sens de « donner » ne sont pas probants (*Krit. razbor*, 130 et suiv.). Sans doute la racine i.-e. **dō-* avait le caractère perfectif, ainsi qu'il ressort des aoristes radicaux skr. *ádāt*, gr. ἔδομεν, arm. *etu* et de l'emploi même du lat. *dare* et l'on sait que got. *giban* est aussi perfectif; mais on recourt justement à la forme redoublée pour obtenir le présent : skr. *dádāmi,* gr. δίδωμι. L'anomalie slave s'explique sans doute par un détail de la formation : la voyelle du redoublement ne répond ni à l'*i* du type gr. δίδωμι ni à l'*e* du type skr. *dádāmi,* tel qu'on le retrouve en letto-slave même dans un verbe tout voisin, lit. *dē-s-t(i),* v. sl. *deždą* ; elle est en letto-slave *ō* : lit. *dū́-s-t(i),* v. sl. *da-s-tŭ* ; en d'autres termes, l'*ō* de l'aoriste et de l'infinitif lit. *dŭ́ti,* v. sl. *dati* a été transporté au présent ; le présent est donc une contamination de l'ancien présent redoublé et de l'ancien aoriste, ce qui rend compte du sens immédiatement. Même sans cette curieuse particularité, la valeur perfective de *damĭ* pourrait s'expliquer par l'influence du thème de l'infinitif *dati* qui a conservé le caractère perfectif de la racine i.-e. **dō-* ; c'est ce que montre l'histoire de *deždą, dèti* (cf. l'alinéa suivant sur ce dernier verbe). — Enfin il importe de noter que le caractère perfectif de *damĭ* est lié au sens de « donner » et que, au sens figuré, de « permettre », *damĭ* est imperfectif, ainsi qu'on le verra au chapitre II, V (à propos de l'imparfait). Cette remarque fournit une importante confirmation de ce qui a été dit précédemment ; la fixation de l'aspect des verbes simples est chose relativement tardive ; on voit que le sens propre du verbe y a joué un rôle décisif.

L'itératif correspondant à *damĭ* est *dają* (cf. s. *dájēm,* r. *dajú,* pol. *daję*), par exemple *dają* « δίδωμι » J. X, 29. Cet itératif est formé, exactement comme celui de *jimą, jemlją,* d'une manière fort remarquable : au thème racine **dō-* a été ajouté le suffixe secondaire **-ye-* (cf. M. S. L., XI, 300) ; l'arménien a formé de même son présent, car arm. *tam* repose sur un ancien thème **də-ye-*. Et en effet le suffixe **-ye-* est le suffixe secondaire au moyen duquel les dialectes indo-européens ont tiré des présents, soit de thèmes verbaux (perfectifs ou imperfectifs), soit de thèmes nominaux.

En lituanien, le présent *dè-s-ti* a conservé sa forme ancienne, mais le présent slave correspondant a reçu précisément le suffixe secondaire **-ye-* et de là résulte *deždą* qui ne se trouve d'ailleurs pas dans l'Évangile. L'Évangile n'emploie d'autre présent de *dèti* que *déją* tiré du thème **dhē-* comme *dają* est tiré de **dō-*.

C. — Verbes à suffixe *-je-*.

D'après ce qui précède, on s'attend à ce que les verbes en *-je-* soient imperfectifs et c'est en effet l'aspect imperfectif qu'ont dans l'Evangile : *alŭkati, vęzati, glagolati, gybati, gasati* (Mc IX, 43, 45 et L. III, 17 Zogr. Mar., mais non Ass.), *duxati* (L. XII, 55 ; J. III, 8 Zogr. Mar. ; *dyxati* Ass. et Ostr.), *žędati, žęti, znati, zĭdati, kapati, kajati sę, klepati, kolěbati* (Mt. XI, 7 Zogr. Mar. Ass.), *kopati, lajati, lĭjati, lŭgati, mazati, mlěti, orati, pĭsati, plakati* « laver », *plakati sę* « pleurer », *pljĭvati, plęsati, rydati, rězati, rŭpĭtati, sijati, skrĭžitati, smějati, spěti, stradati, sŭlati, sějati, trepetati, čajati, česati.*

Un seul verbe est nettement perfectif ; c'est *lobŭzati* dont le présent *lobŭžą* traduit φιλήσω Mt. XXVI, 48 Zogr. Mar. Ass. — Mc XIV, 44 — L. XXII, 47 Zogr. Mar. ; le supin *lobŭzatŭ* traduit φιλῆσαι L. XXII, 47 Zogr. Mar. ; ces quatre formes sont les seules qui se rencontrent dans l'Évangile ; Euch. 97 a à l'itératif *lobyzajątŭ* qui confirme la valeur perfective (cf. d'ailleurs les exemples du vieux russe chez Sreznevskij). Ce type tout à fait anomal a dû paraître singulier de bonne heure ; car, dans les formes munies de préverbes, en regard de l'imparfait *oblobyzaaše* « κατεφίλει » L. VII, 38 et du participe présent *oblobyzająšti* « καταφιλοῦσα » L. VII, 45, on trouve avec le *y* caractéristique de l'itératif, l'aoriste *oblobyza* « κατεφίλησε » Mt. XXVI, 49 Mar. Ass. (Zogr. def.) ; Mc XIV, 45 Zogr. Mar. (Ass. def.) et L. XV, 20 Zogr. Mar. Ass. ; Ps. LXXXIV. Il conserve au contraire *ŭ* dans *oblobŭzaste sję.* L'emploi de *oblobyza* provient de ce que *lobyzati* était senti comme imperfectif ordinaire aussi bien que comme itératif de *lobŭzati.* — L'étymologie de *lobŭzati* est trop peu claire pour qu'on puisse tenter la moindre explication de l'anomalie d'aspect que présente ce verbe.

deždą n'est pas attesté dans l'Évangile, mais apparaît comme perfectif dans des textes d'époque assez postérieure (v. Jagić, *Beitr.*, 80) ; l'Évangile ne connaît que l'itératif *děją*. L'aspect de *deždą* tient à l'influence du thème de l'infinitif *děti* qui est naturellement perfectif ; cf. skr. *ádhāt*, arm. *edi*, gr. ἔθεμεν.

L'aspect de *čuti*, *čują* n'est pas toujours très net, ce qui tient non à une ancienne valeur perfective de *čują* mais à ce que ce verbe exprime le fait de « sentir », or les verbes qui indiquent les sensations ont en général un aspect légèrement incertain, tels *viděti* et *slyšati* ; *čuti* qui se trouve naturellement construit avec ces verbes en a donc subi l'influence ; de là la fréquence de l'aoriste *čuxŭ* et l'absence de *počuti* dans Év. ; mais ceci n'est point général dans les textes et Supr. 84, 22 par exemple, a le type *počuxŭ*, conformément à l'usage ordinaire qui est de tirer l'aoriste du perfectif.

Tous les verbes en *-ati*, *-ają* ; *-ěti*, *-ěją* ; *-ovati*, *-ują*, — pour la plupart dénominatifs — ont au présent le suffixe *-ję-* ; tous par conséquent sont imperfectifs. On a ainsi : *běsĭnovati*, *bogatěti* (L. XII, 21, Zogr. Mar. Ass.), *uměti*, *večerjati*, *vetŭšati*, *věrovati*, *vitati* (en dépit de la traduction de l'infinitif καταλῦσαι par le supin *vitatŭ* L. XIX, 7, Zogr. Mar. Ass.), *vŭlati sę*, *ględati* (Év. 1 fois, Mt. XII, 22, Zogr. Mar. [Ass. def.]), *gněvati*, *grějati*, *jimenovati*, *cělovati* (L. I, 40, Zogr. Mar. Ass. ; Mc. XV, 18, Zogr. Mar., *cělyvati* Ass.), *cěléti* (Mc V, 29, Mar. ; mais *jicěléti* Zogr. ; *cělŭ byti* Ass.), *četvrŭtovlastĭstvovati*, *xlępati* (L. XVI, 3 et Mc X, 46 Zogr. Mar.), *darovati* (attesté une fois seulement, L. VII, 21, par hasard à l'aoriste), *dělati*, *dręselovati*, *znamenati* (J. VI, 27 et Mt. XXVII, 66), *želěti* (var. *želati*), *milosrŭdovati*, *negodovati*, *nepĭštevati*, *obědovati*, *piskati*, *pitěti*, *pirjati sę* (J. VI, 52, à en juger par *pirĕaxą sę* Zogr. ; partout ailleurs on n'a que *pirěti*), *rabotati*, *radovati sę*, *rągati sę* (itératif ?), *svirati* (seulement dans Zogr.), *skąděti* (L. XII, 33), *slušati*, *sramljati sę*, *sŭměti*, *sětovati*, *trěbovati*. — Toutefois, *konĭčati* peut être tenu pour perfectif dans ses quatre exemples de l'Évangile, sans qu'aucun soit décisif ; la valeur perfective, qui est due au sens, est rendue probable par le fait que l'infinitif présent λήγειν est traduit par l'itératif *konĭčavati sę* Supr. 320, 17 et que l'itératif *konĭčavati* est d'ailleurs fréquent dans les vieux textes (v. les dictionnaires de Miklosich et de Sreznevskij).

Il faut ajouter les itératifs normaux en *-ati*, *-ają*, comme *avljati*, *avljają* ou anomaux, comme *kupovati*, *kupują*, qui tous ont au présent le suffixe *-je-*.

Le caractère essentiellement imperfectif des verbes dont le

présent est en *-je-* ressort avec évidence de l'énumération qui précède. Il s'accorde bien avec la valeur du suffixe i.-e. **-ye-* qui fournit à toutes les langues indo-européennes des présents duratifs, sans aucune nuance de sens qui puisse provoquer un emploi perfectif.

D. — Verbes à nasale.

Le type ancien à nasale infixée a été en principe éliminé en slave.

Il n'y a pas lieu d'examiner ici *ob-ręštą, sŭ-ręštą,* infin. *ob-rěsti, sŭ-rěsti,* puisque *-ręštą* présente le suffixe secondaire *-je-* et d'ailleurs n'existe pas en dehors de la combinaison avec les préverbes.

Il ne reste donc à considérer que le couple *sędą, lęgą,* infin. *sěsti, lešti* ; on notera d'ailleurs en passant que, si pour *sędą* une ancienne forme à nasale est attestée en dehors du slave par v. pruss. *sindats, syndens* (dans les catéchismes) et par persan *ni-šīnam* (cf. aussi le substantif skr. *āsandī* « siège »), il n'y a rien de pareil pour *lęgą* et que par suite *lęgą* pourrait bien avoir été fait sur le modèle même de *sędą*. Quoi qu'il en soit, *sędą* est nettement perfectif, par exemple Mt., XIX, 28 ; il en est de même de *lęgą* qui, par hasard, se trouve n'être pas attesté dans l'Évangile, mais qu'on lit Ps. CIII, 22 (*ljęgątŭ* « κοιτασθήσονται ») ; jusqu'aujourd'hui russe *sjádu, ljágu,* polon. *siędę* par exemple ont conservé la valeur perfective ancienne. Pour l'imperfectif on recourt aux verbes indiquant l'état : *sěděti* « être assis », *ležati* « être couché ». L'aoriste *legŭ* de *lešti* est, comme tous les aoristes de ce type, un ancien imparfait thématique, cf. got. *liga* et gr. λέχεται· κοιμᾶται Hes. ; l'aoriste thématique *sědŭ, sěde* ne saurait être l'imparfait de l'ancien athématique letto-slave **sēd-mi* (lit. *sė́d-mi*) qui est à la base de *sězdą, sědiši* ; c'est une forme refaite sur la 1re personne *sědŭ* qui représente **sēdn̥,* première personne du singulier de l'imparfait de **sēdmi,* de même que *byxŭ* représente **bhūsn̥* (M. S. L., VIII, 236 et suiv.). — Le caractère perfectif de *sędą* ne tient pas sans doute à la forme nasale, mais peut provenir de la valeur perfective de la racine. M. Delbrück, *Vergl. synt.,* II,

p. 95, s'est expliqué sur l'aoriste skr. *ásadat* et sur les formes grecques correspondantes ; et, en fait, le présent, à valeur durative, de cette racine est exprimé par un thème qui, en dépit de toutes les tentatives d'explication, a l'air d'être une ancienne forme à redoublement (cf. Uhlenbeck, *Et. wört. d. altind. spr.*, sous *sīdati*) : skr. *sīdati*, gr. ἵζω, lat. *sīdō* (l'*i* de russe *sidětʹ* s'explique fort bien en russe même, comme l'a vu M. Fortunatov). Quant au caractère perfectif de *lęgą*, on en rend compte aisément par l'influence de *sędą*. On n'a donc aucun moyen de faire la part de ce qui appartient aux racines et de ce qui appartient à la formation dans l'aspect perfectif de *sędą* et *lęgą*.

S'il est vrai que *grędą*, bien que formé comme *sędą* et *lęgą*, est un pur imperfectif, il y a lieu de noter que l'infinitif est *gręsti* et que par suite l'infixe nasal n'est plus sensible en slave.

Enfin *bądą*, qui sert de perfectif à *jesmĭ*, renferme sans doute aussi un infixe nasal ; mais le détail de la formation est obscur et ce verbe ne saurait par suite être cité ici que pour mémoire.

Les présents en -*ną* sont le seul type normal de verbes à nasale en slave à l'époque historique. Ce type, qui, comme on le sait, est en voie de développement au début de la période historique du slave, n'est encore représenté dans l'Évangile que par un nombre d'exemples assez petit ; la plupart sont plus ou moins nettement perfectifs ; aucun n'est sûrement imperfectif et surtout aucun n'appartient à la série des inchoatifs qui sont si nombreux en russe moderne ; par exemple :

blĭsnąti sę (russe *blesnútʹ* perfectif ; cf. pol. *błysnąć*, aussi perfectif) n'est pas attesté dans Év., mais l'existence de ce perfectif est supposée par l'itératif *bliscati sę* L. IX, 29 — XVII, 24 (et *bliskati sę* Supr. 248, 3) ; il existe de plus un verbe *blĭštati* « ἀστράπτειν » L. XXIV, 4.

dvignąti sę est perfectif : *dvignątŭ sę* traduit σαλευθήσονται Mt. XXIV, 29 Zogr. Mar. Ass., L. XXI, 26 Zogr. Ass. (mais *podvignątŭ sę* Mar.) ; l'itératif *dvidzati*, *dvižą* se lit plusieurs fois dans Év.

drŭznąti n'est représenté dans Év. que par *drŭznąvŭ* « τολμήσας » Mc, XV, 43 qui indique dans une certaine mesure la valeur perfective ; l'itératif est d'ailleurs attesté par *drŭzaji* « θάρσει » Mt. IX, 2, etc. et *drŭzaješi* « θαρσύνῃ » Supr. 114, 17.

dunąti ne se trouve qu'une fois, sous la forme de l'aoriste : *dunq* « ἐνεφύσησεν » J. XX, 22. Mar. Ass. (Zogr. def.) ; de même Supr. 402, 26. Le r. *dúnut'* est perfectif.

dŭxnąti n'est pas attesté à l'état de simple dans Év. ; mais on y lit l'itératif *dyxati, dyxają* J. VI, 18 Zogr. Mar. Ass. ; l'opposition du perfectif et de l'imperfectif transparaît dans l'opposition de *dŭxnovenĭje* « ἔμπνευσις » (dans Ps. XVII, 16) et de *dyxanĭje* « πνοή » (Euch. 51 b).

kliknąti était perfectif, à en juger par l'itératif : *kličąštę* Mc V, 38 Zogr. (*kričęštę* Mar.) ; *klicaaxą* Supr. 31, 27 ; *ne kliči* « μὴ κράζε » Supr. 105, 12.

kosnąti semble perfectif dans tous ses exemples, sans d'ailleurs qu'aucun soit nettement probant ; l'itératif *kasati* n'est pas employé par hasard dans Év.

minąti ne se rencontre pas au présent dans Év. ; mais, l'infinitif *minąti* traduit l'infinitif aoriste παρελθεῖν Mt. VIII, 28 et Mc VI, 48, et διαβῆναι L. XVI, 26 et, dans le seul passage où il traduit le présent διέρχεσθαι, L. XIX, 4 Zogr. Mar., d'autres manuscrits (Ass. Ostr. Nikol.) ont *mimojiti*. L'itératif est *minovati* qui n'est pas dans Év., mais qu'on lit Supr. 277, 5 — 282, 7. Le russe oppose de même le perfectif *minut'* (ou *minút'*) à *minovát'*, tandis que, en polonais, c'est *mijać* qui sert d'imperfectif à *minąć*.

mrŭknąti est perfectif d'après Mt. XXIV, 29 *mrŭknetŭ* « σκοτισθήσεται » Zogr. Mar. Ass. ; cf. *mrŭče* « ἐσκότασε » Ps. CIV, 28. L'itératif *mrŭcati, mrŭčą,* qu'on lit Cloz., 805, Supr. 237, 29 n'est pas dans Év. — Le r. *mérknut'* est imperfectif, mais le s. *mr̂knuti* est perfectif.

plinąti est attesté deux fois à l'aoriste Mc VIII, 23 et J. IX, 6 et deux fois au participe passé Mt. XXVII, 30 (Ass. a la forme récente *pljunavŭše* au lieu de *plĭnavŭše*) et Mc VII, 33. L'imperfectif est *pljĭvati, pljują* (Mc XIV, 65 et XV, 19).

svĭnąti n'est pas dans Év. où l'on trouve seulement l'itératif *svitati* « ἐπιφώσκειν » Mt. XXVIII, 1 et L. XXIII, 54.

staną est perfectif, par exemple dans *stanetŭ* « σταθήσεται »

L. XI, 18; l'infinitif, de forme anomale dans ce type, est *stati* qui est perfectif, parce la racine indo-européenne avait ce caractère : skr. *ásthāt*, gr. ἔστη. Le verbe indiquant l'état *stoją, stojati* tient, dans une certaine mesure et avec un sens particulier, la place de l'itératif ; cf. *sěděti, ležati*, p. 21.

tlŭkną n'est attesté que par *tlŭknąvŭšju* L. XII, 36 Zogr. Mar. Ass. et doit passer pour perfectif. L'imperfectif correspondant est *tlŭką, tlěšti*, dont on a le participe présent Mt. VII, 8 — Mc V, 5 — L. XI, 10. La même opposition du perfectif et de l'imperfectif se retrouve dans *tlŭknąvŭši* Supr. 398, 9 et *tlŭkąšti*, ib. 12 et 18.

De même dans le psautier, on rencontre *kanąti* (Ps. LXVII, 9) et *sunąti* (Ps. XXXIV, 3), tous deux perfectifs ; Supr. 13, 28 a l'itératif *rivati* qui suppose le caractère perfectif de *rinąti*.

On voit que tous les exemples de verbes à nasale non munis de préverbes qui sont attestés dans l'Évangile sont perfectifs ; on ne rencontre pas dans Év. les verbes inchoatifs et intransitifs en *-ną* qu'on connaît par ailleurs et qui, on le sait, sont imperfectifs. Ce n'est peut-être pas que ce type n'existât pas, mais le traducteur ne l'a pas employé sous la forme simple ; il se sert par exemple de *pogybną* comme perfectif, mais, pour l'imperfectif, il recourt soit à *gybati, gyblją*, ainsi L. XV, 17 (cf. d'ailleurs Euch. 78 b), ou à *pogybati, pogyblją* (souvent), soit peut-être aussi à *pogybati, pogybają* Mc IV, 38 (d'après Zogr. ; mais Mar. a *pogybljemŭ* ; Ass. def.). On ne trouve rien de pareil à l'emploi imperfectif de r. *gínu, gíbnu* ou de polon. *ginę*. Toutefois, en vieux slave on lit *vlŭsnąštei* « αἱ ψελλίζουσαι » Cloz. 16-17 ; mais on notera que dans le passage correspondant à ce passage du Clozianus, le Suprasliensis (240,2) a *němująštii*, soulignant ainsi le caractère, singulier en vieux slave, de cet emploi d'un verbe en *-nąti* comme imperfectif. On cite aussi *sŭxněaše* Supr. 254, 24, mais l'imparfait a ici une valeur toute particulière ; il est dans un récit, et à côté de l'imparfait *iděaše* du verbe demi-perfectif *jiti* ; cet imparfait ne prouve d'ailleurs pas le caractère imperfectif de *sŭxną*, car on lit *utŭkněaše* Cloz. 582. Au surplus Év. n'a pas d'exemples comparables à ces cas rares en vieux slave : dans Mc IV, 27, où un évangile russe a *zębnetĭ*, Zogr. et Mar. ont *prozę-*

baetŭ, ce qui est bien caractéristique. Et l'on peut conclure que, si le type de présents perfectifs en *-nǫ* est représenté dans les verbes non munis de préverbes par très peu d'exemples, le type de présents en *-nǫ* imperfectifs et inchoatifs, qui joue dans le développement des dialectes slaves un rôle important, n'existe pas à l'état d'imperfectif dans Év. et n'apparaît dans les autres textes vieux slaves qu'à l'état d'exceptions isolées.

En vieux slave, les verbes à suffixe -ne- *du présent sont donc essentiellement perfectifs.*

Il y a ici une innovation slave. En indo-iranien, en arménien, en grec, c'est-à-dire dans toutes les langues où le système du présent et celui de l'aoriste s'opposent avec leur valeur ancienne, le type à nasale fournit uniquement des présents, c'est-à-dire des formes qui indiquent le développement d'une action pendant une certaine durée. L'aspect du type slave s'explique d'ailleurs par le sens que reconnaît M. Delbrück, *Vergl. synt.*, II, 40, aux verbes indo-européens à nasale; ces verbes indiquent une action qui se développe mais dont on envisage l'achèvement. Ce sens permet d'expliquer à la fois d'une part le type inchoatif et imperfectif qui s'est créé et étendu peu à peu en gotique et en slave et d'autre part le type perfectif que présente le vieux slave. Dans le premier cas, la langue s'est attachée à la notion de l'action qui dure jusqu'à un terme défini et l'a mise en pleine évidence : de là la valeur inchoative. Dans le second cas, le terme seul de l'action a été envisagé, abstraction faite de la durée ; ce second développement sémantique n'avait rien que de naturel dans une langue où les notions d'action durative ou momentanée étaient séparées des thèmes de présent et d'aoriste qui servaient en indo-européen à les exprimer et en venaient, comme en slave, à être exprimées par des procédés morphologiques nouveaux.

E. — Verbes à présent en *-jǫ, -iši,* infinitif en *-ěti.*

Ce type est régulièrement imperfectif, comme le montre l'emploi des verbes de l'Évangile : *blĭštati — bolěti — bojati sę* — *bŭdĕti* — *velĕti* — *visĕti* — *gorĕti* — *drŭžati* — *zĭrĕti* — *kričati* — *kŭsnĕti* — *ležati* — *lĭštati sę* — *mlĭčati* — *mĭnĕti* — *svĭtĕti* — *skrŭbĕti* — *slyšati* — *smrŭdĕti* — *stojati* — *stydĕti* — *sĕdĕti* — *trŭpĕti* — *tlĕti* — *tĕštati* et, de même, dans le psautier : *letĕti* — *mrŭžĕti*. — On doit mettre à part *obidĕti* qui est suspect de renfermer un préverbe. — Il convient de citer de plus ici (afin seulement de ne pas multiplier les divisions) les verbes anomaux nettement imperfectifs *xotĕti* ou *xŭtĕti* (prés. *xoštą*, *xošteši*), *jimĕti* (prés. *jimamĭ*) et *vĕdĕti* (prés. *vĕdĕ* et *vĕmĭ*), à cause de leur infinitif, et *sŭpati*, prés. *sŭplją*, *sŭpiši*, à cause de son présent.

Le caractère essentiellement imperfectif du type en *-ĕti*, *-ją* ressort nettement de ce que l'aoriste du thème *bĕ-*, qui est *bĕxŭ*, *bĕ*, etc., sert d'imparfait au verbe être ; l'existence des formes refaites sur le modèle des autres imparfaits *bĕaxŭ*, *bĕaše*, etc. ne saurait obscurcir le fait fondamental que *bĕxŭ* est un aoriste (on sait que, inversement, les aoristes du type *padŭ*, *jidŭ*, etc. sont d'anciens imparfaits indo-européens) ; *bĕxŭ* n'est d'ailleurs pas resté sans action sur les autres imparfaits et c'est sans doute avant tout à l'influence de *bĕste*, *bĕsta* que sont dues des formes comme *povĕdaaste*, *vĕdĕasta*, etc. On a proposé de reconnaître le thème du présent *bi-*, correspondant au lat. *fi-* de *fiō*, dans l'ancienne forme à désinences secondaires servant d'auxiliaire du conditionnel : *bimĭ*, *bi*, etc. ; et de même en lituanien où le thème correspondant *bi-* (avec *i* bref) sert à former l'optatif.

Dans les très rares verbes de ce type qui ne sont pas nettement imperfectifs, l'anomalie d'aspect s'explique par l'histoire particulière du mot :

bĕžati traduit φυγεῖν Mt. III, 7 Ass. (Zogr. Mar. def.) et L. III, 7 Zogr. Mar. Ass. ; Mt. II, 13 *bĕži* Ass. traduit le présent φεῦγε, mais se trouve entre deux impératifs de perfectifs ; d'ailleurs Euch. 53 b *bĕži* traduit φύγε aussi à côté de perfectifs. L'exemple le plus probant pour le perfectif est J., X, 5 *bĕžętŭ* « φεύξονται » Zogr. Mar. Ass. Le caractère perfectif de *bĕžati* est d'ailleurs établi par l'existence de l'itératif *bĕgati*, *bĕgają* auquel le traducteur recourt toutes les fois qu'il doit exprimer une notion vraiment imperfective. C'est ce qui arrive par exemple J. X, 12 *ostavĭĕetŭ ovĭcę ji bĕgaetŭ* Zogr. Mar.

Ass.; mais J. X, 13, où la même idée est reprise sous une forme générale, c'est le perfectif — un peu incertain et flottant — *běžitŭ* qui traduit φεύγει Zogr. Mar. Ass. Il n'y a pas lieu de contester, avec M. Ul'janov (*Znač.*, II, 134), que *běgati* soit un itératif, car l'aspect imperfectif n'est pas changé par un préverbe, ainsi dans *priběgati* et *izběgati* Euch. 15 a et 45 b. — En fait l'aspect de *běžą* est dû à ce que ce verbe n'a pas appartenu de tout temps au type de présents en *-i-*; c'était primitivement un verbe thématique, cf. lit. *bė'gu*; le polonais conserve *-biegę*; le russe fléchit *bėgú, běžíš*, montrant bien comment a pu s'opérer le passage de **běgą* à *běžą*, sous l'influence de l'infinitif *běžati* (v. M. S. L., XI, 323). Toutefois, l'aspect perfectif n'a pu se maintenir à la longue et le r. *běžát'* n'est plus perfectif. — L'aspect supposé ici à **běgą* ne s'explique pas par l'étymologie, car le gr. φέβομαι dont on rapproche avec une grande vraisemblance le verbe slave n'existe justement qu'au système du présent.

viděti est normalement imperfectif; il traduit le présent, par exemple J. IX, 19 et 25; il a un imparfait, ainsi J. VI, 2, et, très souvent, un participe présent; il n'en existe par suite pas de forme itérative. Mais, d'autre part, *viděti* ne reçoit pas de préverbe qui en fasse un perfectif et peut à l'occasion servir de perfectif dans une certaine mesure, ainsi sans doute J. XIV, 19 et XVI, 10 où d'ailleurs le grec a le présent et non le futur, et mieux encore Mt. XVI, 28 et L. II, 26; l'impératif *viždĭ* traduit ἴδε, J. VII, 52, etc., et de même Ps. XXXVI, 37. Toutefois, *viděti* n'est pas employé comme un véritable perfectif; la valeur future de *vidjętŭ* Ps. CXIII, 13 tient au contexte; et, pour exprimer le perfectif, on recourt à un autre verbe: *u-zirěti, sŭ-zirěti*, par exemple J. III, 36, où *uzĭritŭ* traduit le gr. ὄψεται. En ce sens *uzĭrją* se comporte vis-à-vis de *viždą, viděxŭ* à peu près comme gr. ὄψομαι vis-à-vis de ὁράω, εἶδον. — La valeur en somme imperfective de *viděti* qui est ainsi établie pourrait tenir au type verbal en *-i-* : *-ě-* auquel l'ancien verbe athématique **weid-* a passé, et il n'est peut-être pas fortuit que la seule forme personnelle qui subsiste de l'ancienne flexion, l'impératif *viždĭ*, ait paru propre à traduire l'impératif aoriste gr. ἴδε.

Ainsi, dans le seul cas où un verbe en *-ěti-* soit nettement perfectif, le cas de *běžati*, il s'agit d'un verbe entré tout récemment dans ce type et qui n'est nullement un verbe slave commun en *-i-* : *-ě-*. Par suite, on peut dire que le type est absolument imperfectif. Ceci ne tient pas à la forme du thème de l'infinitif en *-ě-* puisque les formes correspondantes du grec fournissent seulement des aoristes, tels que μανῆναι ; en slave même il ne manque d'ailleurs pas d'aoristes comme *viděxŭ, slyšaxŭ*. C'est la forme du présent en *-i-* qui a déterminé l'aspect imperfectif ; car cet aspect se retrouve dans ceux des présents indo-iraniens et helléniques en **-ye-* qui répondent aux présents lituaniens en *-i-* et slaves en *-ĭ-* (cf. Delbrück, *Vergl. synt.*, II, 35 et 40).

F. — Verbes à présent en *-ję, -iši*, infinitif en *-iti*.

De tous les types verbaux du slave, le type en *-ję, -iti* est celui qui présente le moins d'unité dans l'aspect.

1° Sont nettement perfectifs et sont accompagnés d'un itératif :

aviti, par exemple dans *avitŭ sę* « φανήσεται » Mt. XXIV, 30, Zogr. Mar. Ass., *ěvitŭ* « δεῖξει » Ps. IV, 7. Itératif *avljati*, par exemple dans *ěvľěeši* « δεικνύεις » J., II, 18 Zogr. Mar. Ass.

blagověstiti, qui traduit εὐαγγελίσασθαι L., I, 19 et IV, 18 et 43. Itératifs : *blagověštati* L. II, 10 Mar. Ass. ; *blagověstvovati* L. II, 10 ; III, 18 ; VII, 22 et XVI, 16 Zogr. — L. XVI, 16 Mar. ; *blagověstovati* Mt. XI, 5 et L. VII, 22 Mar. ; *blagověstistvovati* Mt. XI, 5 Ass. et L. III, 18 Mar. ; etc.

variti, par exemple *varją vy* « προάξω ὑμᾶς » Mc XIV, 28 Zogr. Mar. (et de même Mt. XXVI, 32 Ass. Sav. ; *varěją* Zogr. Mar. par erreur) ; de même *varitŭ* « προφθάσει » Ps. LVIII, 11 ; le fait que *variti* traduit l'infinitif présent προάγειν Mt. XIV, 22 = Mc VI, 45 Zogr. Mar. Ass. prouve d'autant moins pour le caractère imperfectif de *variti* que dans cet exemple l'infinitif se trouve juxtaposé à un autre infinitif nettement perfectif qui traduit un aoriste ; rien dans le passage ne nécessite d'ailleurs ni même n'indique l'emploi de l'imperfectif. Itératif *varjati*, par exemple *varěetŭ vy* « προάγει ὑμᾶς » Mt. XXVIII, 7 Zogr. Mar. Ass.

vratiti, attesté seulement Mt. VII, 6 *vraštĭšę sę* « στραφέντες » Zogr. Mar. (*vŭzvraštĭše sę* Ass.). Itératif *vraštati*, non attesté dans Év.

vrěditi, dans Mc XVI, 18 et L. X, 19 Zogr. Mar. Ass. où le perfectif traduit le futur grec, et aussi dans *vrězdi* L. IV, 35 (cf. Jagic', *Beitr. z. slav. synt.*, 75). Itératif *vrězdati* non attesté dans Év., mais Euch., 6 b, 20 b; Supr., 231, 12.

glasiti, attesté une fois à l'aoriste, Mc IX, 35 *glasi* « ἐφώνησε » Zogr. Mar. (*priglasi* Ass.). Comme imperfectif, on trouve seulement l'itératif *glašati* « φωνεῖν », ainsi Mc XV, 35, Zogr. Mar. (Ass. def.); J. X, 3, Zogr. Mar. Ass.; Mt. XXVII, 47, Ass. (*zŭvati* Zogr. Mar.); Cloz., I, 159, a une autre forme d'itératif, *glasovati*. — Toutefois, on lit *glasitŭ*, imperfectif, Supr., 236, 6.

krĭstiti, par exemple, Mc, I, 8, *krĭstitŭ* « βαπτίσει », Zogr. Mar. Ass. Itératif *krĭštati*, par exemple J., IV, 1. L'opposition de *krĭstiti* et *krĭštati* est très claire Mt., XX, 22 et 23, Mar. Toutefois l'existence du participe présent *krĭstę* dans Év. suffit à prouver que *krĭstiti* n'est pas absolument perfectif.

kupiti « ἀγοράσαι », par exemple, L., IX, 13; XXII, 36; J., VI, 5; etc. Itératif *kupovati*, par exemple Mt., XIII, 44, *kupuetŭ* « ἀγοράζει » Zogr. Mar., à côté de l'aoriste *kupi*, ib., 46. Le polonais oppose encore *kupic'* à *kupowac'*.

kljuĉiti sę, dans ses trois exemples : L., I, 9 *kljuĉi sę* « ἔλαχεν », Zogr. Mar. Ass.; Mt., XXVI, 35, *ašte mi sę klĭjuĉitŭ* « ἐάν με δέῃ », Zogr. Mar. Ass., et de même Mc, XIV, 31 Mar. (*luĉitŭ* Zogr.); aucun de ces exemples n'est d'ailleurs tout à fait probant et l'itératif *kljuĉati* se trouve n'être pas attesté dans Év., si bien qu'on ne saurait décider absolument, non plus que pour la variante *luĉiti* de Zogr.

lišiti, dans *lišeni* L., XXII, 35; cf. *niĉesože mene lišitŭ* « οὐδέν με ὑστερήσει », Ps. XXII, 1 (et cf. ib., LXXXIII, 12); L., XV, 14 *naĉętŭ lišiti sę* Zogr. Mar. fait difficulté, mais comme Ass. Ostr. Sav. Nikol. ont *lišati sę*, donc l'itératif qui établit la valeur perfective de *lišiti*, il est permis de penser que le *lišiti* des deux textes parents, Zogr. Mar., résulte d'une correction postérieure. Cette correction s'explique par le fait que *lišiti* est imperfectif dans plusieurs dialectes (v. Jagic', *Beitr. z. slav. synt.*, 76).

mĭstiti, dans les trois exemples de Év., dont aucun n'est absolument probant, il est vrai : L., XVIII, 3 et 5 et XI, 50. Itératif *mĭštati* dans *mĭštaję* « ἐκδικῶν » Ps. XCVIII, 8 ; cf. Rom., XII, 19. Mais dans Euch., 82 b, *mŭštją* semble imperfectif.

plěniti, une seule fois dans Év., L., XXI, 24, et l'exemple ne prouve pas la valeur perfective, non plus que Ps. LXVII, 19 ou CV, 46, ni les exemples de Cloz. et Supr. ; mais il n'est pas fortuit que toutes les formes attestées indiquent plutôt le perfectif. De plus, et c'est là l'essentiel, on a les itératifs *plěnjati* (par ex. Supr., 214, 1) et *plěnovati*.

prąžiti sę, à en juger par les deux exemples de l'itératif *prąžati sę* que présente Év.

protiviti sę, par exemple Mt., V, 39 « ἀντιστῆναι ». Itératif *protivljati sę* dans la phrase suivante où l'opposition du perfectif et de l'imperfectif est claire : L., XXI, 15 *ejiže ne vŭzmogątŭ protiviti sę. ji otŭvěštati. v'si protivľějąštei sę vamŭ* « οὐ δυνήσονται ἀντιστῆναι ἢ ἀντειπεῖν ἅπαντες οἱ ἀντικείμενοι ὑμῖν » Zogr. Mar. Ass. Dans J., XIX, 12, le présent slave perfectif traduit un présent grec dans un cas où le présent du perfectif slave peut en effet traduire le présent. — En dehors de Év. la valeur perfective n'est pas constante et, en regard de *protivitŭ sę* « ἀντιστήσεται » Ps. LXXV, 8, on a le participe présent *protivę sę* Ps. XVI, 7 ; LXVII, 19 ; Euch., 89 a.

pustiti, par exemple Mc, X, 11. Itératif *puštati*. L'opposition de *pustiti* et *puštati* est très claire Mt., V, 31 et 32 et Mc, X, 2 et 4 ; cf. r. *pustít'* et *puskát'*.

roditi, dans L., I, 31, *rodiši synŭ* « τέξῃ υἱόν » Zogr. Mar. Ass. Itératif *raždati*, dans J. XVI, 21 *egda raždaetŭ* « ὅταν τίκτῃ » Zogr. Mar. Ass. Le caractère perfectif de *roditi* est constant dans Év., mais M. Jagic' a noté plusieurs exemples de *roditi* imperfectif dans Supr. (*Beitr. z. slav. synt.*, 74) et *roditi* est en effet d'aspect incertain dans plusieurs langues slaves modernes.

svętiti, par exemple Mt., VI, 9 et de même Cloz., I, 12 (dans le passage correspondant Supr., 239, 28 a *osvętiti*). Itératif *svęštati* Mt., XXIII, 17 et 19 Mar. (Zogr. Ass. def.) et J.,

XVII, 19 *svęštają sę* Ass. « ἁγιάζω ἐμαυτόν » (*svęštą sę* Mar. et Ostr. perfectif ? ; Zogr. déf.)

svoboditi, dans J., VIII, 32 et 36, *svobodit**ŭ*** « ἐλευθερώσει », Zogr. Mar. Ass. Itératif *svobaždati* Euch., 1 b.

truditi, par exemple J., IV, 38. Itératif *truždati*, par exemple Mc, XIV, 6.

pokojiti (*pokoją* « ἀναπαύσω » Mt., XI, 28) n'a pas à être cité ici, car ce n'est pas un dénominatif de *pokojĭ* ; le substantif *pokojĭ* est au contraire un postverbal de *pokojiti* ; autrement le premier élément aurait sans doute la forme *pa-*, cf. *paguba*, *pamętĭ*, etc.

2° Sont d'aspect indécis :

sąditi, dont le présent a la valeur future, J., XII, 48, *sąditŭ* « κρινεῖ » Zogr. Mar. (Ass. déf.) et de même Ps. VII, 9 et LXXIV, 3, mais qui ailleurs est imperfectif, qui a par exemple un participe présent, J., XII, 48, Zogr. Mar. et Ps. II, 10 et IX, 5. La valeur à la fois perfective et imperfective de *sąditi* ressort avec évidence des exemples suivants : Mt., VII, 2, *jimiže bo sądomĭ sądite. sądętŭ vamŭ. ji vĭ n'jąže měrą měrite. vŭzměrętŭ vamŭ* « ἐν ᾧ γὰρ κρίματι κρίνετε κριθήσεσθε, καὶ ἐν ᾧ μέτρῳ μετρεῖτε μετρηθήσεται ὑμῖν » Zogr. Mar. Ass. — L. VI, 37 *ne sądite. da ne sądetŭ vamŭ. ji ne osąždajite da ne osądętŭ vašŭ* « μὴ κρίνετε ἵνα μὴ κριθῆτε· καὶ μὴ καταδικάζετε ἵνα μὴ καταδικασθῆτε », Zogr. Mar. (Ass. déf.), le parallélisme de *sądite* et *osąždajite* et de *sądętŭ* et *osądętŭ* est particulièrement instructif. — Il n'existe pas d'itératif **sąždati*.

kloniti ne se rencontre pas dans Év., où le perfectif en usage est *pokloniti*, mais pour l'imperfectif on recourt à l'itératif *klanjati*, non à *kloniti*. En revanche, Supr., 24, 14, a le participe présent *klonę sę*. Et d'autre part, l'usage constant de *klanjati* comme imperfectif simple a eu pour conséquence l'emploi de *poklanjati* comme perfectif dans *poklaněvŭ sę* Euch., 37 b ; au contraire, dans Év., les formes de *klanjati* précédées de préverbes (*poklanjati*, *prěklanjati*) sont imperfectives.

veličiti paraît imperfectif dans L., I, 46, *veličitŭ* « μεγαλύνει » Zogr. Mar. Ass., mais l'itératif *veličati* dans Mt., XXIII, 5 *veličajątŭ* « μεγαλύνουσιν » Mar. Ass. (Zogr. déf.), dans Ps. IX, 39 et dans Supr., 105, 7, indique une valeur perfective de *veličiti*.

valiti est représenté dans Év. par un seul exemple Mc, IX, 20 *val'ěaše sę* « ἐκυλίετο » qui peut appartenir soit à *valiti* soit à *valjati*. Supr., 24, 16 a le participe présent *valę sę*, tandis que par ailleurs on rencontre l'itératif *valjati*. On ne peut donc rien décider.

živiti est imperfectif dans J., V, 21, *živitŭ* « ζωοποιεῖ » (à côté de *vŭskrěšaetŭ*) Zogr. Mar. Ass. et perfectif dans L. XVII, 33 *živitŭ* « ζωογονήσει » Zogr. Mar. Le correcteur de Mar. qui a écrit, dans le troisième et dernier passage de Év. où se rencontre ce verbe, J., VI, 63, *jiže živlěatŭ* « τὸ ζωοποιοῦν » à l'itératif au lieu de la leçon fautive de l'archétype *jiže živetŭ* Zogr. Ass., tenait *živiti* pour nettement perfectif; mais il n'y a pas lieu de croire que le traducteur original eût le même sentiment. On a aussi *živiši* « ζωοποιήσεις » Ps. LXXIX, 19, mais *živę* « ζωοποιῶν » Euch., 57 b.

postiti sę est régulièrement imperfectif. La valeur future qu'on rencontre à côté de la valeur du présent dans les trois passages parallèles Mt., IX, 14-15 — Mc, II, 18-20 — L., V, 33-35, tient simplement au contexte et ne prouve pas que *postiti sę* fût en aucune mesure perfectif.

sramiti sert de perfectif dans Mt., XXII, 34 *srami* « ἐφίμωσεν » et dans Ps. LXXIII, 21 *sramlenŭ* « κατῃσχυμμένος »; toutefois on recourt souvent par ailleurs à *posramiti*, ainsi Ps. XIII, 6; XLIII, 10; LXXXII, 18; Cloz., 463; Supr. 277, 13. C'est *sramljati* qui sert d'imperfectif L., XVIII, 2 et 4, Zogr. Mar. Ass. et Euch., 88 a; mais *sramljati* ne peut être tenu pour l'itératif pur et simple de *sramiti*, car *posramljati* et *usramljati* sont perfectifs Mc, XII, 6 — Mt., XXI, 37 — L., XX, 13. On notera d'ailleurs que Sav. a *sramaję* et non *sramljaję* L., XVIII, 2 et 4 et que cette forme rappelle pol. *sromać*.

-sloviti, perfectif dans Mc, IX, 39 *zŭlosloviti* « κακολογῆσαι » Zogr. Mar. Ass. et sans doute aussi Mt., XV, 4 et Mc, VII, 10; de même *blagoslovestiti* dans *blagoslověštą* « εὐλογήσω » Ps. XV, 7. D'ailleurs *-sloviti* et *-slovestiti* de *blagosloviti*, *zŭloslo-viti*, etc. semblent plutôt imperfectifs.

prositi est perfectif dans L., XII, 48, *prosętŭ* « αἰτήσουσιν » Zogr. Mar. (Ass. def.) [cet exemple est discutable; le sens futur pouvant s'expliquer par le parallélisme de la phrase, cf.

ci-dessous, chap. II, 1]; Mt., VII, 9, *prositŭ* Mar. (*vŭsprositŭ* Zogr.); Mc, VI, 23 *prosiši* Zogr. Mar. Ass.; etc., mais imperfectif dans J., IV, 9 *prosiši* « αἰτεῖς » Zogr. Mar. Ass.; L., XXIII, 25 *prošaaxą* et dans les divers exemples de participe présent. Év. n'a pas d'itératif, mais on lit *prašajęi* Euch., 80 a.

En somme, Év. a au moins trois verbes de ce type, qui sont tantôt perfectifs et tantôt imperfectifs : *sąditi, prositi* et *živiti*.

3° Sont imperfectifs :

Tout d'abord ceux de ces verbes qui servent d'itératifs et par suite ne deviennent pas perfectifs quand ils sont accompagnés de préverbes : *nositi, voditi, xoditi, goniti.*

Et, en outre, les imperfectifs ordinaires susceptibles de devenir perfectifs par addition d'un préverbe : *běliti* — *blažiti* — *blazniti* — *bląditi* — *bogatiti* — *braniti* — *vaditi* « κατηγορεῖν » — *veseliti* — *voliti* (et *blagovoliti*) — *věniti* — *vŭpiti* — *gasiti* — *cěliti* — *cěniti* — *činiti* — *čuditi* — *xvaliti* — *xraniti* — *xuliti* (Mc, XV, 29 Zogr. Mar. Ass.) — *daviti* — *diviti sę* — *dojiti* — *dŭždíti* — *ženiti* — *krasiti* — *krěpiti* — *lĭstiti* — *ljubiti* — *lomiti* — *loviti* — *mąčiti* — *mąditi* (var. *muditi*) — *měriti* — *mĭniti sę* (J., III, 30, Mar. ; *niziti sę* Ass. ; Zogr. def.) — *mlŭviti* — *močiti* (L. VII, 38 Zogr. Mar. ; *omakati* Ass.) — *moliti sę* — *mysliti* — *nąditi* — *ploditi sę* — *ne roditi* (var. *ne raditi* ; n'a pas de perfectif) — *rotiti sę* — *saditi* — *světiti* — *skvrŭniti* — *slaviti* — *služiti* — *strojiti* — *tajiti* — *tąžiti* — *tvoriti* (et *blagotvoriti, zŭlotvoriti*) — *učiti.*

Le manque d'unité dans l'aspect qui ressort des listes précédentes s'explique immédiatement par le fait que le type en *-iti* reconnaît plusieurs origines bien distinctes : on y trouve d'anciens itératifs qui représentent en slave le type de skr. *patáyati* et de gr. φορέω, par exemple *nositi* ; d'anciens causatifs comme *saditi*, en regard de skr. *sādáyati* ; des dénominatifs formés sur le modèle des causatifs et des itératifs précédents, ainsi *cěliti* ; et enfin des dénominatifs de thèmes en *-ĭ-*, tels que *mysliti* de *myslĭ*.

Le type de *mysliti* est naturellement imperfectif ; car il n'est qu'une déformation analogique d'une forme plus ancienne à suffixe *-je-*, cf. lit. *dalyjù, dalýti* de *dalìs*.

Le type de *nositi* est itératif de par son origine même, ainsi que l'a bien montré M. Delbrück, *Vergl. synt.*, II, p. 135 et suiv. Aux verbes cités, il faut joindre *vlačiti* et *laziti* qui ne sont pas attestés dans Év. à l'état de simples, mais dont les formes munies de préverbes ne sont pas perfectives et servent d'itératifs aux formes de *vlěšti* et *lěsti* à préverbes.

Quant aux causatifs qui indiquent que l'on fait faire une action, on conçoit qu'ils puissent fournir des imperfectifs si l'on envisage le fait même que l'on fait faire quelque chose, mais ils peuvent aussi, comme les anciens présents à nasale infixée, fournir des perfectifs si l'on pense surtout à l'aboutissement, au terme de l'action qu'on fait faire ; en védique, on trouve des exemples de ces deux valeurs du causatif, comme on peut le voir dans la liste donnée par M. Delbrück, *Altindische syntax*, p. 224 et suiv. Les deux aspects sont également possibles et en fait on les rencontre tous les deux en slave, sinon dans les causatifs eux-mêmes, du moins dans les dénominatifs formés à l'imitation des anciens causatifs et parfois dans un seul et même verbe, comme on l'a vu. L'aspect perfectif ou imperfectif a dès lors été déterminé par diverses circonstances et notamment par le sens du verbe : il est très remarquable que *roditi* soit perfectif comme la racine τεκ- en grec (aor. τεκεῖν, présent à redoublement τίκτειν). Il s'est d'ailleurs produit toutes sortes d'actions et de réactions ; par exemple *prositi* a l'apparence d'un itératif de la racine i.-e. **prek-* (lat. *precor, procus, poscō*), formé comme *prositi*, etc., et pourtant non seulement les formes à préverbes ont valeur de perfectifs, ce qui est naturel, puisque *prositi* est isolé et n'a point en face de lui de forme non itérative, mais les formes simples elles-mêmes sont susceptibles d'avoir la valeur perfective. De même, et malgré l'existence de *blędą* (non attesté dans Év.), *bląditi* ne joue plus le rôle d'itératif. — Il serait chimérique de vouloir expliquer tout le détail des faits qui se sont produits dans la période préhistorique du slave et il convient de s'en tenir aux principes généraux de l'explication qui seuls peuvent être solidement établis.

En somme, quand on envisage l'ensemble des verbes slaves,

on voit que, si les imperfectifs l'emportent de beaucoup en nombre sur les perfectifs, cela tient surtout à ce que la formation en *-je-* qui fournit une part considérable des présents est essentiellement imperfective. Le type perfectif à nasale forme une masse d'importance presque comparable à celle du type imperfectif en *-ěti, -ją (-iši)* ; les présents radicaux et les verbes en *-iti, -ją (-iši)* ont à la fois des perfectifs et des imperfectifs.

Quant à l'origine de l'aspect, on entrevoit que l'indo-européen avait des racines verbales à sens duratif et des racines verbales à sens plutôt momentané et que certaines différences d'aspect de verbes slaves de même type peuvent s'expliquer ainsi. D'autres différences d'aspect proviennent de ce que certaines nuances de sens du présent ont été exagérées, ainsi dans les verbes à nasale et les causatifs, dans la mesure où ils ont donné des perfectifs. La valeur perfective de beaucoup de verbes a donc le caractère d'une innovation slave. Par suite, malgré le nombre considérable des verbes simples perfectifs, le caractère imperfectif des verbes non munis de préverbes peut passer pour la règle, le caractère perfectif pour l'exception.

III

Verbes munis de préverbes.

Un verbe imperfectif non itératif devient perfectif par addition d'un préverbe, quelle que soit la valeur sémantique du préverbe. A cet égard, le slave se distingue essentiellement du baltique où, comme l'a vu M. Ul'janov (*Znač.*, II, p. 29 et suiv. ; cf. Fortunatov, *Krit. razbor*, p. 77 et suiv.), ceux des préverbes qui ont un sens *réel* ne changent pas l'aspect du verbe et où le simple ne devient perfectif que par addition d'un préverbe à peu près dépourvu de signification propre. Il est superflu d'ajouter qu'un perfectif ne perd pas son caractère perfectif du fait de l'addition d'un préverbe.

Les exceptions à la règle générale — assez peu nombreuses par rapport à l'ensemble des verbes munis de préverbes —

se rencontrent pour la plupart dans une seule catégorie, celle des verbes en *-ěti, -ją (-iši)*, et les verbes de ce type sont pratiquement les seuls que l'addition d'un préverbe ne rende pas constamment perfectifs. Les principaux exemples sont les suivants :

stojati reste imperfectif dans *prědŭstojati* (L., XIX, 24) — *zastojati* (L., XVIII, 5) — *nastojati* (Mc, IV, 29) — *obĭstojati* (L., XXI, 20) — *otŭstojati* (Mc, VII, 6, etc. et de même Ps. CII, 12) — *prěstojati* (J., XVIII, 22 et de même Euch., 84 a, b) — *ustojati* (Mt., XX, 25; etc.) — *dostojati* (J., XVIII, 31 ; etc). — Dans aucun exemple de Év., *stojati* n'est rendu perfectif par l'addition d'un préverbe. Mais le psautier a le perfectif *postojati*, notamment dans *postoitŭ* « ὑποστήσεται » Ps. CXXIX, 3 : le préverbe n'a pas de sens propre dans cet exemple et sert seulement à donner au verbe la valeur perfective qui permet l'expression du futur.

sěděti, dans *prisědętŭ mĭně* « προσμένουσίν μοι » Mt., XV, 32 = Mc, VIII, 2, sans aucun exemple contraire dans Év. ; de même dans *prěsěditŭ* « ἐγκάθηται » Ps. IX, 29.

ležati, dans *naležati* (J., XI, 38 ; etc. ; aussi Ps. LXI, 4) — *priležati* (L., XXIII, 23 ; etc.) — *sŭležati* (Mc, II, 4 ; aussi Euch., 26 b) — *vŭzležati* (L., VII, 37 ; etc.) ; le tout sans aucun exemple contraire dans Év. ; le fait que L., X, 35, *prileži emĭ* traduit l'impératif aoriste ἐπιμελήθητε αὐτοῦ ne suffit pas pour établir la valeur perfective de *priležati* dans ce passage, car on ne voit pas quelle autre forme aurait pu employer le traducteur.

Ces trois verbes sont à part en ce sens que leurs formes à préverbes peuvent en une certaine mesure servir d'itératifs aux formes à préverbes de *staną, stati — sędą, sěsti — lęgą, lešti*. En regard de *vŭstaną* « ἐγερθήσομαι », on trouve régulièrement *vŭstają* « ἐγείρομαι », par exemple Mt., XI, 5, Zogr. Mar. Ass. ; et il n'existe dans Ėv. d'autre trace des itératifs *-sědati, -lěgati* que les abstraits *prědŭ-* (ou *prězde-*)*sědanĭje* et *-lěganĭje* ; cf. *zemelěganie* « fait de coucher par terre » Euch., 69 b.

Dans les autres verbes de la même catégorie, le maintien de l'aspect imperfectif ne présente pas la même constance.

zĭrěti : l'imparfait *zazĭrěaxą* Mc, VII, 2, Zogr. Mar. (Ass.

def.) suppose une valeur imperfective de *zaziręti*; et il est à noter en effet qu'on a par ailleurs *prězirіši* « ὑπεροράς »' Ps. IX, 22 (cf. Euch., 15 a); *prězirę* Euch., 75 b; etc.; M. Ul'janov, *Znač.*, II, 143, cite *zazirę* Supr., 318, 20; *prozirę* Supr., 269, 10; *poziręštęję* Cloz., 104; toutefois, il est douteux que cet imparfait remonte au traducteur original de Év.; comme il traduit l'aoriste ἐμέμφαντο, on peut supposer que *zazirěaxą* a pris la place d'un plus ancien *zazirěšę*. Car, partout où *zirěti* a un préverbe dans Ev., il est perfectif, ainsi *vŭzirěti*, *nazirěti*, *prizirěti*, *prozirěti*, *uzirěti*, et l'on rencontre *-zirati* pour exprimer l'imperfectif : *nazirati*, *ozirati*, *prozirati*, *sŭzirati*. Ce qui tend d'ailleurs à prouver que *zazirěaxą* de Mc, VII, 2 peut être une altération postérieure, c'est que Mar. a remplacé L., VI, 7, *naziraaxą* Zogr. Ass. Ostr. par *nazirěaxą*. Ainsi l'emploi imperfectif de *zirěti* avec préverbe, sans doute inconnu à Év., se trouve attesté en vieux slave dans les copies mêmes de Év. et dans d'autres textes.

drŭzati reste imperfectif dans *odrŭzati* (L., V, 9; XIV, 7; etc.; cf. Cloz., II, 150 et Euch., 24 b) et *udrŭzati* (L., XII, 50; etc.; cf. Ps. LXVIII, 37). Cf. aussi *vŭzdrŭzęšti* « κατέχουσα » Supr., 325, 19; *sŭdrŭzęštaago* Supr., 307, 29; il n'y a pas d'exemple contraire et l'on ne rencontre pas d'itératif **drŭgati*.

gorěti n'est représenté dans Év. que par une seule forme à préverbe, l'aoriste *vŭzgorě sę* qui semble perfectif; on lit aussi *razgoritŭ sę* « ἐκκαυθήσεται » Ps. LXXXVIII, 47. L'itératif *sŭgaraetŭ* « καίεται » J., XV, 6 Mar. Ass. (Zogr. def.) indique d'ailleurs que *sŭgorěti* ne pouvait servir d'imperfectif aux yeux du traducteur original; il n'en était pas de même partout, car Sav. a, dans ce même passage, *sŭgoritŭ*, correction qui indique nettement l'existence dialectale de la valeur imperfective pour *sŭgorěti*. Toutefois, cette valeur devait être assez isolée, car on lit *vŭzgaraetŭ sę* « ἐμπυρίζεται » Ps. IX, 23 et *vŭzgaraję sę* Euch., 54 a.

mĭněti reste imperfectif dans *pomĭněti* « μνημονεύειν » J., XVI, 21; Mc, VIII, 18; etc.; de même Ps. VIII, 5; Euch., 68 b; 72 a; *pomĭniši* « μέμνησαι » (à côté de *věsi*) Supr., 329, 16; et souvent dans Cloz. (v. l'index de l'édition de M. Vondrák), par exemple *pomĭněaxą* « ἐμνημόνευον » Cloz., 858 =

Supr., 339, 29. Toutefois, on a aussi *pominati* (L., XVII, 32; J., XVI, 4). — Le composé, d'aspect un peu singulier, *usąmĭnĕti sę* paraît imperfectif, Mt., XXI, 21 Mar. (Zogr. Ass. def.) et sans doute aussi Mc, XI, 23 dans Zogr. où il est à côté de *emĭetŭ* (tandis que Mar. a *imetŭ*, Ass. def.).

vidĕti n'a pas dans Év. de formes munies de préverbes qui ne soient dans des conditions particulières; *obidĕti* est nettement imperfectif, par exemple Mt., XX, 13 et Ps. IX, 24; mais, malgré le parallélisme très frappant de got. *id-weit* « outrage » (v. Uhlenbeck, *Et. wört. d. got. spr.*[2], sous ce mot), on ne saurait affirmer absolument qu'il s'agisse de **ob-vidĕti*; *nenavidĕti*, qui renferme sûrement *vidĕti*, est aussi imperfectif, par exemple J., III, 20; XV, 18 et 19; etc. Enfin Ps. XXXVI, 1, *ni zavidi* traduit « μὴ ζήλου ». — Au contraire, *slyšati* a normalement *uslyšati* pour perfectif dans Év.; mais M. Ul'janov, *Znač.*, II, 143, signale *uslyšitŭ* Supr., 449, 29, avec valeur imperfective.

mlĭčati a pour perfectif dans Év. *umlĭčati* (par exemple L., XIX, 40) et on a une fois *prĕmlĭči* « φιμώθητι » L., IV, 35. Mais on lit Euch., 43 a, *umlŭčęštjąją* et Supr., 308, 14, *prĕmlĭčaaše*.

tęzati reste imperfectif dans L., XVIII, 12, *pritęzą* « κτῶμαι » Zogr. Mar. Ass. et dans *sŭtęzęšte* Euch., 70 a; toutefois on a L., XXI, 19, *sŭtęzite* « κτήσεσθε » Zogr. Mar. Ass.

trŭpĕti ne fournit dans Év. que des formes à préverbe perfectives: Mt., XVIII, 26 et 29, *potrŭpi na mĭnĕ* « μακροθύμησον ἐπί ἐμοί » et *prĕtrŭpĕvyi* « ὁ ὑπομείνας », par exemple Mt., X, 22. Mais M. Ul'janov, *l. c.*, cite un exemple de *sŭtrŭpĕti* perfectif Supr., 166, 27.

bolĕti reste imperfectif dans *obolęštemĭ* Euch., 28 b. Év. ne présente pas d'exemple.

Un grand nombre de verbes en *-ĕti*, *-ją* (*-iši*) conservent donc le caractère imperfectif même quand ils sont munis d'un préverbe. L'ancienne traduction de l'Évangile présente sensiblement moins de cas de ce fait que certains autres textes vieux slaves, comme le montre l'énumération qui précède; c'est pourquoi l'on ne saurait attacher d'importance au fait que *bĭdĕti*, *skrŭbĕti*, *stydĕti*, *svĭtĕti* sont toujours perfectifs dans Év. quand ils sont précédés d'un préverbe. A plus forte raison la valeur constamment perfective de *ubojati sę* et *vŭzbojati sę* ne doit pas surprendre ; car il est probable que ni l'infinitif *bojati sę*, cf. lit. *bijótis*, ni le présent *bojitŭ*, cf. skr. *bháyate*, n'appartenaient primitivement au type en *-ěti*, *-ją* (*-iši*). — Le maintien de la valeur imperfective dans les verbes de ce type tient à ce qu'ils expriment un état, c'est-à-dire quelque chose qui dure, et par suite sont essentiellement duratifs. La chose est si naturelle qu'elle a survécu jusqu'à présent; et même le russe présente dans l'imperfectif *zavisět'* un exemple que les anciens textes ne connaissent pas. — A cette cause essentielle, on doit ajouter la circonstance que l'itératif est très éloigné du verbe principal par sa forme, comme le montre par exemple *-zirati* : *zĭrěti* et que le rapport des deux formations était peu saisissable.

Il convient de citer ici deux autres verbes de forme voisine : *věděti* et *-vĭlěti* :

věděti ; le fait que *vědě* (*věmĭ*) est un ancien parfait explique assez le maintien de l'aspect imperfectif là où *věmĭ* a son sens de « je sais » et est précédé du préverbe *sŭ-* : Mc, XIV, 68, *sŭvěmĭ* « ἐπίσταμαι » Zogr. Mar. (Ass. def.); cf. *sŭvěstŭ* « γινώσκει » Ps. I, 6 ; LXXXIX, 11 ; XCIII, 11 ; CXXXVII, 6 ; *sŭvěděaxŭ* « ἐγίνωσκον » Ps. XXXIV, 11 ; *sŭvědąštjumu* Euch., 67 b ; cf. aussi *ne dovědimyi* « ἀνείκαστος » Euch., 56 b ; *izvědąštei* Cloz., 76 ; etc. En revanche, *uvěděti* semble perfectif dans Év. et l'est sûrement Ps. LVIII, 14. Quant à *pověmĭ* et à *jispověmĭ*, *propověmĭ*, *zapověmĭ* qui ont le sens factitif de « faire savoir », la valeur perfective y est nette et constante, soulignée d'ailleurs par l'emploi de l'itératif *pověd̄ają*, *jispovědają*, etc., pour exprimer l'imperfectif ; l'infinitif de *pověmĭ* paraît avoir été pour le traducteur de l'Évangile *povědati*, comme celui de *povědają*, et non *pověděti* ; la leçon *pověděti* est en effet presque toujours celle d'un manuscrit isolé, Marianus ou Zographensis, tandis que *povědati* est attesté par les autres textes ; l'Assemanianus a toujours *povědati* ; ainsi L., XVIII, 37, *pověděšę* Mar., mais *povědašę* Zogr. Ass. (et Ostr. Nik.) ; Mt., XXVIII, 20, *zapověděxŭ*, Zogr., *zapovědaxŭ*, Mar. Ass., etc. On retrouve du reste *povědati* ailleurs, ainsi *jispověda* Euch., 93 b. Cette hésitation entre *povědati* et *pověděti* n'a rien de surprenant : l'infinitif *věděti* a été tiré du thème du présent (ancien parfait) *věd-* avec la caractéristique *-ě-* du thème d'infinitif qui convenait au sens du verbe ; au sens factitif de *po-věd-*, c'était *-a-* qui convenait et c'est à *-a-* qu'on a recouru, d'où *povědati* ; puis, sous l'influence de *věmĭ, věděti*, et par opposition à l'itératif *povědają, povědati*, une forme nouvelle *pověděti* a pris la place de l'ancienne.

-vĭlěti n'existe pas en dehors de *do-vĭlěti* et par suite le caractère régulièrement imperfectif de *dovĭlĕetŭ* « ἀρκετόν » Mt., x, 25 Zogr. Mar. Ass. (et ailleurs) n'a pas à être expliqué : on ne reconnaît pas dans *dovĭlěti* une forme à préverbe ; d'ailleurs *do-* n'est peut-être pas préverbe ici en réalité ; cf. ci-dessous, p. 41.

Enfin, il faut citer quelques verbes en *-ěti, -ěją*, dont les formes munies de préverbe restent imperfectives :

slušati d'une manière fréquente — et constante — dans *poslušati*, par exemple J., XVIII, 37, *poslušaetŭ* « ἀκούει » Zogr. Mar. Ass., de même Cloz., 524.

pustěti, dans les deux exemples de Év., Mt., XII, 25, *zapustěetŭ* « ἐρημοῦται » Zogr. Mar. (Ass. def.) — L., XI, 17.

uměti, dans Mt., XIII, 51, *razuměete* « συνήκατε » Zogr. Mar. Ass. ; Mt., XVI, 11 Zogr. Mar., etc., cf. aussi *sŭvědy ji ne razuměję* Euch., 68 a. Toutefois, *razuměti* est aussi très souvent perfectif et l'on trouve par suite l'itératif *razuměvati* dans Év. plusieurs fois. Il est arbitraire de distinguer, avec Miklosich (*Vergl. gramm.*, IV, 311), le perfectif *raz-uměti* d'un imperfectif *razuměti* qui serait dérivé de *razumŭ* ; mais les sujets parlants ont pu concevoir *razuměti* comme le dénominatif de *razumŭ* et l'emploi de *razuměti* comme imperfectif se justifierait par là si l'on n'avait plusieurs verbes de même type présentant la même particularité sans qu'une explication analogue soit possible.

-cěpěněti dans l'unique exemple Mc, IX, 18, *ocěpěněetŭ* Zogr. Mar., mais Ass. a l'itératif *ocěpěněvaetŭ* ; la leçon originale est donc incertaine (car Zogr. Mar. représentent une même tradition).

skąděti, dans L., XII, 33 *oskądějąšte* Ass., (*oskąděјemo* Ostr.), mais cette leçon est suspecte de n'être pas la bonne, car elle est la variante de *skąděemoe* Zogr. Mar., *skąděјąšte* Sav. D'ailleurs *oskąděti* semble perfectif dans les autres exemples : L., XVI, 9 — XXII, 32 — Ps., IX, 7 ; XI, 2 ; XXX, 11 ; etc.

De même *xuděti* dans *uxuděją̨šte* « μειουμένην » Supr., 241, 14 mais *ib.*, 21, *oxuděje* traduit ἐλαττωθήσεται.

Ces emplois imperfectifs s'expliquent comme dans le type primaire en *-ěti, -ją* (*-iši*) par le sens de ces dénominatifs qui indiquent un état ou un devenir. Ce qui le montre bien, c'est que quelques dénominatifs, appartenant à d'autres types, mais indiquant aussi un état, présentent la même particularité d'aspect : *městiti*, dans *vŭměstęštĭ* « χωροῦσα » J., II, 6 Zogr. Mar. Ass. (ce qui n'empêche pas que *vŭměstiti* soit perfectif ailleurs et ait un itératif *vŭměštati*, par exemple Mt., XV, 17 Zogr. Mar. [Ass. def.]) et *mysliti* dans *sŭmyslęšta* « σωφρονοῦντα », par exemple L., VIII, 35 Zogr. Mar. Ass. ; dans *ne domysl̨ęšte* « ἀπορούμενοι » J., XIII, 22 Zogr. Mar. (Ass. def.) et dans la variante fautive de Zogr. Mt., XVI, 9, *pomyslite* au lieu de *pomĭnite* « μνημονεύετε » (*pomyšljati* étant la seule forme employée par le traducteur original).

En somme, dans tous les types de verbes à infinitif en *-ěti* on rencontre des emplois imperfectifs de formes munies de préverbes et ces emplois s'expliquent par la valeur sémantique propre des types en question.

En dehors de ce cas particulier on peut poser que la règle générale vaut d'une manière absolue dans Év.

Il faut naturellement écarter tous les dénominatifs tels que *sŭvědětelĭstvovati* (ou la variante *poslušĭstvovati*, par exemple J., III, 26, 32) et *pospěšĭstvovati* où le préverbe appartient au substantif d'où le verbe est tiré.

On ne saurait non plus opposer *podobiti* (Mt., XXIII, 27 ; Mc, XIV, 70) qui n'est pas un composé de *po-* et de **dobiti*, mais un verbe un, où *po* a sa valeur de préposition « selon » et non sa valeur de préverbe et qui paraît reposer, au moins idéalement, sur une locution telle que **po době*, de même que *dovĭlěti* sur une locution telle que **do vĭlję*. On pourrait, dans une certaine mesure, interpréter de même *sŭmysliti* et *domysliti* cités ci-dessus comme formés idéalement avec le mot *myslĭ* et les prépositions *sŭ* et *do*. Et c'est aussi dans cette catégorie que rentrent *poslědovati, poslědĭstvovati* « ἀκολουθεῖν », alors qu'au contraire *naslědovati, naslědĭstvovati* sont perfectifs (L., X, 25). Cet imperfectif a pour perfectifs *sŭpodobiti* (L., XX, 35) et surtout *upodobiti* (Mc, IV, 30, etc.); Euch., 23 b, a par suite l'itératif *sŭpodobljati sę*.

Mt., XXIII, 23, *otŭdesętĭstvuete* « ἀποδεκατοῦτε » Mar. (Zogr. Ass. def.) est à part, à titre de simple calque slave du grec. Du reste, on sait que les verbes en *-ovati, -ują* fournissent quelques itératifs comme *kupovati*.

M. Ul'janov a, il est vrai, proposé une longue liste d'exemples où des verbes quelconques munis de préverbes resteraient imperfectifs (*Znač.*, II, 139 et suiv.). Mais M. Fortunatov (*Krit. razbor*, 110 et suiv.) et M. Jagic' (*Beitr. z. slav. synt.*, I, 76 et suiv.) ont déjà montré que la plupart prouvent peu. Il n'y a lieu de reprendre ici que les exemples tirés de l'Évangile, lesquels sont en assez petit nombre. Ceux qui sont tirés des autres textes comporteraient des explications analogues.

Il faut tout d'abord mettre de côté les cas où la phrase a une valeur générale et où le présent du perfectif peut traduire un présent grec dans certaines conditions définies, comme L., XV, 8, etc. Tous les exemples de ce genre seront discutés en détail dans un paragraphe spécial du chapitre suivant.

Il faut aussi écarter les cas où un présent grec annonçant une action prochaine est traduit par un présent perfectif; ainsi Mt., XI, 10, ἀποστέλλω « j'envoie » indique une action essentiellement momentanée qui doit se réaliser aussitôt que l'ordre est donné et par suite le traducteur slave écrit fort bien (d'après Zogr. Mar. Ass.) *sĭ bo estŭ o nĕmĭže estŭ psano. se azŭ posŭlją aglŭ moi prĕdŭ licemĭ tvojimĭ. ji ugotovaetŭ pątĭ tvoi prĕdŭ toboją*. Dans le passage correspondant, L., VII, 27, Zogr. a aussi *posŭlją*; mais dans Mar. qui porte la trace de corrections d'après le texte grec, on lit *posylają* d'après le présent grec. — M. Jagic' (*Beitr. z. slav. synt.*, I, 77) explique de même L., II, 29, *otŭpustiši* Mar. Ass., *pustiši* (aussi perfectif) Zogr. « ἀπολύεις », c'est-à-dire « tu vas renvoyer ».

Le *vŭmetąšta* de Zogr., dans Mc, I, 16, doit être une simple faute de copiste, comme l'a vu M. Jagic', *l. c.*; quant à Mt., VI, 30, *vŭmetomo* est une innovation de Mar. au lieu de *vŭmĕtaemo* Zogr. Ass. Ostr.; c'est un participe présent perfectif, chose qui ne se rencontre pas dans l'ancienne traduction de l'Évangile, mais qui n'est pas sans exemple par ailleurs.

Les deux exemples de Mar. où *narečetŭ sę* traduit un présent sont propres à ce manuscrit; dans Mt., X, 2, Zogr. et dans J., XX, 16 Ass. ont *naricaetŭ sę* (Mt., X, 2, Ass. et J., XX, 16, Zogr. def.). L'emploi assez énigmatique de *narečetŭ sę* dans Mar. rentre sans doute dans le cas général des présents de perfectifs en proposition générale.

A part les verbes à infinitif en *-ěti* cités ci-dessus, on ne saurait donc citer un seul exemple sûr de verbe non itératif muni d'un préverbe quelconque que le traducteur de l'Évangile ait employé avec valeur imperfective et la règle peut passer pour absolue dans les limites indiquées.

Dès lors, le verbe *sŭměti, sŭměją* « τολμᾶν » ne doit sans doute pas être coupé *sŭ-měti*, ni par suite rapproché de got. *moþs*, etc. (v. en dernier lieu Uhlenbeck, *Et. wört. d. got. spr.*[2], p. 113); car il est nettement imperfectif, par exemple Mc, XII, 34, Zogr. Mar. Ass., et, s'il est vrai que les formes de *spěti* munies de préverbes sont parfois employées avec valeur imperfective sous l'influence des verbes en *-ěti* (ainsi *prěspějąštŭ* « ὑπερβαῖνον » Cloz., 571; *ničĭsože... uspějetŭ* « οὐκ ὠφελεῖ » Supr., 310, 7), du moins cet usage n'est-il pas général et ne se rencontre-t-il pas dans l'ancienne traduction de l'Évangile; aussi bien le *ě* d'un slave **mě-* ne se retrouve nulle part dans les autres langues. Il convient donc de voir dans *sŭměti* un dénominatif tiré d'un substantif **sŭmjā* « τόλμα », non attesté, comme *pitěti* est tiré de **pītjā* (v. sl. *pišta*) et *želěti* de *želja*. Ce substantif correspondrait très bien pour la forme et assez bien pour le sens à skr. *çímī-* « activité, activité pieuse », et *sŭměti* appartiendrait ainsi à la grande famille de skr. *çámati, çamnīte*, gr. κάμνω, κομίζω, etc. Pour le *ŭm* issu de i.-e. *°m*, cf. *dŭmą*.

IV

Formation des itératifs.

Presque tous les itératifs slaves appartiennent à un seul et même type, celui des verbes à infinitif en *-ati*, présent en *-ają* et la voyelle *-a-* en est la caractéristique essentielle. Font seuls exception :

1° Les itératifs archaïques déjà étudiés : *xoditi, goniti, nositi, voditi* et, en dehors de Év., *točiti* « courir » (à distinguer de *točiti* « faire courir » Euch., 44 b) ; n'existent pas dans Év. à l'état de simples *laziti, vlačiti* (le simple dans Supr., 198, 2) ; il faut citer encore, en dehors des textes proprement vieux slaves, *voziti*.

2° Quelques itératifs à présent ancien en *-ją, -ješi* : *jemlją, jimati* et, dans les composés, *-ĭmati* : Mt., XVI, 11, *vŭnŭmati* Zogr. Mar. (Ass. def.) ; L., V, 15, *sŭnŭmaaxą* Mar. (mais *sŭnimaaxą* Zogr. [Ass. def.]) ou, après *-i, -emăti*, dans *priemati*, J. VII, 39, Zogr. (Ass. def.) et J., III, 27 Ass. (Zogr. def.) ; les deux fois Mar. a *priimati*. L'infinitif simple *jimati* peut représenter en vieux slave un slave commun **jĭmātī*, forme prise par **ĭmātī* au commencement du mot, et *-imati* dans les composés peut être analogique du simple ; quant à *-emati* l'*e* en est visiblement emprunté au présent. Il n'y a donc pas lieu de chercher dans l'*i* de *jimati* une ancienne longue d'itératif. En somme *jemlją* n'est entré que secondairement dans la classe des itératifs. C'est un présent en **-je-* qui, par suite de sa formation même, avait une valeur imperfective et qui, s'opposant ainsi à *jimą*, a été assimilé aux itératifs et a conservé pour cette raison sa valeur imperfective même quand il est précédé d'un préverbe.

La même observation peut s'appliquer à *dają, dajati* ; *děją, dějati* ; *dvižą, dvidzati* ; *stają, stajati* (ce dernier attesté dans Év. seulement en composition) et enfin à *otŭręją* « ἀπωθῶ » qui n'est pas dans Év., mais qu'on lit Ps., LXXXVII, 15 et Supr., 321, 12 (à côté de *otŭrivati* « ὠθεῖν » Supr., 95, 17).

Il n'y a pas dans Év. de verbes de ce type qui ait l'allongement radical caractéristique des itératifs ; on rencontre, il est vrai, J. III, 8, *dyšetŭ* Ass. (et Ostr.), mais *dušetŭ* Zogr. Mar. et de même L., XII, 55, *dušąštŭ* Mar. (*dušetŭ* Zogr. par erreur ; Ass. def.). L'itératif *dyšą* n'est qu'une contamination de l'itératif normal *dyxają*, attesté par J., VI, 18, *dyxająštju* Zogr. Mar. Ass., et du présent *dušą* (inf. *duxati*), qui a l'air d'un dénominatif de *duxŭ*. — On sait que le Suprasliensis présente plusieurs exemples de formations analogues à l'itératif *dyšą*, par exemple *naričą* (v. Leskien, *Handbuch*[3], p. 113 ; Vondrák, *Altkirchensl.*

gramm., p. 247) ; toutes ces formations, secondaires et relativement récentes, jouent un certain rôle dans les dialectes slaves modernes.

On ne possède pas le perfectif dont *ristati, rištą* est l'itératif, mais il n'y a aucune raison de croire que l'*i* résulte d'un allongement. Le caractère itératif de *ristati* résulte uniquement du maintien de l'aspect imperfectif dans les formes à préverbes : Mc, IX, 15, *pririštąšte* « προστρέχοντες » Zogr. Mar. (Ass. def.) et Mc, IX, 25, *sŭrištetŭ sę* « ἐπισυντρέχει » Zogr. Mar. Ass. ; cf. *pririštę* Euch., 83 b et *pririštęšte* Euch., 84 a.

3° Quelques dénominatifs en *-ovati, -ują* qui ont pris la valeur d'itératifs parce qu'ils s'opposent à des dénominatifs perfectifs en *-iti* :

kupovati (cf. ci-dessus, p. 29) ; on a de même en vieux russe *lěkovati* en regard de *lěčiti*.

blagověstovati (cf. ci-dessus, p. 28) ; on a de même *izvěstująštu* Supr., 208, 23 ; *jizvěstovanŭ* L , I, 1, Mar. (*jizvěstĭnŭ* Zogr. Ass.) « πεπληροφορημένος » et *sŭizvěstująštu* Cloz., 134.

jiz-měnovati est l'itératif de *jizměniti* ; Ps. XLIV, 1 ; LIX, 1.

-kazovati sert d'itératif dans *pokazovaaše* « ἐδείκνυ » Supr., 374, 27, ce qui permet d'éviter l'ambiguité de *-kazati*, infinitif à la fois de *-kažą* et de *-kazają* ; mais *sŭkazova* « διήλθε » Supr., 308, 17 n'est pas un itératif.

-znamenovati est itératif de *-zamenati* dans *naznamenująštu* « αἰνιττόμενος » Supr., 278, 25.

et un verbe qui se présente dans des conditions toutes particulières :

-vinovati, itératif de *-vinąti*, dans *ne obinuję sę* « παῤῥησία » Ėv. plusieurs fois ; L., X, 17 et 20, *povinujątŭ sę* « ὑποτάσσεται » Zogr. Mar. Ass. ; L., II, 51, *povinują sę* (cf. aussi Euch., 55 b et 82 b). Le perfectif *-vinąti* n'est pas dans Ėv., mais on a Ps., XI, 6, *ne obiną sję* « παῤῥησιάσομαι » ; Ps., LXI, 2, *povinetŭ sję* « ὑποταγήσεται » ; etc. (cf. Euch., 28 b). — Cet exemple d'itératif en *-ovati* d'un verbe en *-nąti* n'est pas isolé ; on a vu p. 23 *minąti* : *minovati* (Supr.).

Le slave a ici tiré parti pour former ses itératifs d'une ancienne confusion : les présents slaves en *-ne-* représentent toutes les diverses formes à nasale, formes à infixe, comme dans *bŭnǫ*, cf. lit. *-bundu*, mais aussi formes en **-nā-* et en **-neu-* et la trace du type **-neu-* se conserve, comme on sait, dans des participes tels que *drŭznovenŭ* (cf. skr. *dhṛṣṇóti*), *-kosnovenŭ*, *-rinovenŭ* (v. Vondrák, *Altkirchensl. gramm.*, p. 236). Les dérivés *-vinujǫ*, *minujǫ*, ont été tirés du thème en **-neu-* au temps où celui-ci existait encore; on a, avec le même suffixe *-ye-*, des thèmes à nasale de formes variées : lit. *jù-n-g-iu*, gr. *κλί-ν-yω (att. κλίνω, lesb. κλίννω), λιχ-νεύ-(y)ω, etc.; ces présents, naturellement imperfectifs comme tous les présents en *-je-*, ont pris la valeur itérative en s'opposant à *-vinǫ* et *minǫ*.

Les itératifs formés d'une manière anomale sont donc très peu nombreux et l'on a pu remarquer que presque tous se rencontrent en face de perfectifs simples; ceux des verbes qui ne sont perfectifs que par addition d'un préverbe ont en principe un itératif du type normal. Inversement, il y a très peu de verbes simples autres que ceux en *-nǫti* et en *-iti*, qui aient un itératif de type normal; la condition même de la persistance de la valeur itérative d'un verbe simple était l'existence à date ancienne d'un synonyme de valeur imperfective, ainsi dans *jimǫ : jemljǫ*. La formation d'un itératif du type ordinaire, telle qu'on la rencontre dans *padǫ* : *padajǫ* est dès lors la preuve la plus décisive que le simple avait d'une manière essentielle la valeur perfective.

L'itératif d'un verbe simple se distingue d'un imperfectif en ce que l'addition d'un préverbe ne le rend pas perfectif; par exemple *jizgoniti* étant imperfectif, il était inutile de lui donner la forme d'itératif. Toutefois l'analogie des autres imperfectifs a entraîné la formation d'un *jizganjati* que le traducteur de Év. n'a pas employé, mais qui apparaît déjà Mc, VI, 13, *jizganěaxǫ* Zogr., dans un passage où Mar. conserve l'ancienne leçon *jizgoněaxǫ*; on lit de même *proganjaaše* « ἀπήλαυνε » Supr., 366, 24 et *poganěję* « διώκων » Ps., XXXIV, 6; dans Supr., 303, 5, *isxaždaje* a la valeur factitive de « il fait sortir » et traduit προξενεῖ.

Les principes de la formation des itératifs normaux sont les suivants :

1° Si la voyelle de la syllabe qui précède immédiatement la caractéristique d'itératif est une *brève en syllabe ouverte*, cette brève est remplacée par la longue correspondante, c'est-à-dire que à *e, o, ĭ, ŭ* sont substitués *ě, a, i, y*, ainsi dans *roditi* : *raždati*. — Cette longue se distingue d'une longue de date letto-slave par l'intonation : elle est le plus souvent douce et non pas rude, ainsi qu'on le voit par le serbe : *lijèmati, lȉjemām* ; *rádati, rȃđām* ; *bírati, bȋrām* ; *bívati, bȋvām* (le *y* de *byvati* n'est donc pas le même que celui de *byti* ; c'est l'allongement du *ŭ* de *-bŭv-*, par exemple dans *za-bŭvenŭ* ; cf. dans Év. *-krŭvenŭ* : *kryvati* [s. *krȋvām*] ; *-mŭvenŭ* : *-myvati* [s. *ù-mȋvām*] et aussi *pokyvati* [s. *pò-kȋvām*]) ; de même avec l'innovation du type *dyxati, dyšą* (cf. ci-dessus, p. 44) : *lijègati, lȉježēm* ; *polágati, pòlāžēm* ; *proricati, pròrīčēm* ; *díxati* (et, par analogie, *dísati*), *dȉšēm*. Il résulte de là, d'après les principes posés M. S. L., XI, 345 et suiv., que, en russe, dans tous les cas de ce genre, l'accent tombe sur l'*a* du suffixe d'itératif et le russe a en effet, d'une manière absolument constante, *ražát', ražáju* ; *zabirát', zabiráju* ; *byvát', byváju*, etc. ; dès lors, dans tous les itératifs normaux, c'est-à-dire dans les itératifs de verbes munis de préverbes, le russe accentue l'*a* de l'itératif et un verbe à préverbe n'est itératif qu'à condition d'avoir l'accent sur *a* (P. Boyer, *De l'accentuation du verbe russe*, dans le *Centenaire de l'École des langues orientales*, p. 452 et suiv.). Mais cette règle est secondaire, comme le montre la comparaison avec le serbe, et l'on constate d'ailleurs que, là où il a subsisté un itératif sans préverbe de verbe à longue letto-slave, cet itératif a conservé l'accent sur la syllabe qui précède le suffixe : r. *bě́gat', bě́gaju*, cf. s. *bjȅgati, bjȅgām* ; l'accentuation de l'itératif r. *izběgát'* est due à la règle générale ; dès lors r. *izbě́gat'* a pris la valeur perfective ; on a de même r. *dvígat', dvígaju* (cf. s. *dȉgnuti*) ; *mě́rjat', mě́rjaju* (cf. s. *mjȅriti*) ; *pádat', pádaju* (cf. s. *pȁdati*) ; *pólzat', pólzaju* (s. *pȕzati, pȕžēm*) ; *prjádat', prjádaju* (s. *prȅdati, prȅdām*).

Il arrive que la voyelle de la syllabe présuffixale ait l'intonation rude : r. *klánjat', klánjaju*, s. *klȁnjati, klȁnjām* ; r. *voróčat', voróčaju*, s. *vrȁćati, vrȁćām* (cf. *vrâtīm*) ; r. *kúšat', kúšaju*, s. *kȕšati, kȕšām* ; etc. Cette intonation répond à celle que présente le lituanien dans le type *stìkti, stýgoti*, 3ᵉ pers. prés. *stýgo* et dans le type *vìlkti, velka* : *válkioti, válkioja* ; *lį̃sti, leñda* : *lándžoti*, *lândžoja* ; *limpa, lipti* : *láipioti*. Mais elle n'est pas l'intonation ordinaire en slave.

Des formes telles que *pominati, nadymati* où *i* et *y* sont les allongements de *ĭ* et *ŭ* récents donnent la preuve que beaucoup de longues d'itératifs sont secondaires et ne remontent pas à l'indo-européen ; la qualité douce de l'intonation de la plupart des longues d'itératifs slaves montre que ces longues ne sont pas de date letto-slave, puisqu'une antiquité letto-slave suffit à déterminer l'intonation rude des longues (F. de Saussure, M. S. L., VIII, 431).

D'autre part, l'accentuation de la présuffixale n'est peut-être pas la seule que connût le slave commun. Comme l'a bien vu M. Baudouin de Courtenay, le *c* de *naricati, otŭricati* ne s'explique que si l'accent tombait sur *a* et en effet on a r. *otricát'*, s. *narícati* ; on pourrait dire, il est vrai, qu'il y a eu ici déplacement d'accent de la douce *i* (s. *nàrīčēm*) sur la rude *a* ; mais ce déplacement est dialectal, alors que le *c* de *naricati* semble être slave commun ; d'ailleurs on ne saurait expliquer ainsi *dvidzati* (r. *podvizát'*), puisque l'*i* y est rude ; l'accentuation de s. *dīzati* pourrait résulter de l'influence du présent *dīžēm* (de même qu'on a *nīcati, stīzati*, etc., dans tous les verbes où la présuffixale est rude) ; on peut expliquer de même *zăžizati* par l'influence de *zăžižēm*, le *dz* de *vŭzidzati, sŭzidzati* supposant que *i* ne portait pas l'accent. Mais il ne faut pas perdre de vue que le type *nareką, naricati* une fois donné, on a formé des itératifs à gutturale altérée en dehors même des conditions où s'est créé le type ; si l'on a formé ainsi *vycati*, à plus forte raison a-t-on pu former *dvidzati*. Et en effet le vieux slave a à la fois *-trŭgati* (s. *třgati*) et *-trŭzati* qui ne peuvent être phonétiques tous les deux : *vŭstrŭgająšte* « συλλέγοντες » Mt., XIII, 29 Zogr. Mar. Ass. et « τίλλοντες » Mc, II, 23 Zogr. Mar. Ass., mais *vŭstrŭzaaxą* « ἔτιλλον » L., VI, 1 Zogr. Mar. Ass. (cf. aussi L., V, 6 ; Mc, V, 4) ; cette dualité de formes n'étant plus comprise, on a employé finalement l'un des deux verbes comme perfectif, d'où *rastrŭdza* « διέρρηξεν » Mt., XXVI, 65 Zogr. Mar. Ass., et *rastrŭga* « διέρρηξας » Ps., XXIX, 12 et CXV, 7. On ne peut donc positivement affirmer l'existence d'itératifs accentués sur l'*a* suffixal en slave commun.

Après *ě*, il n'y a pas altération de la gutturale dans *sŭža-*

gati, prěrěkati (Mt., XVI, 22 Mar. (Zogr. Ass. def.); cf. Ps., XVII, 44; LIV, 10; CV, 32; Supr., 367, 9 et 361, 7) et dans quelques autres verbes analogues.

La voyelle présuffixale qui est allongée se trouve presque toujours être la voyelle d'une syllabe radicale. Mais le cas de *lobŭzati : lobyzati* (cf. ci-dessus, p. 19) montre qu'il n'y a rien là de nécessaire ni d'essentiel. De même Euch. 1 b, présente *svobaždaetŭ sę* en regard de *svoboditi*.

Quand les thèmes du présent et de l'infinitif ont une alternance vocalique entre *e, o* et *ĭ, ŭ*, c'est toujours *ĭ, ŭ* qui est allongé : on a *-birati, -zyvati* de *berą, bĭrati*; *zovą, zŭvati*, exactement comme *-mirati* de *mĭrą, mrěti*. Et là même où *ĭ* n'est la voyelle ni du thème du présent, ni du thème de l'infinitif, mais seulement d'une forme d'impératif, ou de quelques formes isolées, c'est encore ce *ĭ* qui est allongé : *-ricati, -židzati*, mais alors *-ě-* se rencontre à côté de *-i-* : *-rěkati, -žagati* (cf. ci-dessus).

Enfin, on doit noter que l'allongement n'atteint pas toujours les voyelles en syllabe fermée. Par suite de l'élimination des consonnes implosives en slave, il ne reste à considérer à cet égard qu'un seul cas, celui de voyelle devant sifflante plus occlusive et les exemples sont fort peu nombreux : *krĭštati* de *kristiti* dans Év., *mĭštati* de *mĭstiti* dans Ps., *odŭždati* de *odŭžditi* dans Euch., 2 a ; *jistŭštati* « ἐκκενεῖν, κενεῖν » de *tŭštiti* dans Ps., CXXXVI, 7, et Supr., 274, 14 ; *lĭštati* de *lĭstiti* dans Supr., à côté de *prělĭštati*, etc. Toutefois, dans Év., *bliscati sę* est l'itératif de *blĭsnąti* (non attesté), cf. r. *blistát'*, s. *blìstati*; cf. *praštati* « ἐλευθεροῦν » (par exemple Supr., 297, 1), s. *prâštati*, de *prostiti*; et en regard de *prigvozditi, prigvaždati* Euch., 43 a, Supr., 8, 17 et 124, 17. L'itératif de *sŭmotriti* n'est pas attesté dans Év. ; on a *sŭmotrjati, rasmotrjati* d'après Ps., IX, 35 ; XXXVI, 32 ; Cloz., 616, mais *sŭmatrjati, rasmatrjati* d'après Euch., 69 a ; Supr., 66, 11 ; etc. Le nombre des formes de ce genre est si restreint qu'il n'a pu s'établir aucune règle bien définie.

A part ces cas particuliers et celui assez énigmatique de *poglŭštająšte* Mt., XXIII, 24 Mar. (Zogr. Ass. def.; mais la forme est confirmée par v. russe *poglŭčati*, v. les *Materialy* de Sresnevskij, et aussi le *Lexicon* de Miklosich sous *poglŭštati*), il ne semble pas qu'aucun itératif en *-a-* de Év. manque de l'allongement normal; on a vu ci-dessus que l'itératif *-metati* ne peut être attribué au traducteur original (p. 15); *sŭpodobljati* n'est pas dans Év.

2° L'itératif est tiré du thème verbal dépouillé de toute caractéristique propre soit de thème du présent, soit de thème d'infinitif.

Ainsi, pour les verbes à nasale, la caractéristique nasale n'apparaît ni sous la forme *-ne-* du présent, ni sous la forme *-nǫ-* de l'infinitif et tout se passe comme si l'itératif était tiré du thème d'aoriste : *dvignǫ, dvignǫti,* aor. *dvigŭ* : *dvidzati*; *utonǫ, utonǫti,* aor. *utopŭ* : *utapati,* etc.; on a même *prěgybajǫšte* (Mc, XV, 19) de *prěgŭnǫti,* malgré le hasard qui fait que, seules, sont attestées dans Év. au participe passé actif des formes en *-nǫ-* : *sŭgŭnǫvŭ,* L., IV, 20, et *razgŭnǫvŭ,* L., IV, 17 Mar. Ass. Sav. (Zogr. def.). Et pour les verbes en *-nǫti* qui n'admettent pas d'aoriste primaire, la langue recourt à d'autres formations; c'est ce qui explique l'anomalie de *minovati* et *-vinovati* (v. ci dessus, p. 45) et de *otŭrěją* « ἀπωθῶ » Ps., LXXXVII, 15; mais cf. *u-rivajątŭ* L., VIII, 45 Sav.); c'est d'une manière accidentelle que le suffixe nasal est présent à toutes les formes de ces verbes et la langue n'a pas tenu le suffixe pour un élément essentiel.

Dans la mesure où les verbes en *-ěti, -ją* (*-iši*) ont besoin d'itératifs, ils ne présentent ni le *-ě-* de l'infinitif, ni le *-i-* du présent : *nazĭrěti* : *nazirati*; *pomĭněti* : *pominati*; *vŭzgorěti* (L., XII, 49) : *sŭgarati* J., XV, 6 Mar. Ass. (Zogr. def.; *sŭgorěti* Sav.), *vŭzgarati* (Ps., IX, 23; Euch., 54 a); cf. aussi *prěpĭrěti* : *prěpirati* « πείθειν » Supr. et Nouveau Testament. Cette élimination des caractéristiques verbales n'est peut-être pas réelle dans tous les cas; car plusieurs présents en *-ją-* ayant l'infinitif en *-ěti* sont récents, ainsi *vižda* (v. M. S. L., XI, 323) et pour *gorěti,* le participe présent (nom. plur.) *gorąšte* L., XII, 35 Zogr. Mar. Ass. (cf. Ps., VII, 14 et CXIX, 4) indique l'existence ancienne d'un présent autre que *gorją*.

Pour les verbes en *-ati, -ją* (*-ješi*), l'élimination de tout élément suffixal a eu cet effet que l'itératif ne se distingue plus du primitif à l'infinitif que par l'allongement de la présuffixale, ainsi dans *posŭlati, posŭlją : posylati, posylają* (comme d'ailleurs aussi *sŭzŭvati, sŭzyvati*). Par suite, là où l'allongement est impossible, l'infinitif de l'itératif ne se distingue pas de l'infinitif du primitif : *sŭkazati* est l'infinitif à la fois de *sŭkažą* et de *sŭkazają*. Il est possible qu'il y eût une différence d'intonation ou d'accentuation comme dans s. *pògledati* (perfectif) : *poglédati* (imperfectif) ; mais pareille différence échappe aujourd'hui à toute observation puisque l'accentuation du vieux slave n'a pas été notée.

Le *-i-* de l'infinitif des verbes en *-iti* tels que *prositi* n'est pas le même que celui du présent *prositŭ*, car l'*i* de *prositi* était rude, s. *pròsiti* et l'*i* de *prositŭ* était doux, s. *pròsīm* ; de plus, l'*i*, tant du présent que de l'infinitif, était sujet à alterner avec *-j-*, ainsi la 3e pers. prés. *prošą*, 1re pers. imparf. *prošaaxŭ*. Toutefois, nulle part, ni au présent ni à l'infinitif, il ne manquait un élément *-i-* devant consonne, *-j-* devant voyelle ; l'itératif a donc *-j-* devant sa voyelle caractéristique : *vŭprašati* ; tel est du moins le type ordinaire représenté par un nombre d'exemples illimité. Mais quelques verbes ont conservé trace d'un type plus ancien et, au fond, plus conforme à la règle générale, car il est dépourvu de ce *j* qui, d'après l'analogie des types précédents, n'y devrait pas figurer en effet : à *prědŭložiti, vŭzložiti, vŭložiti* répondent dans Év. (et dans les autres textes) *prědŭlagati, vŭzlagati, vŭlagati, podŭlagati, polagati, sŭlagati* : l'*o* radical de *ložiti* a subi l'allongement ordinaire, mais il n'y a pas de *-j-* et par suite la gutturale est restée inaltérée ; le primitif et l'itératif ont par suite l'aspect de deux verbes différents. On a de même, en face de *ostąpiti (otŭstąpiti), pristąpiti, prěstąpiti*, les itératifs *ostąpati, pristąpati, prěstąpati, nastąpati* (tous attestés dans Év.). Dans L., VII, 38, Ass. a *omakati* en regard de *močiti* Zogr. Mar.. L'ancien itératif *vŭsxytati* de *vŭsxytiti* est conservé Mt., XI, 12 Zogr. Mar. Ass. ; Mt., XIII, 19 Mar., et l'on a *poxytati*, L., VIII, 29 Ass., tandis que *vŭsxytati* apparaît Mt., XIII, 19 Zogr. ; L., VIII, 29 Zogr. Mar. ; Ps. XXI, 14 et de même *rasxyštati* Ps., XXXIV, 10 et XLIII, 11. Supr., 313, 20 a une fois l'itératif *prělamati* de *prělomiti* (cf. aussi *sŭlamati* dans le *Lexicon* de Miklosich). Le *Lexicon* de Miklosich fournit des exemples de *istakati* et *rastakati* en regard de *točiti* « faire courir » et Supr., 446, 9, a même l'abstrait inattendu *takanĭje*. Supr., 315, 1, *vŭskačetŭ* et 381, 21 *naskačetŭ*, on a des présents récents de l'itératif *skakati* de *skočiti*; 103, 7 *xapĭjąšte* « ἐάχνοντες » est un présent semblable de *xapati*, itératif de *xopiti*. Ces quelques exemples représentent la formation la plus ancienne: il suffit de les considérer pour comprendre pourquoi une nouvelle formation s'est créée et généralisée.

Les thèmes terminés par une voyelle qui appartient *essentiellement* au verbe tout entier conservent donc seuls cette voyelle à l'itératif.

Mais une difficulté se posait: l'*a* de l'itératif étant une voyelle nue était malaisé à rattacher à une voyelle finale. La difficulté a été tournée grâce à une action analogique fort simple que beaucoup de slavistes ont sans doute reconnue depuis longtemps et que M. Sommer a été le premier à exposer publiquement (I. F., XI, 202 et suiv.): sur le modèle de *kryti: -kryvati, myti: -myvati* et surtout de *byti: byvati*, on a intercalé un *v* entre la voyelle finale du thème et l'*a* de l'itératif; la voyelle qui termine le thème se trouvant en fait être toujours une longue par nature n'est pas susceptible d'allongement et, d'après la règle générale, les autres voyelles du primitif ne sauraient être atteintes; il n'y a donc jamais d'allongement dans les itératifs en *-vati*. Cette formation est normale, mais se trouve n'être représentée dans Év. que par un petit nombre d'exemples qui sont:

o-cěpěněvaetŭ Mc, IX, 18 Ass.; mais *ocěpěněetŭ* Zogr. Mar.; cet exemple ne peut donc être attribué avec certitude au traducteur original.

pridavająšte L., XXIII, 36 Ass., seul; Sav. a *pridająšte*, avec la forme *dają* qui est l'itératif ordinaire de *damĭ*; Zogr. et Mar. ont *pridějąšte* dont la forme de Ass. est visiblement une correction récente. On ne saurait donc attribuer *pridavająšte* de L., XXIII, 36 au traducteur original; et c'est bien ce que l'on doit attendre, car le russe a encore *dajú* en face de *davát'*, le serbe *dâjēm* en face de *dávati*, le polonais *daję* en face de *dawać*. Il est dès lors impossible de tirer tout le type en *-vati* de *davati* comme on a voulu le faire (Wiedemann, *Litauisches präteritum*, p. 43; mais cf. Zubatý, BB., XVIII, 247 et suiv.).

jiskonĭčavati, L. XIII, 23 Zogr. Mar. Ass.; *sŭkonĭčavati*, L. IX, 51 Zogr. Mar. (Ass. def.) On notera que le *ĭ* de *konĭčati* reste sans allongement.

podŭkopavati Mt., VI, 19 et 20 Mar. Ass. (et Zogr., 19; *podŭkopająštŭ* Zogr., 20 est une simple faute de copiste); cf. *raskopavati* Euch., 82 a. On notera que l'*o* de *kopati*, *kopają* subsiste dans l'itératif.

pomavati, itératif de *pomanąti*.

razumĕvati, itératif de *razumĕti*.

zavĕštavati, *otŭvĕštavati*, *sŭvĕštavati* (et *obĕštavati* Euch., 92 a), de *-vĕštati*, *-vĕštają*.

On peut se demander si L., III, 14, *oklĕvetajite* Zogr. Mar. Ass. n'est pas itératif; car cet impératif se trouve à côté de l'imperfectif *obidite* et on lit *oklevetająštei* « ἐνδιαβάλλοντες » Ps. LXX, 13 (cf. aussi Ps. C, 5) à côté de *oklevetavająštago* Ps. XLIII, 17. Le *v* intérieur aurait exercé à distance la même action que le *v* de *gnĕvati* dans *prognĕvająštei* « παραπικραίνοντες » Ps. LXV, 7 et *ugotovająštiimŭ* Euch., 13 a (itératif du perfectif *ugotovati*). C'est dans les deux derniers cas seulement que les deux syllabes successives commencent par un même phonème, *v*, et par suite que les conditions d'une haplologie ordinaire sont réunies; mais il ne s'agit pas nécessairement d'une haplologie; ce peut être un fait comparable à l'absence d'une forme d'aoriste **stastŭ* « il s'est mis debout » en regard de *dastŭ*, etc.

Il ne semble pas au premier abord qu'il y ait lieu d'employer le type en *-vati* pour les verbes dont le thème se termine par un *-i-* essentiel, c'est-à-dire, en fait, pour les verbes radicaux en *-i-*; car *i* se brise naturellement en *ĭj* devant voyelle et ce *ĭ* devient *i* dans l'itératif; le résultat *ija* est exactement parallèle au *-yva-* de *byvati*. On a en effet de *-lĭjati* (par exemple *vĭzlĭĕ* Mt., XXVI, 7 Mar.; Mc, XIV, 3 Zogr.) un itératif L., VI, 38 *prĕliĕjąštą sę* « ὑπερεκχυνόμενον » Zogr. Mar. (Ass. def.). Mais tous les verbes en *-je-* tirés de racines terminées par une voyelle ont l'infinitif en *-jati*, ainsi *sĕją*, *sĕjati*; *dają*, *dajati*, et par suite l'infinitif en *-jati* apparaissait fort peu caractéristique de l'itératif. De plus *ĭj* a de très bonne heure cessé de se distinguer de *ij* dans la prononciation, comme aussi *ŭj* a cessé de se distinguer de *yj*: dans ces conditions la substitution de *i* au ĭ de présents tels que *bĭją* n'était plus sensible et l'itératif était très peu marqué. Enfin un thème monosyllabique est tout autre chose qu'un thème polysyllabique : en latin *pius* est, de tous les adjectifs en *-ius*, le seul qui ait à l'époque classique un superlatif en *-issimus* : *piissimus*. C'est ce qui fait sans doute que le type en *-vati* s'est étendu aux verbes en *-i-* à *i* radical et que l'on a dans Év. :

vŭzlivati, prolivati de *-lĭjati* (noter l'aoriste J., XIII, 5, *vŭli* Mar. en regard de *vŭlĭe* Ass., *volĭe* Zogr.).

pobivati, razbivati, ubivati de *biti*. Il y a un exemple de : *ubijati :* Mc, XII, 5, *ubiějąšte* Mar., *ubĭějąšte* Zogr. (avec un ĭ dû au *bĭjąšte* qui précède et sûrement fautif) ; il est curieux que ce passage, comme aussi L. VI, 38, où se trouve *prělijająštą*, ne soit pas dans l'Évangile par leçons ; on sait qu'il y a quelques différences entre la langue des parties de l'Évangile existant dans l'Évangile par leçons et les autres ; v. Jagic', édition du *Marianus*, p. 467 et cf. M. S. L., XI, 176.

počivati de *počiti*.

upivati sę de *-piti*, L. XII, 45 Zogr. Mar. (Ass. def.).

u-rivati L., VIII, 45 est une innovation de Sav. ; les autres textes ont *utěštati*.

On sait d'ailleurs que ces verbes à thème monosyllabique ont un participe passé en *-vŭ : pivŭ, bivŭ*, etc. et non une forme du type *proši*, etc. ; il est curieux que *vŭpiti* qui fait de même *vŭpivŭ* n'ait pas l'itératif attendu *-ypljati* et qu'on lise Cloz., 899 *vŭzŭpiěše* et Supr., 326, 25 *privŭpivajetŭ*.

Si l'on s'élève au-dessus des détails et qu'on envisage dans son ensemble la formation des itératifs, on constate que ce type a une unité de forme presque parfaite et que les anomalies s'expliquent en général sans difficulté : c'est que l'itératif est presque en entier une création nouvelle du slave et qu'ici la grammaire n'est pas encombrée des ruines d'un passé lointain. Sans doute, l'emploi de verbes en *-ā-* pour exprimer une action qui dure n'est pas propre au slave et on a même trouvé des verbes qui présentent non seulement le suffixe *-ā-* mais aussi la longue présuffixale dans lette *mĕtāt*, lat. *cēlāre, uēnāri*, peut-être gr. γηράω (v. Rozwadowski, I. F., IV, 410 ; et cf. M. S. L., IX, 55) ; le slave a encore dans *plavati* (« ἐννήχεσθαι »

Supr., 298, 21) un verbe de ce type qui, au moins quand il est sans préverbe, n'est pas itératif, comme *nĕsi plavalŭ* Supr., 87, 1, tend à le montrer et comme le fait attendre en effet le caractère imperfectif de *pluti* (Act., XXVII, 7 et 15) : *plavati* insiste seulement sur la durée de l'action de naviguer plus que ne le ferait *pluti*; le russe *plávat'* indique cette action sous sa forme la plus générale, sans détermination de but.

Mais, alors que ce type n'est représenté dans les autres langues — et même en baltique — que par quelques cas isolés, le slave en a étendu l'usage à tous les verbes sans exception ; et il n'a pas allongé seulement les anciennes voyelles indo-européennes, mais aussi les voyelles de création slave, comme dans *pominati, prozirati* (Év.), *nadymati* (Cloz. Supr.), etc. La formation d'un itératif aisément reconnaissable était la condition nécessaire de l'usage indiqué p. 35 et suiv. que tous les préverbes sans exception rendent perfectifs les verbes auxquels ils s'ajoutent ; si le lituanien n'a pas de formation régulière d'itératif, c'est que les préverbes significatifs n'y changent pas l'aspect et que, seuls, les préverbes à peu près dépourvus de sens propre sont susceptibles de rendre les verbes perfectifs. L'analogie a donc agi ici avec toute la puissance qu'elle déploie là où il s'agit de donner à la langue des formes nécessaires. Et en effet l'itératif est la forme sur laquelle repose tout le système de l'aspect en vieux slave, parce qu'il est la seule dont l'aspect soit toujours le même, sans aucune exception, et que par suite, il sert de point de repère certain.

V

Conclusion.

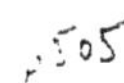

Comme on l'a vu par les formules du commencement du chapitre, c'est l'itératif qui permet de définir *morphologiquement* le perfectif et l'imperfectif. Il résulte de là une conséquence importante : l'itératif n'est rien que la forme qui fournit à un perfectif l'aspect imperfectif requis dans certains cas ; en principe, il ne se rencontre pas en regard d'un verbe imperfectif par lui-même; il ne constitue donc pas une troisième catégorie indépendante et ayant une signification propre à côté du perfectif et de l'imperfectif; *l'itératif n'est qu'un cas particulier de l'imperfectif.*

En fait le nom d'itératif est trompeur. Sans doute il peut arriver et il arrive qu'un itératif, opposé par définition à un perfectif exprimant une action momentanée, indique une action qui se répète. Mais pareil sens n'est nullement attaché d'une manière essentielle et constante au type de l'itératif; par exemple *byvajetŭ* « γίγνεται » indique simplement une continuité tout comme *jestŭ* « il est » et les deux imperfectifs ont en commun pour perfectif *bądetŭ* qui traduit également ἔσται (par exemple J., VIII, 55) et γενήσεται (J., X, 16); *byvajetŭ* ne se distingue de *jestŭ* que par le fait qu'il a conservé le sens propre de la racine **bhū-* « devenir ».

Les itératifs sont employés dans les mêmes phrases que les autres imperfectifs exactement avec la même valeur; par exemple Mt., XI, 5, *proziraj\u0105tŭ, xodętŭ, očištajątŭ sę, vŭstajątŭ, blagověstujątŭ* n'indiquent rien que n'indique tout aussi bien *slyšętŭ* dans la phrase: *slěpii prozirajątŭ. ji xromii xodętŭ. prokaženii očištajątŭ sę. ji glusii slyšętŭ. ji mrŭtvii vŭstajątŭ. ji ništii blagověstujątŭ.* De même Ps., LXVII, 3, *ěkože ištazaetŭ* (ἐκλείπει) *dymŭ. tako išteznątŭ: ěko taetŭ* (τήκεται) *voskŭ otŭ lice ognĕ tako pogybnątŭ,* où un itératif et un imperfectif simple sont employés avec des valeurs grammaticales rigoureusement identiques. Il n'est pas moins caractéristique que dans L., VII, 38, où Zogr. et Mar. ont l'imperfectif *močiti,* Ass. ait l'itératif *omakati.* Les exemples que l'on propose de cas où un itératif indique réellement une action répétée ne sont en général pas probants; et, il est curieux de le constater en passant, dans toutes les phrases citées comme de bons exemples d'itératifs par M. Ul'janov, *Znač.,* II, 119, il est au moins aussi naturel d'admettre que l'itératif indique une action qui se prolonge. Tel est le sens notamment pour J., VI, 18 *větru veliju dyxająštju* (continuant à souffler) et L., VII, 24 *trĭsti... větromĭ dvižemy* (« constamment remuées », et non pas « remuées plusieurs fois »), les deux seuls exemples de Év. cités par M. Ul'janov. De même, *plavati* (par exemple Supr., 298, 21) indique le fait de flotter d'une manière prolongée. Une discussion de détail des cas où l'on pourrait attribuer à un itératif un sens réellement itératif n'aurait d'ailleurs ici aucun intérêt : on voit assez par ce qui vient d'être dit que, dans son ensemble, le type itératif qui forme une unité morphologique rigoureusement définie n'a en principe qu'un rôle : celui de fournir l'imperfectif d'un perfectif donné. Il n'est pas légitime, en bonne méthode, de faire abstraction de l'unité du type morphologique pour essayer de retrouver çà et là, au hasard, des traces de sens itératif.

S'il était établi que les itératifs slaves reposent sur des formes qui indiquent expressément une action répétée, on pourrait encore voir dans les cas plus ou moins incertains de sens vraiment itératif des restes d'un usage ancien. Mais en fait les itératifs slaves reposent sur de simples duratifs ; la chose est évidente pour le type de *jemlją* et de *kupują* ; pour le type *nošą*, elle n'est guère moins claire : skr. *patáyati* ou gr. φορέω n'indiquent pas une action répétée, mais une action prolongée ; et enfin pour le type normal en *-a-*, les formes comparables, lit. *rýmoti* (v. Ul'janov, *Znač.*, II, 24 et suiv.) et lat. *cēlāre*, n'ont pas non plus le sens de répétition, mais seulement celui de durée. Il est malaisé de voir sur quoi se fonde M. Leskien pour affirmer, dans la troisième édition de son *Handbuch*, p. 156 et suiv., que les itératifs deviennent perfectifs par addition de préverbes et que leur présent sert à exprimer le sens du présent simplement parce qu'il indique une multiplicité d'actes successifs ; la persistance du caractère imperfectif dans les itératifs slaves munis de préverbes ne tient pas à ce que ces verbes auraient une valeur itérative, mais à ce qu'ils sont essentiellement duratifs : ils partagent d'ailleurs cette propriété avec les verbes en *-ěti* signalés cidessus, p. 36 et suiv.

Les verbes du vieux slave de l'Évangile comportent donc *deux* catégories et ils n'en comportent que deux, à savoir, l'*imperfectif* et le *perfectif*. Les sous-catégories qu'on observe dans d'autres langues slaves connues à date plus récente et notamment en russe ne s'y rencontrent pas. Par là même le vieux slave se prête d'une manière éminente à un exposé des emplois du perfectif et de l'imperfectif ; car l'opposition de deux aspects s'y montre sans aucun mélange de notions étrangères et apparaît en plein lumière.

Toute forme verbale d'une phrase en vieux slave est ou perfective ou imperfective, les rares verbes qui sont susceptibles des deux aspects prenant l'un ou l'autre dans chaque cas particulier suivant la forme sous laquelle ils sont employés et suivant le contexte. Le slave est la seule langue indo-européenne où l'opposition de deux aspects ait atteint une rigueur aussi absolue grâce à la création des itératifs et rien ne caractérise la grammaire slave mieux que la *constance* de cette opposition.

CHAPITRE II

EMPLOI GRAMMATICAL DU PERFECTIF ET DE L'IMPERFECTIF

On ne peut parvenir à définir le rôle du perfectif et de l'imperfectif en vieux slave qu'en déterminant avec précision la valeur donnée à chacune des formations du verbe pour chacun des deux aspects. Il convient donc de passer en revue successivement toutes les formes du thème du présent et du thème de l'infinitif. On n'essaiera pas en général de définir en une formule abstraite la valeur de chacune de ces formes sous l'un et l'autre aspects. La réalité fondamentale en syntaxe est, comme on le sait, *le groupe de mots* et très souvent on a dit sur un type syntaxique tout ce qu'on en peut dire légitimement quand on a indiqué des modèles des divers groupes usités : par exemple toutes les définitions qu'on a tenté de donner de la valeur sémantique des cas de la déclinaison indo-européenne sont si vagues que, à l'aide de ces seules formules, personne ne serait en état d'employer les cas avec quelque correction : aucune définition du principal emploi du génitif n'en peut dire autant que le seul exemple : *liber Petri*. On visera donc avant tout à déterminer quel est l'aspect employé pour chaque formation dans les types de phrases qui se rencontrent et comment le traducteur a rendu l'original grec. De là ressortira, dans la mesure où il est possible de la reconnaître, la valeur propre du perfectif et de l'imperfectif.

I

Présent proprement dit.

Le présent de l'indicatif du texte grec est traduit en principe par un présent imperfectif, le futur par un présent perfectif; un exemple suffira pour illustrer cet emploi : Mt., XXV, 32 *ji sŭberątŭ sę prědŭ nʼimĭ vsi językci. ji razlątętŭ ję drugŭ otŭ druga ěkože pastyrĭ razląčaetŭ ovicę otŭ kozĭlištĭ* Zogr. Mar. Ass. « καὶ συναχθήσονται ἔμπροσθεν αὐτοῦ πάντα τὰ ἔθνη, καὶ ἀφορίσει αὐτοὺς ἀπ' ἀλλήλων, ὥσπερ ὁ ποιμὴν ἀφορίζει τὰ πρόβατα ἀπὸ τῶν ἐρίφων ».

La grammaire du vieux slave ne possède aucun autre moyen d'indiquer le futur que le présent du perfectif. On a été conduit par là à munir certains verbes de préverbes aussi dénués de sens que possible, ainsi J., VII, 34 *pojištete* « ζητήσετε » où il n'apparaît pas que, pour le sens, *pojištete* se distingue de *ištete* autrement que par la valeur de futur et Mt., XIX, 19 *čĭti* (τίμα) *otca i materĭ ji vŭzljubiši* (ἀγαπήσεις) *iskrĭněago svoego ěko samŭ sę,* où le second verbe n'est rendu perfectif par le préverbe *vŭz-* qu'en vue d'obtenir un futur ; ou bien, si le préverbe a un sens, le traducteur a dû ajouter une nuance qui n'était pas dans le texte original, ainsi Mt., VII, 2, *vĭ nʼjąže měrą měrite vŭzměrętŭ vamŭ* « ἐν ᾧ μέτρῳ μετρεῖτε μετρηθήσεται ὑμῖν » où le grec n'exprime pas l'idée de « mesurer en retour » explicitement indiquée par le traducteur slave.

Tant qu'il s'agissait simplement de traduire le futur sans indication spéciale de durée, le présent du perfectif pouvait être utilisé. On pouvait même encore s'en servir quand l'action qui doit durer était envisagée dans son ensemble, ainsi quand *vŭzglagolją* traduit λαλήσω ; mais il y avait difficulté aussitôt qu'il fallait traduire un futur indiquant expressément une action qui dure. Et surtout il est des verbes si expressément duratifs qu'ils ne comportent aucun perfectif. Le traducteur recourt alors à divers artifices.

Si le futur duratif est coordonné à d'autres futurs traduits par des présents de perfectifs, le traducteur emploie le présent imperfectif et n'indique pas le futur qui ressort du contexte ; ainsi :

L., XVI, 13, *li bo edinogo vŭznenaviditŭ* (μισήσει) *a drugaego vŭzljubitŭ* (ἀγαπήσει). *li edinogo drŭžitŭ sę* (ἀνθέξεται). *a o druzěmĭ ne brěšti vŭčinetŭ* (καταφρονήσει) Zogr. Mar. Ass. (de même Mt., VI, 24). On retrouve aussi un parallélisme analogue dans J., XX, 23, *ji jimĭže otŭpustite grěxy otŭpustętŭ sę jimŭ. ji jimŭže drŭžite, drŭžetŭ sę jimŭ* Ass. (Zogr. Mar. def.) où le perfectif *otŭ-*

pustite et l'imperfectif qui lui est coordonné, *drŭžite,* ont d'ailleurs une tout autre valeur que celle de futur.

L., IX, 41 *do kolě bądą* (ἔσομαι) *vŭ vasŭ. ji trŭplją* (ἀνέξομαι) *vy* Zogr. Mar. Ass. (et de même Mt., XVII, 17 et Mc, IX, 19).

Dans ces divers cas, il s'agit de verbes en *-ěti, -ją,* c'est-à-dire de ceux qui, indiquant un état, sont essentiellement duratifs; et des deux verbes en question, l'un, *drŭžati,* est du nombre de ceux auxquels l'addition d'un préverbe ne donne pas toujours l'aspect perfectif. L'exemple suivant est plus instructif encore, car le verbe *jiměti* n'a pas de perfectif.

Mt., XII. 11 *kŭto estŭ otŭ vasŭ čkŭ ježe jimatŭ* (ἕξει) *ovĭcę edino. ji ašte vŭpadetŭ sę vŭ sąbotą vŭ ěmą. ne jizŭmetŭ* (κρατήσει) *li ego* Zogr. Mar. (Ass. def.).

Le psautier a des exemples très clairs: Ps., CIII, 33 *vŭspoją* (ᾄσω) *gvi vŭ životě moemŭ: poją* (ψαλῶ) *bŭ moemu*... (cf. *ib.,* CIV, 2).

Ps., CVII, 2 *poją* (ᾄσομαι) *i vŭspoją* (ψαλῶ).

Cet usage de l'imperfectif pour traduire le futur n'est naturellement possible que dans fort peu de cas. Ailleurs, là où il y a lieu d'exprimer un futur essentiellement duratif, le traducteur recourt à des périphrases:

Le futur ζήσομαι est traduit par *živŭ bądą* L., IV, 4; X, 28 et aussi Ps., CXVII, 17 où on lit *ne umĭrą nŭ živŭ bądą* (ζήσομαι); le perfectif *požiwą* exprimerait un tout autre sens: « je viendrai à la vie »; c'est ainsi que *požive* Euch., 4 b signifie « est venu à la vie » et que *oživetŭ* J., XI, 25 traduit ζήσεται, mais au sens de « viendra à la vie ». On a de même *pečalĭni bądete* « λυπηθήσεσθε » J., XVI, 20 Zogr. Mar., parce que le sens est « vous aurez de la douleur » et en effet J., XVI, 22, λύπην ἔχετε « vous allez avoir de la douleur » est aussi traduit par *pečalĭni bądete*; au contraire le traducteur de Ps., XXXVII, 19 (= Euch., 76 b) rend μεριμνήσω par *popeką sję* parce qu'aucune idée de durée n'est spécialement visée; il ne faudrait d'ailleurs pas trop presser cet exemple, car il semble bien que quelques auteurs aient évité *popeką sę* puisqu'on lit Mt., VI, 34 (Zogr. Mar.) et Supr., 51, 8, *pečetŭ sę* traduisant μεριμνήσει; il n'est donc peut-être pas fortuit que *popeką sę* ne soit pas dans Év.

Le futur καταφρονήσει est traduit par *nerodili načĭnetŭ* Mar. Ass., *nebrěšti vŭčĭnetŭ* Zogr. L., XVI, 13; cf. *nerodili vĭčĭnetŭ* Mar.

Ass. (Zogr. def.) « παρακούσῃ » Mt., XVIII, 17. On sait que *neroditi* et *nebrěšti* n'ont pas de perfectif.

Quelques futurs grecs sont rendus à l'aide de *jiměti*; pour comprendre le sens il suffit de se rappeler que *jiměti* sert souvent à traduire μέλλειν, ainsi Mt., XVI, 27 *priti jimatŭ* « μέλλει ἔρχεσθαι » et aussi très souvent le type grec de οὐ μὴ avec le subjonctif, ainsi Mt., XXIV, 21 *ne jimatŭ byti* « οὐ μὴ γένηται ». Dans J., XVI, 13, λαλήσει est rendu non par *rečetŭ* qui n'indiquerait pas la durée de l'action, mais par *glagolati jimatŭ* : *ne o sebě bo glati jimatŭ. nŭ eliko ašte uslyšitŭ glati jimatŭ. ji grędąštaă vŭzvěstitŭ vamŭ* Zogr. Mar. Ass. « οὐ γὰρ λαλήσει ἀφ' ἑαυτοῦ ἀλλ' ὅσα ἀκούει λαλήσει καὶ τὰ ἐρχόμενα ἀναγγελεῖ ὑμῖν » ; le sens de « il doit dire » n'est pas admissible dans ce passage, où l'on voit d'ailleurs que *glagolati jimatŭ* est employé d'une manière exactement parallèle au présent perfectif *vŭzvěstitŭ*. Dans L., XII, 29 *ne jištěte čito jimate ěsti ji čito piti* (τί φάγητε καὶ τί πίητε) Zogr. Mar. (Ass. def.), on n'a pas la traduction d'un futur grec, mais le sens est celui du futur. En revanche, dans L., XIX, 40 *ašte sii umlĭčętŭ. kamenie vŭzŭpiti jimatŭ* Zogr. « ἐὰν οὗτοι σιωπήσουσιν, οἱ λίθοι κράξουσιν », le perfectif *vŭzŭpiti* (auquel s'oppose, il est vrai, *vŭpiti* Mar. ; Ass. def.) indique assez que le traducteur a eu surtout dans la pensée l'idée : « il faut s'attendre à ce que les pierres se mettent à crier » ; l'exemple a donc une signification toute particulière. Mais *jimamĭ jiměti* est la traduction de ἔξω dans Év., parce que *jiměti* n'a pas de perfectif, ainsi Mc, X, 21 ; L., XVIII, 22, et de même Euch., 83 b.

Le grec μέλλειν est souvent traduit aussi par *xotěti*, par exemple L., XIX, 11 *abie xoštetŭ* (μέλλει) *crsie bžie aviti sę* Zogr. Mar. ; de même J. XIV, 22 Zogr. Mar. Ass. et dans beaucoup de passages ; dans J., VI, 64 *věděaše... jiskoni... kŭto estŭ xotęi prědati i* Zogr. Mar. Ass., le grec a, il est vrai, ὁ παραδώσων αὐτόν, mais la pensée est évidemment « celui qui devait le trahir » ; le traducteur a dû ici, faute de participe futur, traduire d'après le sens général et non mot à mot. On notera les cas où *xotěti* est à l'imparfait, ainsi Mc, IV, 37 *vlŭny že vŭlivaaxą sę vŭ ladiją. ěko uže pogręznąti xotěaše* Zogr. Mar. (Ass. def.) « τὰ κύματα ἐπέβαλλεν εἰς τὸ πλοῖον, ὥστε ἤδη γεμίζεσθαι τὸ πλοῖον » où le traducteur, ne pouvant rendre le grec littéralement, a été amené à traduire d'après le sens. Mais ce verbe, qui devait devenir l'auxiliaire du futur dans les langues slaves du Sud, ne fournit pas encore en vieux slave de futurs comme *jiměti*.

Au besoin, le traducteur se résigne même à traduire le futur grec par un présent imperfectif:

J., XIV, 30 *juže ne mnogo gl̃ją* (λαλήσω) *sŭ vami. gręděetŭ bo sego mira kŭnędzi* Zogr. Mar. Ass. Ici *vŭzglagolją*, qui sert ailleurs à rendre λαλήσω, aurait visiblement faussé le sens; l'idée de futur n'est indiquée que par le contexte. Mais le fait qu'il traduit accidentellement un futur dans ce passage ne prouve pas que *glagol'ją* y ait l'aspect perfectif; M. Fortunatov a déjà montré qu'il n'en était rien (*Krit. razbor,* 131); et c'est même précisément parce qu'il s'agissait d'exprimer un futur duratif et que l'idée d'action qui dure était ici essentielle que le traducteur a employé l'imperfectif *glagol'ją* et non les perfectifs *vŭzglagol'ją* ou *reką*.

Sous le bénéfice de ces menues réserves, il est donc de règle que le présent grec est rendu dans Év. par le présent imperfectif et le futur grec par le présent perfectif. Et pourtant le présent perfectif n'est pas un synonyme exact du futur et il y a quelques types de phrases où un présent grec est rendu par un présent perfectif du slave:

1° Dans certains types de propositions générales, le présent grec est traduit par un présent perfectif. Les exemples de ce fait capital sont peu nombreux dans Év. et méritent d'être tous discutés en détail:

Mt., VI, 2 *vŭsprijimątŭ mŭzdą svoją* Zogr. Mar. Ass. Sav. « ἀπέχουσιν τὸν μισθὸν αὐτῶν » ; la même phrase est répétée *ib.* 5 et 16, mais avec la variante *vŭspriemljątŭ* Mar., qui est sûrement une innovation ; le perfectif *vŭsprijimątŭ* indique dans les trois passages la conséquence d'une action qui a été énoncée au moyen d'un présent imperfectif.

Mt., VIII, 9 *gl̃ją semu jidi. ji idetŭ* (πορεύεται). *ji drugumu pridi. ji pridetŭ* (ἔρχεται). *ji rabu moemu sŭtvori se ji sŭtvoritŭ* (ποιεῖ) Zogr. Mar. Ass. Ici encore le présent perfectif indique le résultat d'une action précédente ; l'exemple est instructif en ce sens que, l'action étant énoncée par un impératif, le temps n'est pas indiqué ; on ne saurait donc dire que la valeur de présent du perfectif tienne au parallélisme de la phrase comme la valeur de futur des imperfectifs cités p. 60 et suiv. La traduction serbe de Vuk a aussi le perfectif : *rečem jednome : idi i ide ; i drugome : dođi, i dođe ; i sluzi svojemu ; učini to, i učini*. Le même exemple se retrouve dans L., VII, 8 Zogr. Mar. Ass.

Mt., IX, 16 *niktože bo ne pristavlèatŭ. pristavlenič. plata ne bèlena rizè vetŭsě. vŭzĭmetŭ* (χίρεῖ) *bo koničinǫ svojǫ otŭ rizy. ji boliši dira bǫdetŭ* (γίνεται). 17 *ni vŭlivajǫtu vina nova. vŭ měxy vetŭxy ašte li že ni. prosędǫtŭ sę* (ῥήγνυνται) *měsi. ji vino prolěatŭ sę* (ἐκχεῖται). *ji mèsi pogybljǫtŭ* (ἀπόλλυνται). *nŭ vino novo vŭ mèxy novy vŭlivajǫtŭ. ji oboe sŭbljudetŭ sę* (συντηροῦνται) Mar. (Zogr. Ass. def.). Cette série d'exemples est d'une clarté toute schématique : à trois reprises un présent perfectif indique le résultat de l'action énoncée au moyen d'un imperfectif. Mais le même passage se retrouve sous une forme légèrement différente dans Mc, II, 21 : *nikŭtože pristavľenič plata neběľena. ne pristavľěetŭ rizě vetŭsě. ašte li že ni. vŭzŭmetŭ* (αἱρεῖ) *konĭcĭ otŭ n̑eję novoe. otŭ vetŭxaego. ji gorĭši dirě* (*dira* Mar.) *bǫdetŭ* (γίνεται). 22 *ji nikŭtože ni vŭlivaetŭ. vina nova vŭ měxy vĕtŭxy. ašte li že ni. prosaditŭ* (ῥήξει) *vino novo. ji vino prolěetŭ sę* (ἐκχεῖται). *ji mèsi pogybnǫtŭ* (ἀπολοῦνται) Zogr. Mar. et dans L., V, 36 ; or le futur qui apparaissait déjà dans une partie des formes grecques de Mc, II, 21 et suiv., est généralisé dans L., V, 36 ; et cet emploi du futur dans le texte grec enlève de sa valeur à l'exemple de Mt., IX, 16, qui paraît au premier abord si probant : le traducteur a pu comprendre un futur comme le grec a compris dans L., V, 36. La traduction serbe a aussi le perfectif Mt., IX, 17, *niti se ljeva vino novo u mjehove stare ; inače mjehovi prodru se i vino se prolije, i mjehovi propadnu*.

Mt., XII, 33 *li sŭtvorite drěvo dobro. ji plodŭ ego dobrŭ. li sŭtvorite drěvo zŭlo. ji plodŭ ego zŭlŭ. otŭ ploda bo drěvo poznano bǫdetŭ* (γινώσκεται) Zogr. Mar. Ass. Le fait qu'il s'agit de la conséquence d'une action précédente apparaît ici moins net, mais encore bien perceptible. On a de même dans le passage correspondant L., VI, 44 *vsèko ubo drěvo otŭ ploda svoego poznaetŭ sę* (γινώσκεται) Zogr. Mar. (Ass. def.). La traduction serbe a, Mt., XII, 33 *jer se po rodu drvo poznaje* et L., VI, 44 *jer se svako drvo po rodu svome poznaje*.

Mt., XII, 43 *egda že nečistŭji dxŭ jizidetŭ otŭ čka. prěxoditŭ skvozě bezdŭnaě mĕsta. jištę pokoě ji ne obrětaetŭ.* 44 *tŭgda rečetŭ* (λέγει). *vŭzvraštą sę vŭ xramŭ moi. otŭnjąduže* (*otŭnuduže* Zogr.) *jizidŭ. ji prišĭdŭ obręštetŭ* (εὑρίσκει) *prazdĭnŭ. pometenŭ ji ukrašenŭ.* 45 *tŭgda jidetŭ* (πορεύεται). *ji pojimetŭ* (παραλαμβάνει) *sŭ soboją .ꙁ. jinĕxŭ dxŭ ľjuštĭši sebe. ji vŭšedŭše živątŭ* (κατοικεῖ) *tu* (def. Zogr.). *ji bądątŭ* (γίνεται) *poslĕdiněě čka togo gorĭša prŭvŭjixŭ* Zogr. Mar. (Ass. def.). Toutes les actions qui suivent la première, énoncée par *prěxoditŭ* et *obrětaetŭ*, et qui sont introduites par *tŭgda* sont énoncées par les perfectifs, sauf une, *živątŭ*; mais *poživątŭ* était impossible par suite de son sens particulier et il y a lieu de croire que *živątŭ* devenait en quelque sorte perfectif grâce au contexte. La traduction serbe du même passage a également une série de perfectifs. — Un passage correspondant se retrouve L., XI, 24 *egda nečisty dxŭ. jizidetŭ otŭ čka. prěxoditŭ... jištę pokoě. ji ne obrětaję gletŭ...* 25 *ji prišĭdŭ obrětaetŭ. pometenŭ. ukrašenŭ.* 26 *tŭgda jidetŭ* (πορεύεται; *izidetŭ* Mar.). *ji pojimetŭ* (παραλαμβάνει) *drugyxŭ gorĭši sebe sedmĭ. ji vŭšidŭše živątŭ tu. ji byvajątŭ poslĕdĭněa čku tomu gorĭši prŭvyxŭ* Zogr. Mar. (Ass. def.); l'imperfectif domine ici et le perfectif se trouve deux fois seulement; mais les deux fois l'emploi est le même que dans Mt., XII, 43 et suiv.

Mc, IV, 15 *se že sątŭ ěže na pąti. jideže sěetŭ sę slovo. ji egda slyšętŭ* (*uslyšitŭ* Zogr.). *abie pridetŭ* (ἔρχεται) *sotona ji otŭjimetŭ* (αἴρει) *slovo. sěanoe vŭ srŭdĭcixŭ jixŭ* Zogr. Mar. (Ass. def.); mais, chose singulière, dans le verset suivant qui semble exactement comparable à tous égards, 16 *ji si takožde sątŭ. jiže na kamenixŭ sěemii. jiže egda slyšętŭ slovo. abie sŭ radostiją priemľatŭ e* Zogr. Mar., λαμβάνουσιν est traduit par l'imperfectif *priemľatŭ*. De même on lit le perfectif traduisant le présent grec dans le passage parallèle L., VIII, 12, *a jiže pri pąti sątŭ. slyšęštei slovo. po tomĭ že pridetŭ* (ἔρχεται) *dĭevolŭ. ji vŭzŭmetŭ* (αἴρει) *slovo otŭ srŭdĭca jixŭ* Zogr. Mar. Ass., mais dans 13 Zogr. Mar. Ass. ont aussi *priemľątŭ* pour δέχονται : le traducteur avait ici en vue l'idée de « recevoir et garder » qui a déterminé l'emploi de l'imperfectif; tandis que, dans le verset précédent, il avait surtout en vue la suite immédiate des diverses actions et l'a indiquée par l'emploi du perfectif. Dans le passage correspondant Mt., XIII, 19, la rédaction est tout autre et le slave n'a que des imperfectifs pour traduire les présents grecs :

vsěkŭ jiže slyšitŭ slovesa crě. ji ne razumèvaetŭ. prixoditŭ (ἔρχεται) *nepriězni. ji vŭsxyštaetŭ* (ἁρπάζει) *sěanoe vŭ srŭdici ego. se estŭ sěanoe pri pąti* Zogr. Mar. (Ass. def.) : la suite des actions n'était pas marquée ici par *abie* comme dans Mc, IV, 15, ou par *potomi*, comme dans L., VIII, 12.

Mc, IV, 26 *čkŭ vmětaetŭ sèmę vŭ zemlą... 27... ji sěmę prozębaetŭ. ji rastetŭ... 29 egda že sŭzirěetŭ plodŭ. posŭletŭ* (ἀποστέλλει) *srŭpŭ* Zogr. Mar. (Ass. def.). L'emploi est de tous points analogue aux précédents.

Mc, IV, 31 *gorušině zrŭně. eže egda vŭsěno bądetŭ vŭ zemlją. minie vsèxŭ estŭ sěmenŭ. zemŭnŭjixŭ.* 32 *ji egda vŭsěno bądetŭ vŭzdrastetŭ* (ἀναβαίνει). *ji bądetŭ* (γίνεται) *bolie vsěxŭ zelii. ji tvoritŭ* (ποιεῖ) *vètvi veliję* Zogr. Mar. (Ass. def.); on notera que *tvoritŭ* est à l'imperfectif sans doute parce que le traducteur envisage la durée des branches dont il a montré la croissance. Dans Mt., XIII, 32, la chose n'est pas présentée en un récit où les divers faits se succèdent, mais comme une simple proposition générale et l'on rencontre l'imperfectif : *eže mĭnie estŭ vsèxŭ sèmenŭ. egda že vŭzdrastetŭ. bolie estĭ zelii. ji byvaetŭ drěvo* Zogr. Mar. (Ass. def.). Dans le passage correspondant, L., XIII, 19 Zogr. Mar. Ass. le récit est à l'aoriste.

L., XI, 34 *egda ubo oko tvoe prosto bądetŭ. ji vĭse tělo tvoe prosto bądetŭ* (ἐστιν). *a po nieže ląkavo bądetŭ. ji tělo tvoe tĭmĭno bądetŭ* (ἐστιν non exprimé) Zogr. Mar. (Ass. def.). Dans le passage correspondant de Mt., VI, 22, 23, *bądetŭ* traduit le futur ἔσται.

L., XIV, 34 *dobro estŭ soli. ašte že soli obuěatŭ o čemŭ osolitŭ sę.* 35 *ni vĭ zemi ni vŭ gnoi trěbě estŭ. vonŭ isypljątŭ* (βάλλουσιν) *ją* Mar. d'accord avec Nikol. ; mais Zogr. a l'imperfectif *jisypaetŭ sę*, qui pourrait bien être le texte original ; *jisypljątŭ* serait une des nombreuses corrections faites d'après l'original grec ; quelle que soit la manière dont *jisypljątŭ* est entré dans le texte, il est analogue aux autres exemples cités ici.

L., XV, 4 *ky čkŭ otŭ vasŭ. jimy sŭto ovĭcĭ. ji pogublĭ edinq otŭ nixŭ. ne ostavitŭ* (καταλείπει) *li devęti desętŭ. ji devęti vŭ pustynii. ji idetŭ* (πορεύεται) *vŭ slědŭ pogybŭšeję* Zogr. Mar. (Ass. def.) ; aux versets 5 et 6 les imperfectifs *vŭzlagaetŭ* et *sŭzyvaetŭ* sont appelés par le sens : il s'agit d'actions qui, une fois commencées, se prolongent un certain temps. Dans le passage parallèle de Mt., XVIII, 12, on a *ostavitŭ* comme dans L., XV, 4, mais ce *ostavitŭ* traduit le grec ἀφήσει ; on voit par là quelle est la valeur de cet exemple ; le passage de Mt., XVIII, 12 est : *ašte bądetŭ eteru člvku r̄r. ovecŭ. ji zablądità edina otŭ nixŭ. ne ostavitŭ* (ἀφήσει) *li devęti desętŭ i devęti na goraxŭ. i šedŭ ištetŭ* (ζητεῖ) *zabląždišeję* Mar. Ass. (Zogr. def.).

L., XV, 8 *kaě žena jimąšti desęti dragŭmŭ. ašte pogubitŭ dragŭmą edinq. ne vŭžizaetŭ li světilĭnika. ji pometetŭ* (σαροῖ) *xraminy. ji ištetŭ priležĭno donĭdeže obręštetŭ* Zogr. Mar. (Ass. def.). L'exemple est en tout pareil au précédent.

J., V, 20 δείκνυσι est traduit par *pokažetŭ* Zogr. ; mais c'est une simple faute provoquée par le fait que *pokažetŭ* se retrouve dans le même verset, où il traduit δείξει ; Ass. présente la faute inverse, c'est-à-dire *pokazaetŭ* les deux fois ; Mar. oppose correctement *pokazaetŭ* « δείκνυσι » et *pokažetŭ* « δείξει ». Il n'y a donc aucun compte à tenir de cet exemple de Zogr. qui ne s'accorderait pas avec les autres et présenterait un emploi à part.

J., X, 12 *najimĭnikŭ jiže něstŭ pastyrĭ. emuže ne sątŭ ovĭcę svoję. viditŭ vlĭka grędąšta. ji ostavlěetŭ ovĭcę ji běgaetŭ. ji vlĭkŭ rasxytitŭ* (ἁρπάζει) *ję. ji raspąditŭ* (σκορπίζει) *ovĭcę*. 13 *a najimĭnikŭ běžitŭ* (φεύγει) Zogr. Mar. Ass.

J., XI, 9 *ašte kŭto xoditŭ vŭ dĭne, ne potŭknetŭ sę* (προσκόπτει)... 10 *ašte li kŭto xoditŭ noštiją potŭknetŭ sę* (προσκόπτει) Zogr. Mar. Ass.

J., XII, 24 *ašte zrŭno pšenĭno. ne umĭretŭ padŭ vŭ zemlĭ. to edino prěbyvaetŭ. ašte li umĭretŭ. mnogŭ plodŭ sŭtvoritŭ* (φέρει) Zogr. Mar. Ass. L'opposition de *prěbyvaetŭ* et de *sŭtvoritŭ* est instructive.

Il faut aussi rappeler l'emploi du présent perfectif dans J., XV, 6, qui sera mentionné à propos de l'aoriste.

Toutes les propositions citées ont une valeur générale ; aucune ne sert à exprimer un fait particulier ; mais toute proposition générale n'admet pas le verbe au présent du perfectif ; en effet, dans toutes les phrases, sauf une (Mt., XII, 33 ; cf. L., VI, 44) sur laquelle il y aura lieu de revenir ci-dessous, le verbe au perfectif indique une action qui se produit à la suite d'une autre, ainsi que l'a très finement vu M. Ul'janov (*Znač.*, II, 203 et suiv.) pour une partie des cas ; ceci n'est pas propre à Év. et l'on cite par exemple Supr., 312, 13 *slĭnĭcu vŭsxodęštu sŭkryjetŭ sę stěnĭ*, où se trouve exactement le même emploi ; les exemples suivants sont très clairs :

Cloz., 443 *èkoze i tělesŭnaè pišta, egda vŭ črěvo vŭnidetŭ* (ἐμπέσῃ) *jimąštee zŭlą bolězni, bolii nedągŭ stvoritŭ* (πλεῖον ἐπιτείνει τὴν νόσον), *ne svoeją siloją, nŭ nedągomĭ sąštimĭ vŭ črěvě, tako ji styję tainy. egda dxovŭnaè pišta vŭnidetŭ vŭ umŭ plŭnŭ zŭloby* (ὅταν ἀναξίως μετέχηται), *pače pogubitŭ ji istĭlitŭ* (πλέον κρῖμα ἑαυτῷ σωρεύει). La traduction tout à fait indépendante du même passage dans le Suprasliensis présente exactement le même emploi du perfectif : 315, 6 *jako brašĭno plŭtĭnoje, jegda vŭ ątrobą sluzi imějąštu zĭlĭ vŭpadetŭ* (ἐμπέσῃ), *pače prodlŭzitŭ* (ἐπιτείνει) *nedągŭ, ne svoimŭ jestĭstvomĭ, nŭ nedągy ątroby. sice i o tainyixŭ duxovŭnyixŭ jestŭ. i si bo jegda vŭ umŭ vŭpadątŭ zŭlobi plĭnŭ, pače togo pokudętŭ i pogubętŭ.* Au contraire, dans une phrase tout à fait analogue, mais où aucune succession d'actions n'est indiquée, les deux traducteurs ont recours à l'imperfectif : Cloz., 435 *èko priemląštei styxŭ tainŭ nedostoino vŭ ty naiskorěe vŭxoditŭ* (ἐπιπηδᾷ) *dĭěvolŭ* et Supr., 314, 28 *jako ize nedostoino vizemĭjątŭ svętoje komŭkanije, vŭ ty pače vŭskačetŭ* (ἐπιπηδᾷ) *i vŭlazitŭ dijavolŭ.*

Supr., 253, 22 *jegda bo xoštą pověstĭnaja sŭkazati dělesa, tu abije sŭ vidomŭ čudesa k n̂imĭ privlěkątŭ sę* (ἐπισπᾶται).

Supr., 392, 9 *kako i ubo prozovą ; slĭnĭce ; nŭ noštiją ne osěnjajetŭ sę* (ἐλέγχεται). *nŭ dĭn' seję ne pokryjetŭ* (κρύπτει).

Enfin, et ceci est essentiel, dans tous les exemples l'action indiquée a un caractère momentané ; on a vu que l'imperfectif reparaît aussitôt que la durée de l'action est envisagée. Au fond, le sens ne s'éloigne pas beaucoup de la valeur ordinaire des perfectifs présents, qui est celle du futur ; ainsi L., XI, 34 *vĭse tělo tvoe prosto bądetŭ* pourrait être traduit : « tout ton corps *va être...* » et, ce qui le montre bien, c'est que le passage correspondant, Mt., VI, 22 et 23, a le futur en grec : pareille hésitation des auteurs grecs entre le présent et le futur a été signalée dans plusieurs exemples cités ; rien n'illustre mieux à quel point l'emploi du présent du perfectif examiné ici est peu éloigné de l'emploi ordinaire. On conçoit dès lors que dans les propositions générales on ait régulièrement le présent de l'imperfectif, ainsi :

L., XIII, 15 *kozĭdo vasŭ vŭ sąbotą. ne otŭrěšaetŭ li svoego volu li osŭla otŭ èslii. ji vedŭ napaètŭ* Zogr. Mar. Ass.

A cet égard, le slave se distingue profondément du lituanien où le présent du perfectif est fréquent dans les propositions générales.

2° Le perfectif sert parfois à indiquer une action qui va avoir lieu, ce qui confirme l'explication précédente. Ainsi l'on a entre autres exemples (cf. Ul'janov, *Znač.*, II, 195): Mt., VIII, 25 *pogybnemŭ* Zogr., *pogyblemŭ* Mar. (Ass. def.) « ἀπολλύμεθα », c'est-à-dire « nous allons périr ». De même, L., VIII, 24, *pogybnemŭ* Zogr., *pogyblemŭ* Ass. Mar.

L., VI, 9 *vŭprošą vy* « ἐπερωτῶ ὑμᾶς », c'est-à-dire « je vais vous demander ».

On peut rapprocher l'exemple suivant du Suprasliensis qui est fort remarquable:

Supr., 89, 7 *azŭ samŭ o sebě vŭzlězą... i ne zamuždą* « ἐγὼ ἀπ' ἐμαυτοῦ ἐπιβαίνω... καὶ οὐ μέλλω », c'est-à dire « je vais monter moi-même... et ne pas tarder ».

Le perfectif s'explique donc tout naturellement dans:

Mt., XIX, 16 *čto blago sŭtvorją* Mar. Ass. « τί ἀγαθὸν ποιήσω » (que dois-je faire de bien?).

Une nuance de sens analogue, quoique légèrement différente, peut s'observer dans:

J., VII, 41 *eda otŭ galileję xŭ pridetŭ* (ἔρχεται). 42 *ne kŭnigy li rěšę. ěko otŭ sěmene dava... pridetŭ* (ἔρχεται) *xŭ* Zogr. Mar. Ass. De même, *ib.*, 52 *otŭ galileję prorokŭ ne pridetŭ* (ἐγείρεται) Zogr. Mais cette fois Mar. et Ass. ont *prixoditŭ* qui est sans doute le texte ancien, et ceci est fort instructif; en effet, dans 41 et 42, le sens est « le Christ *doit* venir », tandis que, dans 52, il s'agit purement et simplement d'une proposition générale, mais le perfectif *pridetŭ* de Zogr. s'explique aussi, sans qu'on soit alors obligé de supposer que le copiste a subi l'influence des phrases écrites dans 41 et 42. Dans les deux versets la traduction serbe a *ć'e doć'i*.

Et en effet le perfectif exprime parfois une simple possibilité, par exemple:

J., X, 17 *sego radi mę oců ľjubitŭ. ěko azŭ polagają dšą moją. da paky priimą ją.* 18 *nikŭtože vŭzŭmetŭ* (αἴρει) *eję otŭ mene. nŭ azŭ polagają o sebě* Zogr. Mar. Ass.

Mt., XII, 33 et L., VI, 44, cités ci-dessus p. 64, s'expliquent de même; le sens est « on peut reconnaître ».

Les textes vieux slaves autres que Év. fournissent quelques exemples fort nets :

Ps., LXXIV, 8 *b̄ŭ sądi estŭ. sego sŭmĕritŭ* (ταπεινοῖ). *a sego vŭznesitŭ* [lire *vŭznesetŭ*] (ὑψοῖ).

Supr., 173, 20 *jegda xošteši, moi umŭ na nebesa vĭznesesi* (ἀνάγεις), *i jegda xošteši, na zemiją sĭneseši* (κατάγεις) [cité par Ul'janov, *Znač.*, II, 211].

Supr., 297, 15 *ognĭ voda ugasitŭ* (σβέννυσι, c'est-à-dire « peut éteindre »), *i zavisti tĭmami istočĭnici učiteli ne stavętŭ* (τὸν δὲ φθόνον μυρίαι πηγαὶ διδασκάλων οὐ παύουσι, c'est-à-dire « ne peuvent pas arrêter »). *jed'na osla rŭždą želěznąją očěstitŭ* (ἀποσμήχει, c'est-à-dire « peut nettoyer »), *a pętĭ kamykŭ Davidovŭ zavisti jaže vŭ Sa<ulè>* (ἐν τῷ Σαούλ) *pače vŭstavą* (ἐξήγειραν).

L'emploi du présent du perfectif pour indiquer une possibilité est sans doute dérivé de l'emploi de la même forme pour indiquer une action qui va avoir lieu.

La valeur de futur du présent perfectif slave peut fort bien s'expliquer par ce même sens de l'action prochaine ; on ne saurait en fait expliquer autrement le sens du présent grec εἶμι que par « je vais aller », d'où « j'irai », ni le sens du présent gâthique *bavaintī* dans Yasna, XXXIII, 10, *yâzī åṅharə, yåscā həntī, yåscā bavaintī* « celles qui sont, celles qui ont été et celles qui seront » que par « elles vont devenir, elles vont être » ; il semble par suite légitime de considérer cette signification comme la signification ancienne sur laquelle reposent tous les emplois.

L'usage du perfectif présent pour indiquer une action qui vient d'avoir lieu se trouvait exclu par là même ; *le vieux slave doit donc ignorer le présent historique* ; car le présent imperfectif, par suite de son caractère essentiellement duratif, ne pouvait se prêter à traduire le présent historique du grec. Et en effet le présent historique du grec est d'ordinaire traduit par un aoriste ; ce qui, étant donné le caractère de servile fidélité de la traduction, est extrêmement probant ; on peut citer par exemple :

Mt., III, 15 *īs̄ reče kŭ n'emu. ostani nyn'ě... togda ostavi* (ἀφίησιν) *ego* Zogr. Ass. (Mar. def.).

Mt., IX, 6 λέγει, qui fait partie du récit, est traduit par *glagola* et il en est de même dans les phrases analogues.

Mt., XXV, 19 *po mnoʒěxŭ ʒe vrěmenexŭ. pride* (ἔρχεται) *gĭ rabŭ těxŭ. ji sŭtęʒa sę* (συναίρει) *sŭn̆imi slovesi* Zogr. Mar. Ass.

Mc, XIV, 32 *ji pridošę* (ἔρχονται) *vĭ vĭsĭ γen'simani. ji gla učenikomŭ svojimŭ. sęděte sĭde...* 33 *ji pojętŭ* (παραλαμβάνει) *petra...* Zogr. Mar. (Ass. def.).

Mc, XIV, 37 *ji pride* (ἔρχεται) *ji obrěte* (εὑρίσκει) *ję sŭpęštę. ji gla* (λέγει) *petrovi...* Zogr. Mar. (Ass. def.). Des exemples analogues se trouvent aussi aux versets 41 et 43.

J., XIII, 4 *vŭsta* (ἐγείρεται) *sŭ večerę. ji poloʒi* (τίθησιν) *riʒy. ji priimŭ lentii. prěpoěsa* (διέζωσεν) *sę* 5 *po tomĭ ʒe voliě* (βάλλει) *vodą vŭ umyvalĭnicą....* 6 *pride* (ἔρχεται) *ʒe kŭ simonu petru* Zogr. Mar. Ass. Cette série d'exemples est d'autant plus remarquable que, au verset 6, on a un bel exemple de perfectif présent indiquant l'action prochaine : *ty li moi umyeši* (νίπτεις) *noʒě* Zogr. Mar. Ass.

La traduction du présent historique par un imparfait est naturellement plus rare. On peut citer néanmoins :

Mc, XI, 4 *jidoste* (ἀπῆλθον) *ʒe ji obrětoste* (εὗρον) *ʒrěbĭcĭ privęʒanŭ. pri dvĭrexŭ. vĭně na raspątii. ji otrěšaašeete* (λύουσιν) *ji* Zogr. Mar. (Ass. def.).

Dans les cas où le traducteur, influencé par le texte grec, ne recourt pas à l'aoriste (ou exceptionnellement à l'imparfait), c'est le présent imperfectif qu'il emploie pour rendre le présent historique et des aoristes apparaissent en variante, indiquant nettement que ces présents choquaient le sentiment linguistique des reviseurs et des copistes. Ainsi :

Mt., XXII, 16 *ji posylajątŭ* (ἀποστέλλουσιν) *kŭ nemu učeniky svoję* Mar. Ass. (Zogr. def.) ; mais Sav. a *posŭlašę*.

Mc, XV, 16 *vojini jimŭše jisusa, vęsę ji na dvorŭ kĭ kajiafě. eʒe estŭ pretorĭ, ji priʒyvajątŭ* (συγκαλοῦσιν) *vsą spirą* Ass. (et Ostr. Nikol.). Mais Zogr. Mar. ont *priʒŭvaše* ; c'est une des innovations communes à ces deux manuscrits ; la même leçon se retrouve dans Sav.

J., 1, 29 *vŭ utrěji ʒe dĭnĭ viditŭ* (βλέπει) *jisa... ji gla* (λέγει)... Zogr. Mais Mar. a *vidě* et Ass. *viděvŭ*.

On peut donc dire avec Miklosich, *Vergl. gramm.*, IV, 778, que le présent historique est inconnu au vieux slave.

Cette absence du présent historique vient préciser le sens tout particulier pris par le présent du perfectif slave, sens qui n'est nullement naturel et nécessaire, comme on l'enseigne souvent. Sans doute le présent du perfectif ne se prête guère à exprimer une action présente, car on ne peut indiquer une action momentanée au présent ; mais le présent du perfectif peut fort bien figurer dans une proposition générale, qui est en dehors d'un temps défini, et il peut également indiquer l'action qui vient d'avoir lieu et l'action qui va avoir lieu. Le dernier sens seul apparaît en vieux slave : cette limitation est éminemment caractéristique par le fait même qu'elle n'est pas nécessaire a priori.

Toutes les langues indo-européennes autres que les formes anciennes du grec et de l'indo-iranien ont perdu la distinction du subjonctif et de l'optatif. Le slave est allé plus loin encore : il a perdu la distinction de l'indicatif, du subjonctif et de l'optatif et ne connaît plus à proprement parler aucune distinction de modes. Et, comme la distinction du perfectif et de l'imperfectif ne recouvre en aucun point celle de l'indicatif et du subjonctif ou de l'optatif, il est impossible de rien trouver qui traduise en slave les modes du grec. Toutefois, dans les types de phrases où est employé le subjonctif grec, le slave use du perfectif et de l'imperfectif un peu autrement que dans les phrases déjà étudiées.

Cette différence n'apparaît pas en proposition principale et la valeur du présent du perfectif est celle qui a déjà été reconnue ci-dessus, quand par exemple il indique un ordre :

Mt., V, 31 *jiže ašte pustitŭ ženą svoją. dastŭ* [Zogr. ; *da dastŭ* Mar. ; Ass. def.] (δότω) *ei kŭnigy raspustŭnyję.*

Et en effet dans l'exemple suivant le présent perfectif traduit l'impératif aoriste du grec et le présent imperfectif traduit l'impératif présent :

L., III, 11 *jiměję dŭvě rizě. da dastŭ* [Zogr. Ass. ; *podastŭ* Mar.] (μεταδότω) *ne jimąštjumu. ji iměję brašĭna takožde da tvoritŭ* (ποιείτω) Zogr. Mar. Ass.

De même on a toute une série d'imperfectifs :

L., XXI, 21 *togda sąštei vŭ jijuděi. da běgajątŭ* (φευγέτωσαν) *vŭ gory. ji iže po srědě ego da jisxodętŭ* (ἐκχωρείτωσαν). *jiže vŭ stra-*

naxŭ. da ne vŭxodętŭ (εἰσέρχέσθωσαν) *vŭ nĭ* Zogr. Mar. (Ass. def.).

Le présent perfectif traduit fort bien un subjonctif aoriste exprimant l'action qu'on peut faire :

Mt., XXIII, 33 *kako uběžite* (φύγητε) Mar. (Zogr. Ass. def.). « comment pouvez-vous échapper ? »

Dans les propositions subordonnées, les présents perfectifs et imperfectifs ont exactement la même valeur que dans les propositions principales quand le temps n'est pas indiqué immédiatement par l'ensemble de la phrase ; mais, dans les propositions réellement dépendantes qui ne comportent pas par elles-mêmes l'expression du temps, le présent perfectif répond en général au subjonctif aoriste du grec et le présent imperfectif au subjonctif présent ; ainsi :

Mt., XXI, 21 *ašte imate* (ἔχητε) *věrą i ne usąmĭnite sę* (διακριθῆτε)... Mar. (Zogr. Ass. def.).

L., XI, 21 *egda krěpŭky vŭorąžĭ sę xranitŭ* (φυλάσσῃ, c'est-à-dire « est en train de garder ») *svoi dvorŭ. vŭ mirě sątŭ jiměnĭě ego*... 24 *egda nečisty dxŭ. jižidetŭ* (ἐξέλθῃ, c'est-à-dire « vient à sortir ») *otŭ čka. prěxoditŭ skvozě bezdŭnaa města* Zogr. Mar.

L., XVII, 1 *nevŭzmožino estŭ da ne pridątŭ sŭblazni* (τοῦ τὰ σκάνδαλα μὴ ἐλθεῖν) Zogr. Mar. (mais *ib., obače gore tomu jimĭže pridątŭ* [ἔρχεται], le présent perfectif exprime l'action qui va avoir lieu).

L., XVII, 10 *ji vy egda sŭtvorite* (ποιήσητε) *povelěnaa vamŭ. glĭe* Zogr. Mar. Ass.

Mc, IX, 37 *jiže ašte edino takovŭjixŭ otročętŭ. priimetŭ* (δέξηται) *vŭ imę moe. mę priemľetŭ. ji iže ašte mene priemľetŭ* (δέχηται). *ne mene priemľetŭ. nŭ posŭlavŭšaago mę* Zogr. Mar. — Si Ass. a *priemletŭ* au lieu de *priimetŭ*, c'est sans doute par suite d'une innovation de copiste très explicable.

Mt., V, 21 *jiži bo ubietŭ* (φονεύσῃ) *povinenŭ estŭ sądu* Zogr.

Dans ces exemples et dans les exemples analogues, le présent perfectif exprime une notion générale.

Il arrive qu'un subjonctif aoriste soit traduit par un imperfectif, mais il n'est en général pas très malaisé d'apercevoir les raisons de l'anomalie. Par exemple :

Mt., XIX, 16 *čto blago sŭtvorją. da imamŭ* (σχῶ) *živoťŭ věčŭny* Mar. Ass. (Zogr. def.) : on sait que *jiměti* n'a pas de perfectif.

Mt., V, 46 *ašte ľjubite* (ἀγαπήσητε) *ľjubęštęję vy. kają mŭzdą jimate* Zogr. Mar. Ass. : *vŭzľjubite* signifierait plutôt « vous vous mettez à aimer » que « vous aimez » sans indication de durée, et cela fausserait le sens.

Mt., VI, 4 *da bądetŭ* (ᾖ) Zogr. Mar. Ass. : le verbe « être » n'a pas d'aoriste én grec ; en slave *bądą* est la forme qui traduit régulièrement le subjonctif de « être » et l'on a ainsi : Mc, III, 14 *sŭtvori dŭva na desęte da bądątŭ* (ὦσιν) *sŭ n'imĭ. ji da posylactŭ* (ἀποστέλλῃ) *ję propovědati* Zogr. Mar. (Ass. def.), où il résulte de là un singulier contraste de perfectif et d'imperfectif. Au fond, dans beaucoup des cas où il traduit un subjonctif grec, *bądą* ne peut être tenu pour un véritable perfectif.

Mt., XII, 50 *jiže bo ašte tvoritŭ* (ποιήσῃ) *voľją oca moego jiže estŭ na nbsxŭ. tŭ bratŭ moi. ji sestra. ji mti estŭ* Zogr. Mar. : l'imperfectif *tvoritŭ* est nécessaire pour indiquer le caractère habituel de l'action.

Mt., X, 19 *dastŭ bo sę vamŭ vŭ tŭ časŭ, čito glete* (λαλήσητε) Zogr. Mar. Ass. : l'imperfectif est la forme ordinaire de *glagolją* et l'on ne recourt à *vŭzglagolją* que là où le perfectif est de rigueur, comme par exemple pour exprimer le futur. En fait on lit dans la phrase précédente : *egda že prědadętŭ vy. ne pcěte sę kako li čito vŭzgľete* (λαλήσητε) Zogr. Mar. et ici le perfectif sert essentiellement à l'expression du futur, ainsi que le prouve la variante de Ass. (et Ostr.) *jimate glagolati.*

Les particularités de ce genre sont des faits de vocabulaire. La règle générale est que le subjonctif aoriste soit traduit par le présent perfectif et le subjonctif présent par le présent imperfectif.

II

Impératif.

L'impératif perfectif traduit en principe l'impératif aoriste du grec et l'impératif imperfectif l'impératif présent du grec :

Mt., XIX, 17 *ašte xošteši vŭ životŭ viniti. sŭbljudi* (τήρησον) *zapovědi* Mar. Ass. (Zogr. def.).

Mt., XXIII, 3 *vĭsě ubo eliko ašte rekątŭ vamŭ bljusti. sŭbljudaite* (τηρεῖτε) Mar. Ass. (Zogr. def.).

Mt., III, 3 *ugotovaite* (ἑτοιμάσατε) *pątĭ gospodĭnĭ. pravy tvorite* (ποιεῖτε) *stĭdzę ego* Ass. (Zogr. Mar. def.) Mais ib. 8 *sŭtvorite* (ποιήσατε) *ubo plody dostoiny pokaaniju* Ass. — De même *tvorite* Zogr. Mar. Ass. traduit ποιεῖτε Mt., VII, 12 et *sŭtvorite* Zogr. Mar. Ass.; *sŭtvorite* Mt., XII, 33.

Mt., VI, 9 *molitesę* « προσεύχεσθε » Zogr. Mar. Ass. (cf. Mt., XXVI, 41) en regard de Mt., VI, 6 *pomoli sę* « πρόσευξαι » Zogr. Mar. Ass.

Les exceptions sont négligeables. Quelques-unes relèvent de détails de vocabulaire :

Le verbe « être » n'a pas d'aoriste et par suite pas d'impératif aoriste en grec ; au contraire en slave il n'a pas d'autre impératif que *bądi* ; c'est donc *bądi* qui traduit ἴσθι Mt., II, 13 — V, 25, 37, 48, — etc. De même *bądi* sert à la fois à traduire l'impératif aoriste de γίγνομαι, par exemple Mt., VIII, 13 *bądi* « γενηθήτω » Zogr. Mar. Ass., et l'impératif présent du même verbe Mt., X, 16 *bąděte* « γίνεσθε » Zogr. Mar. Ass.

L'impératif présent μετανοεῖτε est traduit régulièrement par *pokajite sę* Mt., III, 2 Ass., IV, 17 Zogr. Ass. (Mar. def.) et Mc, I, 15 Zogr. ; dans ce dernier passage Mar. a *kaite sę* qui pourrait être une correction d'après le texte grec.

Mt., X, 12 *cěluite* « ἀσπάσασθε » Zogr. Mar. se justifie par le fait que *pocělovati* ne se rencontre pas.

Mt., X, 8 *jicělite* « θεραπεύετε » est une innovation de Zogr. qui prouve seulement que le copiste — ou un copiste précédent — disait *jicěliti* plutôt que *cěliti* ; Mar. et Ass. ont *cělite*, imperfectif comme ib. 7 *propověďajite* « κηρύσσετε », 8 *vŭskrěšaite* « ἐγείρετε » *očištaite* « καθαρίζετε », *izgonite* « ἐκβάλλετε » Zogr. Mar. Ass., en regard de *dadite* « δότε » des mêmes textes.

Mt., XV, 25 *pomozi* « βοήθει » Zogr. Mar. : *pomošti* a un sens tout différent de *mošti* ; le traducteur n'a pas éprouvé ici, non plus que dans Mc, IX, 22 et 24, le besoin de recourir à *pomagati* qui se trouve n'être pas attesté dans Év.

Parfois le contraste du grec et du slave peut être attribué au désir qu'avait le traducteur de marquer quelque nuance de sens :

En principe δίδου est traduit par *daji,* ainsi L. XI, 3, et δός (ou χρῆσον) par *daždĭ,* ainsi L. XI, 5. Mais Mt., V, 42 *dai* Zogr. Mar. Ass. traduit δός dans la phrase : *prosęštjumu u tebe dai* : le traducteur voulait sans doute indiquer que l'ordre ici donné est valable en toute circonstance.

Mt., V, 24 *ostavi* (ἄφες) *darŭ tvoi prědŭ ol'taremĭ. ji šedŭ prěžde sŭmiri sę* (διαλλάγηθι) *sŭ bratomĭ tvoimĭ. ji tŭgda prišĭdŭ prinesi* (πρόσφερε) *darŭ svoi* Zogr. Mar. (Ass. def.) : le perfectif *prinesi* est appelé ici par le sens, car l'action en question est toute momentanée et il serait difficile d'employer *prinosi.* — Cf. de même Mt., XVII, 17 *priveděte* « φέρετε ».

Un seul cas de désaccord entre le grec et le slave a vraiment un intérêt général, c'est celui des propositions négatives ; ici, la traduction du subjonctif de l'aoriste grec par un imperfectif, loin d'être une exception, est presque normale. On a ainsi dans l'Évangile de Mathieu :

III, 8 *sŭtvorite* (ποιήσατε)... 9 *i ne načinaite* (μὴ δόξητε) *glagolati*... Ass. (Zogr. Mar. def.).

V, 17 *ne mnite* « μὴ νομίσητε » Zogr. Ass. (Mar. def.) ; de même encore X, 34 Zogr. Mar.

VI, 7 *ne lixo glěte* « μὴ βαττολογήσητε » Zogr. Mar. Ass.

VI, 8 *ne podobite sę* « μὴ ὁμοιωθῆτε » Zogr. Mar. Ass.

VII, 6 *ne dadite* (μὴ δῶτε) *stago psomŭ. ni pomětajite* [*pometaite* Ass.] (μηδὲ βάλητε) *biserŭ vašixŭ*... Zogr. Mar. Ass. Le contraste de *ne dadite* et de *ni pomětajite* est singulier.

X, 19, *ne pcěte sę* « μὴ μεριμνήσητε » Zogr. Mar. Ass.

XVIII, 10 *bljuděte sę i nerodite* « ὁρᾶτε μὴ καταφρονήσητε » Mar. Ass. (Zogr. def.).

XXIII, 8 et 10 *ne naricaite sę* « μὴ κληθῆτε » et 9 *ne naricaite* « μὴ καλέσητε » Mar. Ass. (Zogr. def.).

Pour apprécier le caractère de ces faits, il suffit de se souvenir que le grec qui use de μή avec l'impératif présent n'emploie pas l'impératif aoriste avec négation et recourt au subjonctif aoriste, comme le montrent d'ailleurs les exemples cités ; de même l'arménien n'a jamais d'impératif aoriste dans les phrases négatives et, par suite d'un développement évidemment secondaire, a spécialisé l'impératif présent au sens négatif : *mi lkhaner* « ne laisse pas », *likh* « laisse ».

Toutefois le slave n'ignore nullement l'emploi de l'impératif perfectif dans les phrases négatives et l'on a par exemple :

Mt., VI, 2 *ne vŭzträbi* « μὴ σαλπίσῃς » Zogr. Mar. Ass.
Mt., V, 42 *ne otŭvrati* « μὴ ἀποστραφῇς » Zogr. Mar. Ass.
Mt., X, 5 *ne vŭniděte* « μὴ εἰσέλθητε » Zogr. Mar. Ass.
Mt., X, 26 et 28 *ne ubojite sę* « μὴ φοβηθῆτε » Zogr. Mar. Ass.
(et ce perfectif a été reproduit sans raison ib. 28 pour traduire φοβεῖσθε).

Il semble difficile de déterminer sans beaucoup d'arbitraire les raisons pour lesquelles le traducteur s'est servi dans chaque cas soit du perfectif, soit de l'imperfectif.

Dans la traduction d'un même passage grec, le Supràsliensis a 239, 19 *obratite srĭdĭca vaša kŭ čędomŭ svoimŭ, a ne sŭměžaite očiju si protivą istině*, mais le Clozianus a I, 3 *obratite srŭdca vaša kŭ čędomŭ ji ne sŭměžjite očiju vašeju kŭ jistině.*

III

Participe présent.

Seules les formes imperfectives ont dans Év. un participe présent soit actif, soit passif. L'exemple suivant est très caractéristique :

Mt., XXIII, 12 *a iže vŭznesetŭ sę sŭměritŭ sę. ji sŭměręjęi sę vŭznesetŭ sę* Mar. Ass. (Zogr. def.) « ὅστις δὲ ὑψώσει ἑαυτὸν ταπεινωθήσεται, καὶ ὅστις ταπεινώσει ἑαυτὸν ὑψωθήσεται ».

Le traducteur de Év. est à ce point de vue d'une rigueur absolue. Le participe présent *sądęšte* Mt., XIX, 28 appartient à un verbe qui est tantôt perfectif et tantôt imperfectif (cf. ci-dessus p. 31) et *krĭstę*, qu'on trouve souvent, par exemple Mt., XXVIII, 19 Zogr. Mar. Ass., prouve seulement que *krĭstiti* n'est pas absolument et constamment perfectif, malgré l'existence de l'itératif *krĭštati* : au fond les seuls verbes dont l'aspect perfectif soit absolument constant sont ceux qui ont un préverbe ; si net que soit l'aspect des verbes simples perfectifs par eux-mêmes, il est rare qu'il n'y ait pas dans quelque détail de l'emploi un flottement.

En dehors de l'ancien texte de Év., le participe présent

d'un perfectif se rencontre parfois. Ainsi Mt., XII, 32, au lieu de *ni vĭ sĭ věkŭ ni vŭ grędąštii* (μέλλοντι en grec ; le sl. *grędąštii* signifie ici littéralement « qui est en train de venir » et non pas « qui doit venir ») Zogr. Ass., etc., on lit dans Mar. *ni vŭ bądąštii,* qui est une innovation de ce manuscrit. De même on lit Euch., 23 b et 24 a, *vŭ bądąštąją žizni* et 64 a *bądąštaa,* etc., aussi plusieurs fois dans Supr., 69, 2 — 370, 5. Le participe polon. *będący* s'emploie de même (Ul'janov, *Znač.*, II, 217).

Le psautier a *rodję̨štiimŭ sję* Ps., XXI, 32 « τεχθησομένῳ » (et de même Ps., LXXVII, 6) ; cf. aussi Supr., 173, 19.

Les deux participes qui servent de participes futurs, *bądy* et *rodę sę,* ne présentent pas un emploi normal du participe présent slave ; il y a là quelque chose de particulier à ces deux verbes, qui sont tous les deux perfectifs par eux-mêmes. Miklosich, *Vergl. gr.* IV, 818, cite un exemple analogue emprunté à un autre texte pour le verbe, aussi perfectif par lui-même, *padą* et pour *pridą,* forme munie de préverbe du perfectif *jidą.* — Il convient d'ailleurs de ne pas oublier que *bądąšteje* est sans doute un simple substitut de *byšąšteje,* non attesté dans les textes proprement vieux slaves.

L'exemple *izměnję̨štixŭ sję* Ps., LXXIX, 1 est dû à l'influence de l'original grec où se lit ἀλλοιωθησομένων ; mais on a l'itératif *izměnująštixŭ* ib. XLIV, 1 ; cf. LIX, 1 ; le participe passé *izměnŭšixŭ* LXVIII, 1 est sans doute la correction — instructive — d'un copiste que choquait le *izměnęštixŭ* de l'original. Et l'on doit expliquer de même la traduction de πεισομένους par *pokorę̨štiimŭ sę* Supr. 110, 15, ou de τοῦ μέλλοντός μοι συμμαχεῖν par *poborę̨štaago mi* ib. 375, 12 : ce sont des maladresses de traducteur embarrassé.

L'emploi du participe présent du perfectif avec valeur de présent ne se rencontre pas plus dans Év. que l'emploi avec valeur de futur. On ne saurait non plus tenir grand compte des exemples du psautier : *jispytaję* « ἐτάζων » Ps. VII, 10 et *ispytająštei* « ἐξερευνῶντες » Ps. LXIII, 7, parce que *jispytati,* semblable de tous points à un itératif, a pu subir l'influence des itératifs.

Mais l'Euchologium présente quelques exemples incontestables : *nepomračjąštiimĭ* 32 a et b — *vŭzmogąštaago* 36 a — *očistęšte*

86 a — *prěbądąšte* 86 a. Les exemples de Supr. cités par Miklosich, *Vergl. gr.* IV, 818, ne sont pour la plupart pas comparables : *dovědy* doit passer pour imperfectif (cf. ci-dessus p. 39) ; *pridąšta, podadąštą* et *prědadyi* sont des participes de verbes dont les simples sont perfectifs par eux-mêmes et signifient : « qui va venir », « qui va donner », « qui va livrer » et rentrent dans le cas précédent des participes présents de perfectifs à valeur de futur. Il ne reste que deux exemples 406, 24 et 443, 13. Il y a là un emploi singulier et rare, qui, étant étranger à Év., n'a pas à être discuté ici.

IV

Infinitif et supin.

L'infinitif présent du grec est traduit par l'infinitif (ou respectivement par le supin) imperfectif et l'infinitif aoriste par l'infinitif (ou le supin) perfectif.

Mt., XIII, 32 *byvaetŭ drěvo. ěko priti* (ἐλθεῖν) *pticamŭ nbskŭjimŭ. ji vitati* (κατασκηνοῦν) *na větixŭ ego* Zogr. Mar. (Ass. def.).

Mt., IX, 28 *mogą se stvoriti* (ποιῆσαι) Zogr. Mar. Ass., mais ib. VI, 1 *vŭnemľěte milostynʼę vašę. ne tvoriti* (ποιεῖν) *prědŭ čky* Zogr. Mar. Ass.

Mt., XV, 32 *otŭpustiti* (ἀπολῦσαι) *jixŭ ne xoštą ne ědŭšĭ* Zogr. Mar. Ass., mais ib. XXVII, 15 *na vsěkŭ že dnĭ velikŭ. obyčaji bě jiγemonu. otŭpuštati* (ἀπολύειν) *narodu sŭvęzŭnʼě egože xotěaxą* Zogr. Mar. Ass.

Mt., XIV, 23 *vŭzide na gorą pomolitŭ sę* (προσεύξασθαι) Zogr. Mar. Ass., mais ib. VI, 5 *ľjubętŭ na sŭnŭmištixŭ... stoješte moliti sę* (προσεύχεσθαι) Zogr. Mar. Ass.

Mt., XI, 1 *prějiděte otŭ tądě učitŭ* (διδάσκειν) *ji propovědatŭ* (κηρύσσειν) *vŭ graděxŭ jixŭ* Zogr. Mar. Ass.

On notera l'exemple Mt., XX, 10 *mŭněaxą sę vęšte prijęti* Mar. Ass. (Zogr. def.) « ἐνόμισαν ὅτι πλεῖον λήμψονται » où l'infinitif signifie « devoir prendre ».

Il est inutile d'insister sur l'emploi connu de l'infinitif imperfectif avec *načęti*, car le grec a déjà dans cette construction l'infinitif présent.

Il n'y a pas à tenir compte de *byti* qui traduit εἶναι, par exemple Mt., XX, 26 et 27, parce que « être » n'a pas en slave d'autre infinitif. Le perfectif *priti* est déterminé par le sens dans Mt., XI, 14 *tŭ estŭ iliè xotęi priti* (μέλλων ἔρχεσθαι) Zogr. Mar. Ass. — Les exemples, un peu moins rares, de traduction d'un infinitif aoriste du grec par un imperfectif slave se laissent aussi expliquer ; ainsi Mt., XIV, 16 *ěsti* traduit φαγεῖν, parce que le verbe *jamĭ* n'a pas une valeur essentiellement imperfective (cf. ci-dessus p. 14) ; Mt., XII, 46 *glagolati* traduit λαλῆσαι, parce que le sens exprimé par λαλῶ est au fond duratif ; Mt., V, 32 *tvoritŭ ją prěľjuby děati* (μοιχευθῆναι) Zogr. Mar. et ib. XIX, 9 *tvoritŭ ją prěljuby tvoriti* (μοιχευθῆναι) Mar. Ass., parce que l'action peut être envisagée comme durant. — Dans l'ensemble, ces exceptions sont insignifiantes. On y peut d'ailleurs voir parfois la preuve d'un besoin de préciser l'aspect plus que le grec ne l'avait fait, ainsi Mc, X, 2 *vŭprašaaxą i. ašte dostojitŭ mąžju ženą puštati* (ἀπολῦσαι) Zogr. Mar. (Ass. def.), mais ib. 4 *povelě mosi kŭnigy raspustŭnyję napsati ji pustiti* (ἀπολῦσαι) Zogr. Mar. (Ass. def.) : dans la première phrase, les choses sont présentées d'une manière toute générale et l'imperfectif convient bien ; dans la seconde, il y a deux actions successives, donc une sorte de récit, et le traducteur s'est servi du perfectif.

V

Imparfait.

Les verbes imperfectifs ont seuls un imparfait dans Év. et l'on forme un itératif au besoin pour obtenir un imparfait, ainsi de *razoriti*, J. V, 18 *razarěaše* « ἔλυεν ».

On lit Mc, XI, 16 *daděaše* « ἤφιεν » Zogr. Mar. (Ass. def.) et L. IV, 41 *daděaše* « εἴα » Zogr. (et Nik. ; Ass. def. ; Mar. a *daěše* sans doute par correction ; ainsi *dati*, au sens de « permettre » aurait pour imparfait *daděaše* ; mais au sens de « donner » on a partout *daěaše* pour traduire ἐδίδου, ainsi par exemple L. XV, 16 Zogr. Mar. Ass. Il résulte simplement de là que *damĭ*, perfectif au sens de « donner » est imperfectif dans le sens dérivé de « permettre » ; et en effet Supr. 206, 21 a le participe présent *dady* « permettant ». Sreznevskij cite un exemple de v. russe *dadjatĭ* « ils permettent », au présent, dans ses *Materialy dlja slovarja* sous *dati*. Cette différence d'aspect déterminée par une différence de sens est curieuse en elle-même, mais l'important ici est de constater la rigueur de la règle que l'imparfait se forme seulement des imperfectifs : l'exemple contraire qu'on croit rencontrer se trouve être purement apparent.

La limitation de l'imparfait aux verbes imperfectifs n'a d'ailleurs rien d'essentiel ; et, en dehors de Év., Miklosich, *Vergl. gr.*, IV, 786 et M. Jagic', dans son édition du *Marianus*, p. 458, citent quelques rares exemples d'imparfaits de perfectifs ; ces imparfaits expriment une action passée de caractère momentané qui se répétait simultanément à une autre action, ainsi Cloz. 581 *čkŭ slěpŭ prěxoždaaše tvarĭ, emiže sę utŭkněaše, klaněaše sę emu* (τὸ πρόσπιπτον ψηλαφῶν προσεκύνει) ; *utŭkněaše* est un verbe à nasale comme aussi les trois exemples de Supr. *podvigněaše* 255, 17, *ostaněaxą sę* 309, 4, etc. ; le sens est « toutes les fois qu'il venait à toucher » et, suivant la remarque très fine de M. Ul'janov, *Znač.*, II, 227, dans une phrase au présent on aurait le perfectif présent *utŭknetŭ sę*.

De même, tandis que Mar. traduit J., V, 4 *aγlŭ bo gnĭ na vĭsě lěta sŭxoždaaše* (κατέβαινε ; le traducteur primitif avait traduit la variante « ἐλούετο » : *myěše* Zogr. Ass.) *vŭ kąpělĭ*, on lit dans Supr. 380, 21 *sĭniděaše*.

Il est remarquable que le verbe « être » dont le thème d'infinitif *byti* ne peut passer pour vraiment imperfectif n'ait pas à proprement parler d'imparfait et que la forme qui en tient lieu se dénonce par sa flexion même comme un aoriste : *běxŭ, bě, běxomŭ, běste, běšę* ; cet aoriste reposant sur un thème *bě-* est au thème du présent *bi-* (dont le slave a peut-être encore la forme à désinences secondaires dans l'auxiliaire *bimĭ, bi*, cf. lat. *fiō, fīs*) ce que *smrŭděxŭ* est au thème du présent *smrŭdi-* dans *smrŭditŭ*, etc. Cette forme a d'ailleurs subi l'influence des autres imparfaits et a été altérée en *běaxŭ, běaše*, etc., qu'on rencontre à côté de *běxŭ, bě*, tandis que inversement elle agissait sur les imparfaits eux-mêmes et y introduisait la flexion de l'aoriste, à la 2e pers. plur., ainsi Mc, IX, 33 *pomyšlěaste* Ass. en regard de l'ancien *pomyšľěašete*

Zogr. Mar., et aux 2e et 3e du duel., ainsi Mt., XXVII, 44 *ponošaaste* Mar. en regard de *ponošaašete* Zogr.

L'imparfait slave traduit régulièrement l'imparfait grec par opposition à l'aoriste, ainsi :

Mt., XXV, 5 *vŭzdrěmašę sę* (ἐνύσταξαν) *vsę ji sŭpaaxą* (ἐκάθευδον) Zogr. Mar. Ass.

Mt., XXI, 8 *mŭnožěiše že narodi. postŭlašę* (ἔστρωσαν) *rizy svoję po pąti. druzii že rězaxą* (ἔκοπτον) *vĕtvi otŭ drěva. i postilaxą* (ἐστρώννυον) *po pąti* Mar. Ass. (Zogr. def.).

Quand l'imparfait traduit l'aoriste grec, c'est qu'il est appelé par le sens ; ainsi :

Mt., XX, 10 *ji prišedŭše prŭvii mĭněaxą sę* (ἐνόμισαν) *vęšte prijęti ji prijęsę po pěnęzu* Mar. Ass.

Mt., XX, 31 *narodi že zaprětišę ima da umlŭčite. ona že pače vŭpiěšete* (ἔκραξαν) *gljąšta. pomilui ny gi snu dvŭ.* 32 *ji stavŭ isŭ vŭzglasi è* Mar. Ass.

Dans les deux cas la raison de l'emploi de l'imparfait se voit immédiatement : il s'agit les deux fois d'une action simultanée à une autre action passée, ce qui est le sens essentiel de l'imparfait slave. Mt., XX, 10, la traduction serbe a aussi l'imparfait *mišljahu*.

L'imparfait traduisant le présent dans l'exemple suivant indique quelle est la rigueur du vieux slave dans l'emploi des temps :

J., I, 40 *viděsta kŭde živěaše* « εἶδαν ποῦ μένει » Zogr. Mar. Ass.

VI

Aoriste et participes passés.

L'aoriste est formé plus naturellement de perfectifs que d'imperfectifs : c'est une conséquence immédiate du sens propre de ce temps. Par suite non seulement tout verbe perfectif peut avoir un aoriste, mais aussi, ce qui est plus caractéristique, on ajoute souvent un préverbe à peu près dépourvu de sens à un simple imperfectif pour en tirer un aoriste d'aspect perfectif, ainsi :

Mt., VII, 24 *sŭzĭda* « ᾠκοδόμησεν » Zogr. Mar. Ass.
— — 28 *sŭkonča* « ἐτέλεσεν » —
— VIII, 4 *povelě* « προσέταξεν » —
— — 17 *ponese* « ἐβάστασεν » —
— — 25 *vŭzbudišę* « ἤγειραν » —
— — 29 *vŭzŭpiste* « ἔκραξαν » —
— — 32 *utopą* « ἀπέθανον » —
— IX, 8 *proslavišę* « ἐδόξασαν » —
— X, 5 *posŭla* « ἀπέστειλεν » —

Mais l'aoriste n'est pas réservé aux perfectifs comme l'imparfait l'est aux imperfectifs. Tout d'abord les verbes d'aspect mi-perfectif mi-imperfectif comme *viděti, slyšati* admettent constamment un aoriste : *viděxŭ, slyšaxŭ* sont fréquents. De plus les verbes qui ne reçoivent pas aisément un préverbe peuvent fort bien avoir un aoriste de leur forme imperfective ordinaire :

Mt., VII, 22 *proročistvovaxomŭ* « ἐπροφητεύσαμεν » Zogr. Mar. (Ass. def.).

Mt., IX, 36 *milosrŭdova* « ἐσπλαγχνίσθη ».

Mt., VIII, 13 *věrova* « ἐπίστευσας » Zogr. Mar. Ass.

Mt., XX, 24 *negodovašę* « ἠγανάκτησαν » Mar. (Zogr. Ass. def.).

Mc, II, 25 *trěbova* « χρείαν ἔσχεν » Zogr. Mar. Ass.
— VI, 14 *jimenova* « ὠνόμασε » —
L., VII, 21 *darova* « ἐχαρίσατο » —

On recourt aussi à l'aoriste de l'imperfectif là où il s'agit d'exprimer une action entièrement passée et qu'on considère dans son ensemble, mais qui a duré. Ceci est particulièrement net dans le cas de *glagolaxŭ* « ἐλάλησα » qui revient souvent dans Év. Mais les exemples ne manquent pas par ailleurs :

Mt., VII, 23 *nikoliže znaxŭ* (ἔγνων) *vasŭ* Zogr. Mar. (*poznaxŭ* ne conviendrait pas ; l'idée à exprimer est « je ne vous ai jamais connus » et non « je n'ai jamais fait votre connaissance »).

Mt., XII, 3 *něste li čili. čito tvori* (ἐποίησεν) *dadŭ egda...* (suit le récit de la conduite de David) Zogr. Mar.

Mt., XI, 17 *sviraxomŭ* [*piskaxomŭ* Mar.] (ηὐλήσαμεν) *vamŭ. ji ne plęsaste* (ὠρχήσασθε). *plakaxomŭ* (ἐθρηνήσαμεν) *vamŭ. ji ne rydaste* (ἐκόψασθε) Zogr. Mar. (Ass. def.).

Mt., XXVIII, 6 *vidita mėsto. jideže leža* (ἔκειτο) *xŭ* Zogr. Mar. Ass.

Dans L. IX, 36, *umlĭčašę* « ἐσίγησαν » Zogr. Mar. signifie « ils ont observé le silence » ; malgré le préverbe, ce n'est pas nécessairement un perfectif puisque *mlĭčati* est un verbe du type en *-ěti, -ją (-iši)* : le *u-* sert simplement à fortifier le sens de *mlĭčati*. Cet exemple ne prouve donc pas contre la règle générale ci-dessus.

En principe, les itératifs n'ont pas d'aoriste. On l'a vu p. 19, l'aoriste *oblobyza* prouve simplement que *oblobyzati* a de bonne heure cessé d'être senti comme un véritable itératif. De même *svirati* « αὐλεῖν » est une formation d'itératif, mais le perfectif correspondant a disparu et on lit l'aoriste *sviraxomŭ* Mt., XI, 17 et L. VII, 32 Zogr. (*piskaxomŭ* Mar.) ; le caractère d' « itératif » d'un verbe ne subsiste en effet qu'autant qu'il y a opposition à un perfectif ; au surplus *svirati* est propre à un manuscrit, le Zographensis, qui a aussi remplacé par *svirĭcĭ* le mot *sopĭcĭ* « αὐλητής » Mt., IX, 23 Mar. Ass. Ostr.

Dans Mc, III, 13 *vĭzide na gorą ji prizŭva jęže samŭ vŭsxotě* Zogr. Mar. (Ass. def.), un *i* au-dessus de la ligne transforme, dans Zogr., *prizŭva* en *prizyva*, mais c'est visiblement une correction d'après le sens : l'accord de Mar. et du texte de Zogr. avant correction montre assez que *prizŭva* est la leçon originale ; on conçoit d'ailleurs la possibilité d'employer un aoriste d'itératif pour indiquer une action achevée, qui a duré, et c'est ainsi sans doute qu'est employé *prizyvašję* Ps. LXXVIII, 6 ou *proricaxomŭ* « ἐπροφητεύσαμεν » Supr. 284, 15 (dans la citation de Mt., VII, 22 où Zogr. Mar. ont *proročĭstvovaxomŭ*).

On voit ici se dessiner nettement la valeur propre de l'aoriste slave : il indique une action passée d'une manière absolue ; l'indication de durée dépendait uniquement de l'aspect du verbe lui-même et était indifférente à l'aoriste en tant qu'aoriste. Toutefois l'aoriste, indiquant une chose entièrement passée, ne saurait en général être tiré des itératifs qui sont expressément destinés à noter la durée ; en fait, Év. n'a pas d'aoriste d'un itératif quelconque. — Inversement, pour indiquer une action achevée non durative, le slave doit donner au verbe mis à l'aoriste l'aspect perfectif ; la notion d'aspect est donc rigoureusement indépendante de la forme grammaticale de l'aoriste comme de toute autre forme temporelle du slave et dépend seulement du verbe dans les conditions indiquées au premier chapitre. Le slave se distingue ici du grec, de l'indo-iranien et de l'arménien de la manière la plus essentielle.

Dans Év., l'aoriste slave traduit indifféremment l'aoriste et le parfait du grec ; et en effet, à la date où a été faite la traduction slave, le parfait n'était plus distingué de l'aoriste par les Grecs eux-mêmes. Des exemples de traduction de l'aoriste grec par l'aoriste slave ont été signalés ci-dessus ; voici quelques exemples d'aoristes (naturellement de verbes perfectifs) pour des parfaits :

bystŭ traduit γέγονεν, par exemple Mt., I, 22 ou XXI, 4 tout aussi bien que ἐγένετο ; on notera surtout J., I, 3 *bez̨ n'ego ničĭtoz̨e ne bystŭ* (ἐγένετο). *ez̨e bystŭ* (γέγονεν) Zogr. Ass.

Mt., IV, 17 *pribliz̨i sę* « ἤγγικεν » Zogr. Mar. ; de même Mt., XXVI, 45 Zogr. Mar. Ass.

Mt., IX, 22 *sŭpase* « σέσωκε » Zogr. Mar. Ass.

J., II, 10 *sŭbljude* « τετήρηκας » Zogr. Mar. Ass.

Mt., XI, 11 *vŭsta* « ἐγήγερται » Zogr. Mar. (*vŭstanetŭ* Ass. par erreur).

J., VII, 8 *ne jisplŭni sę* « οὐ πεπλήρωται » Zogr. Mar. Ass.

J., I, 34 *vidĕxŭ* « ἑώρακα » Zogr. Mar. Ass. (cf. *vidĕxŭ* « εἶδον » ib. 51).

Comme le slave n'a pas de moyen d'indiquer le temps relatif, c'est aussi l'aoriste qui rend le plus-que-parfait grec :

Mc, XIV, 44 *dastŭ* « δεδώκει » Zogr. Mar.
— XV, 7 *stvorišę* « πεποιήκεισαν » —
— — 10 *prĕdašę* « παραδεδώκεισαν » —

C'est naturellement aussi l'aoriste slave qui rend l'aoriste grec quand celui-ci indique ce que le français exprime par le plus-que-parfait, ainsi :

Mt., XXVII, 60 *poloz̨i e vŭ svoemĭ grobĕ .jiz̨e jisĕče* (ἐλατόμησεν) *vŭ kameni* Zogr. Mar. Ass.

L'aoriste slave est seulement un passé ; il ne saurait par suite traduire en aucun cas un aoriste grec qui n'aurait pas la valeur d'un passé et l'on a le présent dans :

J., XV, 6 *ašte kto vŭ mnĕ ne prĕbądetŭ. jiz̨vrŭz̨etŭ sę* (ἐβλήθη) *vŭnŭ. ĕkoz̨e rozga .ji isŭšetŭ* [*isŭxnetŭ* Ass.] (ἐξηράνθη).*ji sŭbirajątŭ* (συνάγουσιν) *ją ji vŭ ognĭ vŭlagajątŭ* (βάλλουσιν) Zogr. Mar. Ass. — On note que l'aoriste grec est ici encore traduit par le perfectif slave, mais au présent, dans les conditions étudiées ci-dessus p. 63 et suiv.

Le participe passé actif en *-ŭ*, *-vŭ* s'emploie exactement dans les mêmes conditions que l'aoriste ; il est formé des mêmes verbes perfectifs et imperfectifs et traduit les participes aoristes et parfaits du grec :

Mt., XXVI, 44 *ostavĭ* « ἀφείς » Zogr. Mar. Ass.

— XXVII, 66 *znamenavŭše* « σφραγίσαντες » Zogr. Mar. Ass.

Mt., XXI, 5 *vĭsědŭ* « ἐπιβεβηκώς » Mar. Ass. (Zogr. def.).

On rencontre pourtant un participe passé d'itératif dans :

L., XI, 27 *blaženo črěvo nošĭšee* (βαστάσασα) *tę* Zogr. Mar. Ass. Mais cet emploi était en quelque sorte imposé par le sens ; et surtout il ne s'agit pas d'un itératif du type normal en *-a-*, mais d'un duratif qui tient lieu d'itératif.

Le participe passé est de rigueur toutes les fois qu'il y a lieu d'exprimer un véritable passé ; on a donc, avec un participe passé traduisant le présent grec :

Ps. CXXV, 5 *sěvŭšeji* (οἱ σπείροντες) *slĭzami vŭ radostĭ požĭnjątŭ.*

De même les participes passés passifs sont tirés presque tous de perfectifs, ainsi : Mt., VI, 7 *uslyšani bądątŭ* « εἰσακουσθήσονται » Zogr. Mar. Ass. ; IX, 33 *izgŭnanu* « ἐκβληθέντος » Zogr. Mar. Ass. ; XI, 27 *prědana sątŭ* « παρεδόθη » Zogr. Mar. Ass ; XIII, 11 *dano estŭ* « δέδοται » Zogr. Mar. ; XVII, 5 *vĭzljubleny* « τοὺς ἀγαπητούς » Mar. Ass. ; XV, 24 *něsmĭ posŭlanŭ* « οὐκ ἀπεστάλην » Zogr. Mar. ; XIX, 21 *sŭvrŭšenŭ* « τέλειος » Mar. Ass. ; XIX, 25 *sŭpasenŭ byti* « σωθῆναι » Mar. Ass. ; XXIII, 37 *posŭlanyję* « ἀπεσταλμένους » Mar. Ass. ; XXV, 10 *zatvoreny byšę* « ἐκλείσθη » Zogr. Mar. Ass. ; XXVIII, 15 *naučeni byšę* « ἐδιδάχθησαν » Zogr. Mar. Ass. ; Mc, VI, 56 *sŭpaseni byvaachą* (ἐσῴζοντο) Zogr. Mar. ; etc. Les exemples de l'imperfectif sont relativement très rares, ainsi : γέγραπται est traduit par *jestŭ pĭsano* (var. *pisano*) Mt., X., 10 Zogr. Mar. Ass. et dans nombre d'autres passages ; κλητοί est traduit par *zŭvani* Mt., XX, 16

Mar. Ass. ; ἠκούσθη par *slyšanŭ bystŭ* Mt., II, 18 Ass. Les itératifs n'ont pas de participe passé passif ; *jisypano* est le participe de *jisypati jisyplją* et non de l'itératif *jisypati jisypają* dans Mt., V, 13 *ničisomuže bądetŭ kŭ tomu. da jisypana* (βληθέν) *bądetŭ vŭnŭ. ji popiraema* (καταπατεῖσθαι) *čky* Zogr. (Mar. Ass. def.).

Les abstraits en *-tĭje -nĭje* sont en principe, au point de vue de la formation, des dérivés des participes en *-to-* et *-no-* avec le suffixe *-ĭje-* qui fournit des abstraits tirés d'adjectifs ; mais, comme c'est le sens qui détermine l'emploi du perfectif et de l'imperfectif, les abstraits en *-tĭje, -nĭje* se comportent autrement que les participes dont ils sont dérivés virtuellement et ne supposent même pas l'existence de ces participes. L'abstrait en *-nĭje* d'un verbe imperfectif est employé sans difficulté, ainsi Év. a L., XII, 58 *dělanĭe* « ἐργασία » Zogr. Mar., alors qu'on ne trouve pas *dělanŭ*, mais J., III, 21 *sŭdělanŭ* Mar. Ass. Et, ce qui est plus décisif encore, les itératifs même ont dans Év. des abstraits en *-nĭje*; ainsi à *pogrebenĭe* « τὸ ἐνταφιάσαι, ἐνταφιασμός » (par exemple J., XII, 7 Zogr. Mar. Ass.) s'oppose *pogrěbanĭe* « ταφή » Mt., XXVII, 7 Zogr. Mar. Ass. ; on lit de même L., XXI, 34 *obědanĭe* « κραιπάλη » Zogr. Mar. Ass. et L., II, 34 *padanĭe* Zogr. Ass. Sav. « πτῶσις » en face de *padenie* Mar. (*padanĭe* aussi Ps. CIX, 6) ; plusieurs fois *prědŭsědanĭe* « πρωτοκαθεδρία » ; et aussi *prěždesědanĭe, prěždevŭzlěganĭe* ; *xoždenĭe* figure dans les titres des chapitres de l'Évangile dans Zogr. et dans Mar., *nizŭxoždenĭe* L. XIX, 37, tandis qu'on a *sŭnitĭje* Cloz. 754 = Supr. 337, 11 et Cloz. 795 = Supr. 338, 15. Les textes autres que Év. présentent beaucoup d'exemples analogues, par exemple *sŭrětanĭe* « κατάντημα » Ps. XVIII, 7 en regard de *sŭrětenĭe* « ἀπάντησις » Év. et Ps. LVIII, 5.

La distinction du perfectif et de l'imperfectif s'étend donc aux substantifs verbaux. On la retrouve dans les noms d'agents en *-telĭ*. Ainsi on lit L. VI, 16 *iže bystŭ ji prědatelĭ* Zogr. Mar. « ὃς ἐγένετο προδότης » où *prědatelji* a une véritable valeur verbale et doit passer pour un perfectif; ceci est si vrai qu'on en est venu à rattacher ce nom d'agent au thème de présent essentiellement perfectif *dad-* : Supr. 366, 17 *poda-*

diteľĭ (χορηγός) *našego života* et Cloz. II, 30 et I, 238 *prědaditeljevŭ* « προδότου ». Au contraire *zižditeljĭ* « πλαστουργός », qui est tiré du présent, est un imperfectif, par exemple Cloz. 926 = Supr. 341, 23, et plus nettement encore *dělateljĭ* « ἐργάτης, γεωργός » Év. Mais on ne tire pas de noms d'agents en *-teljĭ* d'itératifs et ces noms sont plutôt perfectifs en général ; on notera particulièrement *roditeljĭ* du perfectif *roditi* : le sens est le même que celui de l'ancien participe présent d'aoriste radical devenu substantif lat. *parens*.

C'est seulement en se plaçant au point de vue des notions de perfectif et d'imperfectif qu'on comprend la formation de substantifs tels que *poběda* « νῖκος », *počrŭpalĭnikŭ* (Zogr. Ass. ; *počrŭpalo* Mar.) « ἄντλημα », *podvigŭ* « ἀγωνία », *pogybělĭ* « ἀπολεία », *pojasŭ* « ζώνη », *pokojĭ* « ἀνάπαυσις », *pokrovŭ* « στέγη », *polĭdza* « ὠφέλεια », *potokŭ* « χειμάρροος », *potopŭ* « κατακλυσμός », *potrěba* « χρεία, ἀνάγκη », *pověstĭ* « διήγησις », *pozorŭ* « θεωρία », tous dans Év. et d'autres pareils que présentent les autres textes, par exemple *poxvala* « ἔπαινος » Ps. En principe ces noms se rattachent à des verbes perfectifs ; *po-* l'indique assez, car en composition proprement nominale on a *pa-* : *paguba, pamętĭ, pažitĭ*, sauf là où *po-* a sa valeur prépositionnelle, comme dans *podělĭje* « πάρεργον » Cloz. 704 ; mais le préverbe *po-* en est venu à marquer même dans les substantifs la valeur perfective indépendamment de tout verbe : dans Év., Ps., Cloz. où le perfectif de *xotěti* est régulièrement *vŭsxotěti*, on a souvent le substantif *poxotĭ* « ἐπιθυμία, θέλημα », bien que *poxotěti* ne s'y rencontre pas ; il n'y a pas de substantif *vŭsxotĭ*.

Certaines formations de ce genre, qui apparaissent dès les plus anciens textes, ne sont pas très claires : on voit mal ce que valent *ob-* dans *obědŭ* « ἄριστον », *na-* dans *narodŭ* « ὄχλος », *za-* dans *za-konŭ* « νόμος » ; car on ne trouve pas attestés les verbes correspondants ; dans *sŭ-dravŭ* « ὑγιής » où M. Pedersen a proposé, sans raison décisive, de voir le correspondant de skr. *su-* « bien », on entrevoit le sens : *sŭ-* marque ici encore l'achèvement, mais la formation n'est pas claire non plus, car aucun verbe n'est conservé qui en rende compte.

Certains noms ainsi munis de préverbes sont dérivés de présents ; les plus remarquables sont *nadežda* « ἐλπίς » (Nouveau Testament, Euch., Supr.) et *odežda* « ἔνδυμα, ἱματισμός, στολή » Év. ; le vieux slave proprement dit n'a pas pour ce mot la forme tirée de l'infinitif qu'on attend comme polon. *nadzieja*, tch. *naděje* ; c'est que *naděja* a l'inconvénient de n'avoir pas d'aspect défini et de faire penser plus à l'itératif *naděją* qu'au perfectif *nadeždą* ; au contraire *nadežda* ne peut être que perfectif. On s'expliquera de même *sŭrjęšta* « σύμπτωμα » Ps. XC, 6 en regard de *sŭręštą, sŭrěsti* ; itér. *sŭrětati* ; cf. aussi s. *srèć'a, sùsreć'a,* tandis que l'on a **-rětja* dans r. *vstréča*, v. tch. *střiecě*. La formation de substantifs tirés de thèmes de présents, qui est une dérogation absolue à tous les principes de la dérivation non seulement en vieux slave, mais dans toutes les langues indo-européennes anciennes, ne se justifie que par la tendance à mettre en évidence l'aspect dans les noms tirés de verbes.

Toutes ces formations nominales marquent bien la différence entre le présent et l'aoriste du grec d'une part, l'imperfectif et le perfectif du slave de l'autre ; le présent et l'aoriste sont deux formes d'une même conjugaison et il n'y a par suite pour les deux thèmes qu'une seule série de dérivés, de même qu'il n'y a en slave qu'une série de dérivés pour le thème du présent et le thème d'infinitif d'un verbe (perfectif ou imperfectif) ; l'imperfectif et le perfectif sont au contraire deux verbes distincts qui se complètent l'un l'autre pour le sens, il est vrai, mais qui conservent dans une large mesure leur indépendance respective et qui par conséquent ont chacun leurs dérivés propres. L'équivalence du présent grec et de l'imperfectif slave d'une part, de l'aoriste grec et du perfectif slave de l'autre est purement sémantique.

VII

Participe en *-lo-*.

Le participe en *-lo-* n'existe pas isolément en vieux slave ; il est employé seulement avec des auxiliaires pour fournir des formes verbales composées dont chacune doit être examinée à part.

L'auxiliaire est nécessaire, mais il n'est lié au participe en aucune manière et occupe la place normale de tous les mots enclitiques : il tend à suivre immédiatement le premier mot accentué de la phrase ; on trouvera de nombreux exemples de ce fait pour les divers dialectes slaves dans E. Berneker, *Die wortfolge in den slavischen sprachen*, p. 60 et suiv. Les traducteurs des textes vieux slaves appliquent ordinairement la règle ; quand le participe précède l'auxiliaire, d'autres enclitiques qui ont droit de préséance sur l'auxiliaire viennent souvent s'intercaler entre le participe et le verbe. On lit ainsi :

Mt., VIII, 29 *prišelŭ li esi* (ἦλθες) Zogr. Mar. Ass. — au commencement d'une phrase.

Mt., XI, 25 *jispovědają sę tebě oče... ěko utajilŭ esi* (ἔκρυψας) *si otŭ prěmądrŭjixŭ. ji avilŭ ě esi* (ἀπεκάλυψας) *mladenĭcemŭ* Zogr. Mar. (Ass. def.). — On notera que *jako* introduit la phase annoncée, mais n'en fait pas partie intégrante ; *si* est accentué et par suite placé après *utajilŭ esi, ja* est inaccentué et par suite placé aussitôt après *javilŭ*.

Mt., XII, 3 *něste li čĭli* (οὐκ ἀνέγνωτε) Zogr. Mar. (de même Mt., XIX, 4 Mar. Ass. ; etc.). La négation porte l'accent et est immédiatement suivie de l'enclitique qui se contracte avec elle.

Mt., XIX, 20 *česo esmĭ ešte ne dokonĭčalŭ* « τί ἔτι ὑστερῶ » Mar. Ass. (Zogr. def.) ; mais cf. L. XVIII, 22 *edinogo ne dokonĭčalŭ esi* « ἕν σε ὑστερεῖ » Zogr. Mar.

Mt., XXVI, 50 *na n'eže esi prišilŭ* (πάρησι) Zogr. Mar. Ass. ; au contraire, au commencement d'une phrase : Mc, I, 24 *prišilŭ esi* (ἦλθες) Zogr. Mar. (Ass. def.).

Mc, XI, 2 *na n'emĭže něstŭ ne u niktože otŭ čkŭ vĭsělŭ* « ἐφ' ὃν οὐδεὶς οὔπω ἀνθρώπων ἐκάθισεν » Zogr. Mar. (Ass. def.).

L., XIX, 8 *ašte esmĭ kogo čimĭ obidělŭ* « εἴ τινός τι ἐσυκοφάντησα » Zogr. Mar. Ass.

Ce n'est pas ici le lieu de rechercher en quelles conditions le participe précède l'auxiliaire ; il suffit qu'il soit bien établi qu'un ordre tel que *prišilŭ jesmĭ* doit être tenu pour accidentel, là où il se présente : l'autre ordre est au moins aussi régulier et les enclitiques s'intercalent toujours entre le participe et l'auxiliaire :

J., IX, 34 *vŭ grěsěxŭ ty rodilŭ sę esi* (ἐγεννήθης) Zogr. Mar. Ass.

J., IX, 37 *viděli i esi* (ἑώρακας αὐτόν) Zogr. Mar. Ass.

Les trois auxiliaires employés sont : *jesmĭ, běxŭ* et *bimĭ* (resp. *byxŭ*).

1° Auxiliaire *jesmĭ*.

Cette forme traduit tantôt l'aoriste et tantôt le parfait de l'original où les traducteurs slaves ne discernaient aucune nuance de sens, conformément à l'usage grec de leur temps. On conçoit donc que les traducteurs aient éprouvé souvent un grand embarras et aient hésité dans l'emploi de l'aoriste et de la forme à auxiliaire ; κατηρτίσω est traduit par *sŭvrŭšilŭ esi* Ps. VIII, 3 et par *sŭvrŭši* Ps. X, 3 ; dans Ps. XLIV, 8 ἠγάπησας est traduit par *vŭzljubilŭ esi* et ἐμίσησας par *vŭznenavidě* ; etc. Dans Év., l'aoriste est beaucoup plus fréquent que la forme à auxiliaire, ce qui peut s'expliquer par l'influence de l'original où le traducteur lisait toujours une forme une ; mais, en revanche, la forme à auxiliaire a d'ordinaire tout son sens propre là où elle est employée ; elle exprime un état atteint à la suite d'une action une fois faite :

Mc, V, 35, on annonce : *dŭšti tvoě umrětŭ* (ἀπέθανεν), mais ib. 39, Jésus dit : *otrokovica něstŭ umrŭla* (ἀπέθανεν) *nŭ sŭpitŭ* Zogr. Mar. (Ass. def.) ; cf. la traduction serbe : 35 *kc'i tvoja umrije,* mais 39 *djevojka nije umrla, nego spava.* — De même L., VIII, 49, on annonce *umrětŭ* (τέθνηκεν) *dŭšti tvoě,* mais ib. 52, Jésus dit : *něstŭ umrŭla* (ἀπέθανεν) *děvica. nŭ sŭpitŭ* Zogr. Mar. Ass. L'opposition de *umĭrě* « ἀπέθανε » Supr. 330, 15 dans le récit et de *umrŭlŭ jestŭ* « ἐτελεύτησεν » (c'est-à-dire « il est mort ») ib. 330, 18 est toute pareille. — Au contraire, dans le passage parallèle Mt., IX, 18 et 24, la nuance n'est pas indiquée sans doute parce que, entre le commencement et la fin de ce récit, est intercalé un récit étranger et que, par suite, l'idée de l'état de mort déjà établi ne s'impose pas à l'esprit comme dans les deux autres évangiles.

Mt., XXV, 20 *ji pristąpľĭ. primŭji* 5 *talantŭ. prinese drugąja* 5 *talan'tŭ. glę gĭ.* 5 *talan'tŭ mi esi prědalŭ* (παρέδωκας). *se drugąją* 5 *talan'tŭ priobrětŭxŭ* (ἐκέρδησα) *jimi* Zogr. Mar. Ass. ; de même, ib. 22. La forme à auxiliaire indique la situation qui explique tout le récit à l'aoriste de l'action propre du serviteur.

Mt., XXV, 24, le serviteur dit : *věděxŭ tę ěko ʒestokŭ esi čkŭ. ʒin̑ę jideʒe něsi sěčalŭ* (ἔσπειρας). *ji sŭbiraję jądu͡ʒe ne rastočivŭ* (Zogr. ; *rastočŭ* Mar. ; *rastočilŭ* Ass.) ; mais ib. 26, le maître répond : *věděše. ěko ʒin̑ą jideʒe ne sěęxŭ* (ἔσπειρα ; *sěavŭ* Ass.), *ji sŭbirają jądu͡ʒe ne rastočixŭ* (διεσκόρπισα) Zogr. Mar. Ass. Sav. Le serviteur songe à la situation, le maître à ses actes ; la nuance, délicate, a été effacée dans la citation de Supr. 273, 14 et suiv. ; on lit en effet, ib. 19 *ʒinę ideʒe něsi sěalŭ* (ἔσπειρας) *i sŭbiraję ideʒe něsi rasypalŭ* (διεσκόρπισας), et de même, 23 *ʒin̑ą ideʒe něsmŭ sějalŭ* (*sěěxŭ* mss. Év.) *i sŭbirają ideʒe něsmŭ rasypalŭ* (*rastočixŭ* mss. Ev.).

L., X, 21 *utajilŭ esi* (ἀπέκρυψας) *si otŭ prěmądrŭ... ji otŭkry* (ἀπεκάλυψας) *si mladĭnicemŭ* Zogr. Mar. Ass. ; le sens est « tu as tenu caché » et « tu as dévoilé ».

J., XVIII, 9 *jęʒe dalŭ esi* (δέδωκας) *mĭně. ne pogubixŭ* (ἀπώλεσα) Zogr. Mar. Ass.

On lit de même Supr. 378, 13 *sŭgrěšilŭ* (ἥμαρτεν) *Adamŭ i umrětŭ* (ἀπέθανεν) ; le premier verbe indique la situation d'où résulte l'événement suivant ; comme aussi dans Cloz. 304 *čjudesa vidělŭ esi tolika ji takovaa, ji abĭe li ʒaby stvorišago ě* (le sens est indiqué par la traduction du même passage dans Supr. 311, 28 *čudesa vŭ ręku drŭʒę jednače, toli li ʒaby blagoděteljа boga*).

Mais il y a aussi des cas où l'on ne perçoit guère de différence entre les deux formes :

J., XII, 40 *oslěpi* (τετύφλωκεν) *oči jixŭ ji okaměnilŭ estŭ* (ἐπώρωσεν) *srŭdĭca jixŭ* Zogr. Mar. Ass.

J., VI, 26 *jištete mene ne ěko viděste* (εἴδετε) *ʒnamenĭě nŭ ěko ěli este* (ἐφάγετε) *xlěby ji nasytiste sę* (ἐχορτάσθητε) Zogr. Mar. Ass. — La forme à auxiliaire était ici plus claire que *jaste* qui peut être également présent et aoriste.

Il arrive d'ailleurs que certains manuscrits aient l'aoriste et d'autres le participe avec auxiliaire :

Mt., XVIII, 23 *upodobi sę* « ὡμοιώθη » Ass. (et Ostr.) ; *upodobilo sę estŭ* Mar.

L., XV, 30 *ʒakla* « ἔθυσας » Zogr. Mar. ; *ʒakĭlalŭ emu esi* Ass.

J., XVII, 23 *vŭʒljubi* « ἠγάπησας » Mar. ; *vŭʒljubilŭ esi* Ass.

Les exemples cités montrent que, conformément à ce que fait attendre le sens, le prétérit à auxiliaire est en général tiré de verbes perfectifs. Mais l'imperfectif n'est pas impossible, et l'on a :

Mt., XII, 3 *něste čili* « οὐκ ἀνέγνωτε » Zogr. Mar. Ass.
Mt., XIII, 27 *sělŭ esi* « ἔσπειρας » —
L., XI, 27 *sŭsica ěze esi sŭsalŭ* « ἐθήλασας » —
L., XIII, 26 *učilŭ esi* « ἐδίδαξας » —
J., IV, 18 *jimělа esi* « ἔσχες » —

Il en est donc de cette forme comme de l'aoriste ; comme à l'aoriste aussi, il n'existe pas d'exemples de formes de ce genre dans un itératif normal.

L'Évangile n'a pas d'exemple de l'auxiliaire *bąda* comparable à ceux-ci :

Euch. 71 a *ašte ny desitŭ denĭ sŭmrŭtĭny vŭ grěsěxŭ, to vŭskąją sę i rodili bądemŭ.*

Supr. 281, 1 *ašte na to sŭtvorimŭ, vladyky podražali bądemŭ* « κἂν μὲν εἰς τοῦτο χρησώμεθα τὸν Δεσπότην ἐζηλώσαμεν ».

2° Auxiliaire *běxŭ.*

Le sens est exactement le même que celui de la forme avec *jesmĭ* à la différence près du temps de l'auxiliaire : l'état atteint à la suite d'une action précédente n'est plus ici un état présent, mais un état dans lequel les choses ont été dans le passé pendant une certaine durée. On a ainsi comme traduction littérale du grec :

Mc, I, 33 *bě* (ἦν) *vĭsĭ gradŭ sŭbŭralŭ sę* (συνηγμένη) Zogr. Mar.
L., V, 17 *běaxą prišili* « ἦσαν ἐληλυθότες » Zogr. Mar. Ass.
L., XV, 24 (et 32) *jizgyblŭ bě* (ἀπολωλὼς ἦν) *ji obrěte sę* Zogr. Mar. Ass.
L., XXIII, 51 *sĭ ne bě pristalŭ* (ἦν συγκατατεθειμένος) Zogr. Mar.

et, comme traduction du plus que parfait grec :

L., XXII, 47 *se bo bě znamenie dalŭ* (δεδώκει) *jimŭ* Zogr. Mar.
J., VI, 17 *ne u bě prišilŭ* (ἐληλύθει) Zogr. Mar. Ass.
J., IX, 22 *juže bo sę běaxą sŭložili* (συνετέθειντο) *jijuděi* Zogr. Mar. Ass.

ou, à l'imperfectif, l'exemple isolé :

J., XX, 12 *ideže bě ležalo* (ἔκειτο) *tělo* Mar. Ass. (Zogr. def.).

3° Auxiliaire *bimĭ.*

La forme constituée par le participe en *-lo-* avec l'auxiliaire *bimĭ* est celle que l'on connaît sous le nom de conditionnel ; le traducteur de Év. employait exclusivement *bimĭ,* tandis que d'autres textes vieux slaves ont l'aoriste *byxŭ* ; l'auxiliaire *byxŭ* ne se rencontre dans l'ensemble des anciens textes de Ev. en aucun passage ; on a en fait :

J., VIII, 39 *ašte čęda avramľě biste* (Ass. ; *byste* Zogr. Mar.) *byli. děla avramľě tvorili biste* (Mar. Ass. ; *byste* Zogr.).

J., XV, 19 *ašte otŭ mira biste* (Mar. Ass. ; *byste* Zogr.) *byli mirŭ ubo svoję ljubilŭ bi* Zogr. Mar. Ass.

Dans les deux cas, *byste* au lieu de *biste* a été visiblement déterminé par *byli* qui est à côté ; la même cause explique :

Mt., XI, 23 *ašte vŭ sodoměxŭ. bišę* (Zogr. ; *bą* Mar.) *sily byly byvŭšeję vŭ tebě. prěbyly *bišę* (*byšę* Zogr. ; *bą* Mar.). *do dĭnesŭnĭęago dĭne* Zogr. Mar. (Ass. def.) ;

et aussi :

J., XVIII, 36 *ašte otŭ sego mira bi bylo crso moe. slugy ubo moję podvizaly sę bišę* (Ass. ; *byšę* Zogr. Mar.). *da ne prědanŭ bimĭ bylŭ* (Ass. ; *bylŭ* def. Zogr. Mar.) *jijudeomŭ* Zogr. Mar. Ass. ;

bien que, dans cette phrase, l'influence de *bylo* n'ait pu s'exercer par contact immédiat. Ces quatre exemples sont les seuls qu'ait rencontrés M. Wiedemann (*Beitr. zur altbulg. conj.*, p. 36) et il ne semble pas qu'il en existe aucun autre. Le simple examen des variantes suffit à établir qu'on n'a le droit d'en attribuer aucun à la traduction originale.

Puisque, dans certains textes, l'aoriste *byxŭ* sert d'auxiliaire du conditionnel, un ancien imparfait a pu jouer le même rôle ; or la 2e et 3e pers. sing. *bi* a l'aspect d'une forme à désinences secondaires du thème du présent *bi-,* répondant au thème latin *fī-* de *fīs, fīt* ; ce thème de présent *bi-* serait à *bě-* de l'aoriste (servant d'imparfait) *běxŭ* ce que *smrŭdi-* de *smrŭždą, smrŭdiši* est à *smrŭdě-* de *smrŭděti, smrŭděxŭ.* Les autres formes de *bimĭ* s'expliquent par analogie : *bixomŭ, biste, bišę* sont évidemment analogiques de *byxomŭ, byste, byšę.* Mais il serait singulier qu'il ne subsistât pas la moindre trace de l'emploi de *bi-* comme prétérit ; car on ne saurait tenir compte de *biste* L., XVI, 11 et 12 Zogr. en regard de *byste* « ἐγένεσθε » Mar. Ass. ; le copiste de Zogr. qui, comme le montrent les exemples de *byste* signalés ci-dessus, employait *byxŭ* et non *bimĭ* a été influencé par *ašte* qui commence les deux phrases et a écrit *biste* au lieu de *byste*, par réaction contre son propre usage et dans l'intention d'être correct. D'ailleurs la 1re pers. *bimĭ* fait difficulté : on ne s'explique pas comment la désinence primaire de *jesmĭ* a pu pénétrer dans une flexion de prétérit. Or, il est possible que *bi-* soit l'optatif d'un thème *bi-*, comme l'impératif *veli, nosi* de *veljǫ, velišĭ* ; *nošǫ, nosišĭ* ; la désinence primaire *-mĭ* de *bimĭ*, qui s'explique mal dans un optatif, serait alors celle d'un subjonctif : il faut seulement admettre d'une part que, dans les thèmes de présents slaves en *-ī-*, le subjonctif s'est de bonne heure confondu avec l'indicatif pour la forme, et d'autre part que ces présents, qui sont athématiques, avaient, en slave très ancien, non la finale thématique *-ǫ* de 1re pers. sing., mais la désinence athématique *-mĭ*. La 3e pers. plur. *bǫ* reposerait alors sur i-e. **bh(y)-ont* et serait une 3e pers. plur. de **bhī-* correcte ; la forme de la désinence secondaire serait exactement comparable à celle de la désinence primaire qu'on a dans *sǫtŭ*. La confusion de l'optatif et du subjonctif qu'on est amené à supposer ici est parallèle à celle qu'a reconnue Oblak dans le cas de l'impératif des thèmes en *-je-* : *pokaži*, plur. *pokažite* et *pokažate*. — En interprétant *bi-* comme l'optatif d'un thème **bhū-, *bhuw-, *bhw-*, on expliquerait tout aussi bien la 2e, 3e pers. sing. *bi* comme une forme d'optatif et la 3e pers. plur. *bǫ* comme une forme de subjonctif ; mais *bimĭ* resterait obscur. — De toutes manières, le plus probable est que *bimĭ, bi* est un ancien optatif, avec quelque mélange de subjonctif. Dès lors on doit admettre que l'emploi de *byxŭ, by*, etc. comme auxiliaire de conditionnel ne résulte pas d'un développement indépendant parallèle à celui qui a fourni les irréalis grecs et que *byxŭ, by*, etc., ont été simplement substitués à *bimĭ bi*, etc. ; des formes connues et très employées auraient pris la place de formes anomales qui ne présentaient pas le *y* caractéristique de *byti* ; seuls les textes les plus anciens du vieux slave et notamment la traduction de Év. auraient conservé l'auxiliaire *bimĭ*.

Dans Supr. 113, 22 *koliko pače bi užasati sę namŭ Xristosa Isusa* « πόσον χρὴ καταπλήττεσθαι... et dans Supr. 113, 25 *bi ubo bojati sę* « χρὴ οὖν φοβεῖσθαι... », il est malaisé de voir un ancien prétérit ; mais un ancien optatif est admissible.

Cette interprétation rend bien compte des deux emplois du conditionnel slave dans Év. qui sont les suivants :

a. — Le conditionnel slave indique la condition non réalisée et traduit l'irréalis grec ; il est naturellement formé de l'imperfectif ou du perfectif suivant le sens et répond ainsi tantôt à un imparfait et tantôt à un aoriste du grec. (Toutefois le participe en *-lo-* n'existe pas dans les itératifs, non plus que l'aoriste ou le participe passé.)

Mt., XII, 7 *ašte li biste věděli* (ἐγνώκειτε ; plus que parfait valant imparfait)... *nikoliže ubo biste osądili* (οὐκ ἂν κατεδικάσατε) *nepovinŭjixŭ* Zogr. Mar. Ass.

J., VIII, 19 *ni mene věste ni oca moego. ašte mę biste věděli* (ᾔδειτε). *ji oca moego biste věděli* (ᾔδειτε) Zogr. Mar. Ass.

Mt., XXVI, 24 *dobrěe emu bi bylo* (ἦν ; *bylŭ* n'est pas nécessairement perfectif, non plus que *bydi*, etc.) *ašte sę bi ne rodilŭ* (ἐγεννήθη) Zogr. Mar. Ass.

J., XIV, 28 *ašte biste ljubili* (ἠγαπᾶτε) *mę. vŭzdravovali sę biste* (ἐχάρητε ἄν)... Zogr. Mar. Ass.

Dans Supr., l'auxiliaire non accompagné de participe se rencontre avec sa valeur d'irréalis, ainsi :

Supr. 334, 8 *ašti prostŭ člověkŭ, lěpo by pĭivati* « εἰ ψιλός τις ἄνθρωπος ἦν, ἔδει θαῤῥεῖν ».

(*ašti* est abrégé de *ašte by*, de même que gr. mod. θα de θέλωνα ou moy. arm. *ku* [servant de particule verbale] de *kayu* « il se tient et... »).

Le conditionnel est la seule forme qui rende en slave l'irréalis grec ; cet emploi répond à un usage bien connu de l'optatif indo-européen, étudié par M. Delbrück, *Vergl. synt.*, II, 371 et suiv.

b. — Le conditionnel slave sert, dans des propositions subordonnées finales ou délibératives, à traduire le subjonctif ou l'optatif du grec quand il s'agit du passé et qu'on envisage non un fait positif, mais une possibilité ou un désir ; il peut être formé de verbes perfectifs ou imperfectifs indifféremment (les itératifs étant exclus comme dans le cas précédent) :

Mt., VIII, 34 *molišę da bi prěšilŭ* (ὅπως μεταβῇ) Zogr. Mar. Ass.

Mc, III, 6 *sŭvětŭ sŭtvarěaxą na nĭ. kako ji bą pogubili* (ἀπολέσωσιν) Zogr. Mar. — Cf. Mc, XI, 18.

Mc, V, 18 *moľèaše i... da bi sŭ n̂imĭ bylŭ* (ᾖ) Zogr. Mar. (cf. aussi L., VIII, 38).

Mc, IX, 22 *ji mnoẓiceją i vŭ ognĭ vŭvrŭẓe. ji vŭ vodą. da ji bi pogubilŭ* (ἀπολέσῃ) Zogr. Mar. Ass.

Mc, XII, 13 *posŭlašę kŭ n̂emu etery... da ji bą oblĭstili* (ἀγρεύσωσιν) *slovomĭ* Zogr. Mar.

L., I, 62 *pomavaaše ẓe oĉĭ ego. kako bi xotělŭ* (ἂν θέλοι) *narešti e* Zogr. Mar. Ass.

L., IV, 29 *vedošę i do vrŭxu gory... da bą i niẓŭrinąli* (ὥστε κατακρημνίσαι αὐτόν) Zogr. Mar. Ass.

L., IV, 42 *drŭẓaaxą i da bi ne ošilŭ* (τοῦ μὴ πορεύεσθαι) *otŭ n̂ixŭ* Zogr. Mar. ; le présent grec est traduit par un perfectif, puisque *otŭxoditi* ne peut avoir de forme en *-lo-* en sa qualité d'itératif.

L., V, 1 *bystŭ ẓe naleẓęštju emĭ narodu. da bą slyšali* (ἀκούειν) *slovo b̅ẓ̅i̅e̅* Zogr. Mar.

L., VI, 11 *g̅l̅aaxą drugŭ kŭ drugu. čito ubo bišę sŭtvorili* (ἂν ποιήσαιεν) *j̅i̅s̅v̅i̅* Zogr. Mar.

L., VII, 36 *moľèaše ẓe i... da bi ělŭ* (φάγῃ) *sŭ n̂imĭ* Zogr. Mar. Ass. On sait que *jasti* n'est pas essentiellement imperfectif.

L., IX, 46 *vĭnide ẓe pomyšľenie vĭ n̂ę kŭto jixŭ vęštii bi bylŭ* (ἂν εἴη) Zogr. Mar.

L., XV, 29 *mĭně nikoliẓe ne dalŭ esi koẓilęte. da sŭ drugy mojimi vŭẓveselilŭ sę bimĭ* (εὐφρανθῶ) Zogr. Mar. Ass.

L., XX, 20 *posŭlašę ẓasědĭniky* (Mar. ; *dělateľę* Zogr.)... *da jimątŭ i vŭ slovesi. da bą i prědali* (ὥστε παραδοῦναι) *vladyčĭstvu* Zogr. Mar. On notera ici le contraste entre *da jimątŭ jĭ* « pour qu'on le prît » (fait positif) et *da bą jĭ prědali* « de manière qu'on *pût* le livrer » (expression d'une possibilité qu'on envisage et qu'on désire voir se réaliser).

Des exemples analogues à ceux qui viennent d'être cités se trouvent : L., XVIII, 15 — XIX, 27 — XXII, 2 et 31 — J., IV, 40 — VIII, 6 — XI, 53.

Il convient de signaler un exemple du Suprasliensis où l'on observe un tour analogue aux précédents, mais un peu différent et que le traducteur de Év. ne semble pas admettre :

380, 21 *siniděaše tamo angelŭ, i vŭẓmąštaaše vodą, i iẓe bi vilěẓlŭ* (ὁ καταβαίνων) *po vŭẓmąštenii vody, naslaẓdaaše sę icěľenĭja.*

Dans le passage correspondant de Év., J., V, 4 on lit *jiže vŭlažaše* Zogr. Mar. Ass.

L'emploi irréalis et l'emploi final se trouvent à la fois dans : J., VIII, 56 *Avraamŭ oci vaši. radŭ bi bylŭ* (ἠγαλλιάσατο) *da bi vidĕlŭ* (ἴδῃ) *dĭnĭ moi* Zogr. Mar. Ass.

Le conditionnel à valeur finale dépend d'une proposition principale impliquant le passé dans tous les exemples de Év. sauf un :

Mt., VI, 16 *egda postite sę. ne bądĕte ĕko ѵpokriti. sĕtująšte. prosmraždająšte bo lica svoĕ. da bisę sę* (Zogr. ; *bą sę* Mar. ; *sję bą* Ass.) *avili* (φανῶσιν) *čkomŭ postęšte* Zogr. Mar. Ass.

Dans le passage immédiatement comparable du même morceau Mt., VI, 5 on lit *da ĕvętŭ sę*, ce qui rend cet emploi unique plus surprenant encore.

L'opposition du conditionnel servant pour le passé et du présent pour le futur est nette dans les passages suivants du Clozianus :

Cloz. 172 *oslĕpi bo imŭ umŭ, xotę ĕviti svoją silą, ji xotę sŭtvoriti da bą prĕstali otŭ zŭloby svoeję, ji da bą uvĕdĕli* (ἵνα μάθωσιν), *ĕko nevŭzmožŭnaĕ načinajątŭ, ji potomĭ da uvĕmŭ beštislŭnąją ego silą.*

Cloz. 201 *xošteši li uvĕdĕti, koliko stvori, da bi luči bylŭ ;...* 207 *ji da uvĕsi ĕko... ;* et de même dans la traduction différente de Supr. 309, 18 *sŭmotri, koliko sŭtvori, da by jego obratilŭ, da by jego gonozilŭ...* 26 *i da navykneši...*

Mais les textes autres que Év. emploient aussi le conditionnel dans des phrases au présent, ainsi :

Euch., 38 b *molitŭ sę bu. da bi zabylŭ grĕxy ego.*

Euch., 51 b *obrati* (τρέψον) *i na bĕžanie, ji zapovĕždi emu otiti... da bi... ničesože... sŭdĕalŭ* (ἐργάσηται). *nŭ da priimątŭ* (λαβέτωσαν)...

Euch., 78 a *podaždi grĕšŭnyma mi očima. jistočinikŭ slezŭ, jimiže da bimĭ otŭmylŭ...*

Pour des exemples de Supr., v. Vondrák, *Altkirchensl. gramm.*, p. 341 et suiv.

L'usage de l'Évangile qui n'emploie le conditionnel qu'avec un verbe principal au passé rappelle d'une manière remarquable l'optatif grec en proposition subordonnée dépendant d'un verbe principal au passé (cf. Delbrück, *Vergl. synt.*, III, p. 439 et suiv.).

Conclusion.

De l'examen de toutes les formes étudiées il ressort que le traducteur de l'Évangile rend en principe par le perfectif slave les thèmes d'aoristes grecs et par l'imperfectif les thèmes de présents.

La différence essentielle entre le grec et le slave, c'est que, par sa formation, le perfectif comportait un présent tandis que le thème d'aoriste grec n'en comportait pas ; ce présent du perfectif a pris une valeur toute particulière et sert à exprimer une notion de temps, ce qui est l'innovation la plus grave du slave au point de vue du rôle joué par l'aspect : nulle part ailleurs, ni en lituanien ni en germanique ni en latin, le présent du perfectif n'a cette valeur; et c'est en vertu d'une singulière illusion qu'on a pu considérer comme essentiellement propre au présent du perfectif une valeur qui, loin d'être générale, apparaît uniquement en slave et qui, en slave même, ne s'est pas conservée universellement, qui par exemple n'existe plus en serbe. On a vu comment la valeur de futur prise par le présent du perfectif s'est développée ; cette valeur n'est pas accidentelle, mais elle est accessoire ; c'est une conséquence secondaire du fait que le présent du perfectif ne devant par nature qu'exprimer ou une action qui va se produire ou une action qui vient de se produire, le slave a admis seulement le premier des deux emplois en éliminant absolument le second. La valeur de futur n'a donc rien d'essentiel, et l'on a vu par d'assez nombreux exemples que, dans les propositions subordonnées et même dans les principales, elle n'était pas constante.

Le présent est d'ailleurs la seule forme où la différence d'aspect serve, en un certain sens, à exprimer une différence de temps. Partout ailleurs le temps et l'aspect sont rigoureusement distincts et indépendants. Si l'imparfait et les participes présents n'existent que dans les imperfectifs, c'est que ces formes indiquent par nature simultanéité avec une autre action (soit exprimée, soit au moins pensée) ; cet emploi exclut le perfectif qui exprime l'action passée pure et simple, abstraction faite de toute durée. Si, inversement, l'aoriste et les participes passés sont le plus souvent tirés de perfectifs et s'ils ne sont jamais tirés des formes les plus essentiellement imperfectives, à savoir les itératifs, c'est qu'ils expriment des actions absolument passées et qui n'étant pas considérées dans leur durée, ne sauraient être exprimées par des imperfectifs. Dès lors le sens d'un imparfait slave, tel que *razarjaaxŭ* par exemple résulte de la combinaison de l'aspect imperfectif de *razarjati* et du sens propre de la forme de l'imparfait qui indique la simultanéité ; le sens d'un aoriste perfectif tel que *razorixŭ* résulte de même de la combinaison de l'aspect perfectif de *razoriti* et du sens propre de l'aoriste qui exprime le passé purement et simplement ; il en est exactement de même en grec où le sens de ἔλυσα résulte de la combinaison de la valeur du thème de l'aoriste d'une part et des caractéristiques de l'indicatif d'autre part. Dans l'étude de l'aspect il est essentiel de distinguer d'une manière absolue les deux choses.

La valeur propre du perfectif et de l'imperfectif slaves apparaît alors avec netteté. L'imperfectif exprime, comme le présent grec, l'action considérée dans sa durée. Le perfectif, comme l'aoriste grec, exprime l'action en dehors de toute idée de durée ; il se prête par suite également à indiquer l'action pure et simple envisagée dans son ensemble, ou le commencement d'une action, ou enfin une action achevée ; mais il est chimérique d'essayer d'attribuer au perfectif par lui-même aucun de ces sens particuliers : ils résultent de la combinaison de la valeur générale du perfectif avec la signification propre de chaque verbe, de chaque préverbe, de chaque forme verbale, et aussi avec le contexte de la phrase. Les notions de perfectif et d'imperfectif ne peuvent ainsi être définies que d'une manière très générale ; en essayant de préciser davantage on n'aboutirait qu'à introduire des éléments étrangers sans pour cela réussir à donner du rôle des deux aspects une idée adéquate, laquelle ne peut ressortir d'une formule abstraite, mais seulement d'une énumération systématique des divers types de phrases usités.

APPENDICE

REMARQUES SUR LES PRÉVERBES

Le fait général que les préverbes rendent perfectif tout imperfectif non itératif a été posé dès le chapitre I. Il ne reste plus ici qu'à examiner quelques détails d'importance secondaire.

1° *Degré d'intimité de l'union du préverbe et du verbe.*

En indo-européen le verbe et le préverbe étaient deux mots rigoureusement distincts au point de vue syntaxique, tantôt rapprochés et tantôt éloignés l'un de l'autre. Cet état qui est encore nettement conservé en védique et en grec homérique a laissé dans diverses langues de nombreuses traces trop connues pour devoir être rappelées ici. En slave l'état ancien est entièrement aboli et l'ensemble formé par le préverbe et le verbe se comporte à tous égards comme un mot *un*. L'intercalation d'enclitiques qui, en lituanien, marque encore aujourd'hui la primitive indépendance du préverbe et du verbe n'apparaît plus dès les plus anciens textes d'aucun dialecte slave ; et l'on ne saurait rien citer en slave de comparable à lit. *pasisuku* en regard de *suků's*. L'unique trace de cette indépendance qui ait subsisté en slave n'a plus le caractère d'un fait grammatical : ce n'est plus qu'une particularité lexicographique ; c'est le cas de *jiznemošti, jiznemagati* « ἀδυνατεῖν » ; la forme même sous laquelle le mot apparaît dans Év. indique que *nemošti* y jouait le rôle d'un simple où *ne* n'était plus senti comme un mot à part :

L., I, 37 *ne jiznemožetŭ otŭ* $\overline{ba}$ *vĭsěkŭ* $\overline{glŭ}$ Zogr. Mar. Ass. « οὐκ ἀδυνατήσει παρὰ Θεοῦ πᾶν ῥῆμα ».

Le même *nemošti* se trouve aussi dans *otŭnemošti*, synonyme de *jiznemošti*, et dans *prěnemošti*, *prěnemagati* « ὀλιγοψυχεῖν », cf. v. polon. *roznemocz* psalt. flor.

Le seul fait grammatical où l'on puisse entrevoir un effet de la primitive indépendance du préverbe et du verbe est celui-ci : il arrive que le cas auquel est mis un complément dépende non du verbe, mais de la préposition qui sert de préverbe. On lit ainsi :

Mt., XXVI, 67 *zaplĭvašę lice go* (Zogr. Mar.) *emu lice* (Ass.) « ἐνέπτυσαν εἰς τὸ πρόσωπον αὐτοῦ ».

Euch. 36 b *dovedi mę oca tvoego* « conduis-moi à ton père ».

De pareils exemples prouvent que le préverbe conservait parfois tout son sens, mais ils ne prouvent pas que l'union du préverbe et du verbe ne fût pas parfaitement ferme.

On peut donc poser comme un principe général et absolu que le préverbe et le verbe forment en slave un mot un ; cette unité semble avoir facilité le rôle grammatical que jouent les préverbes en rendant perfectifs tous les imperfectifs, tandis que, à son tour, ce rôle grammatical a assuré l'unité une fois établie.

2° *De l'appropriation du préverbe au verbe.*

Dans les langues autres que le slave qui présentent une opposition du perfectif et de l'imperfectif, un préverbe ne donne au verbe la valeur perfective qu'à la condition de n'avoir par lui-même presque aucun sens, ce qui montre bien que l'action des préverbes n'a rien d'essentiel ni de nécessaire ; il joue alors seulement un rôle grammatical ; au contraire les préverbes qui expriment par eux-mêmes une notion définie ne changent pas nécessairement l'aspect du verbe ; il résulte de là que, dans chacune de ces langues, un seul préverbe sert d'ordinaire et sauf exception à fournir des perfectifs : *pa-* en lituanien, *ga-* en gotique, *cum-* en latin.

Il en est tout autrement en slave où tout préverbe, si fortement significatif qu'il soit, rend perfectif le verbe non itératif qu'il précède. Grâce à cette circonstance, le slave peut, pour rendre un verbe perfectif sans en changer la signification d'une manière essentielle, recourir à un préverbe qui souligne le sens du verbe principal. Le préverbe à sens faible qui rend d'ordinaire un verbe perfectif quand il n'y a pas lieu de souligner ainsi le sens du verbe est *po-* qui répond au lit. *pa-* ; mais, pour les verbes appartenant à certaines catégories, d'autres préverbes sont usités ; *vŭs-*, *vŭz-* dans *vŭsplakati*, *vŭzdrydati*, *vŭzdradovati*, *vŭzľjubiti*, *vŭznenaviděti*, *vŭždeleti* ; *jis-*, *jiz-* dans *jicěliti*, *jištistiti*, *jisplŭniti* ; *sŭ-* dans *sŭkoničati*, *sŭstarěti*, *sŭbljusti* ; *u-* dans *uviděti*, *uslyšati*, *uzirěti*, *uvěděti*, *ubojati sę*, *užasati sę*, *usąminěti sę*, *upŭrati*. Un préverbe est même un élément indispensable de certains dénominatifs, ainsi *o-kameniti*, ou ailleurs un élément ordinaire, ainsi *sŭ-vrŭšiti*, beaucoup plus employé que *vrŭšiti*, et seul attesté dans Év.

Un même verbe peut souvent être rendu perfectif sans changement de sens réel par plusieurs préverbes distincts ; mais alors il arrive, comme on doit l'attendre, que l'usage ait fixé l'emploi de l'un ou l'autre des préverbes possibles ; et cet usage, par le fait qu'il comporte de l'arbitraire, peut varier d'un dialecte à l'autre ; ainsi *gubiti* n'est rendu perfectif dans la traduction de l'Évangile, telle qu'elle est connue par Zogr., Mar., Ass., Sav., que par *po*, soit *pogubiti* ; mais dans les citations de l'Évangile, le Suprasliensis, qui représente, comme on sait, un autre dialecte, emploie souvent *izgubiti*, ainsi 294, 10 = Mt. XII, 14, v. Vondrák, *Ueber einige orthogr. und lexical. eigenth. d. cod. Supr.*, 38 et suiv. (S. W. A. W., CXXIV) ; on notera que *pogubiti* se retrouve Ps. CXVIII, 95 et Euch. 102 b et qu'on lit le substantif *paguba* Mt., VII, 13 et XXIV, 7 ; Ps. IX, 16 ; cf. Euch. 32 b. Dans Év. et Ps. διῶξαι est traduit par *pogŭnati*, dans Supr. par *progŭnati* ; *jizgŭnati* (resp. *vygŭnati* Ps.) se retrouve partout. Il serait aisé de multiplier ces exemples.

Comme en général le préverbe renforce le sens du verbe, il arrive que, au lieu de se servir du verbe sans préverbe comme imperfectif, on recoure à l'itératif de la forme à préverbe, à *sŭbljudati* par exemple (Mt., XXIII, 3) plutôt qu'à *bljusti* ; un cas très curieux est celui de *pobivati*, *ubivati* « frapper à mort, tuer » en regard de *biti* « frapper » ; l'itératif ne conserve rien ici de l'aspect perfectif, car le perfectif n'indique pas l'achèvement ; il conserve seulement l'idée du résultat acquis due au préverbe. De même *loviti*, qui traduit à la fois θηρεύειν et ἁλιεύειν, est imperfectif dans *lovęštii* « οἱ ἁλιεύοντες » Supr. 380, 15; pour obtenir le participe passé passif on forme *uloviti,* le préverbe *u* étant celui qui se joint ordinairement à ce verbe : *ulovĭjeny* « ἁλιευθέντας » ib., 13; enfin pour indiquer ce qu'a pris le pêcheur, on se sert de l'itératif : *ulavĭjajemo* « τὰ ἁλιευόμενα » ib. 16 : l'idée du résultat acquis subsiste dans l'itératif qui se distingue du perfectif *uloviti* seulement parce que l'aspect est autre et qu'il indique non une action momentanée, mais une chose qui dure.

Il n'y a pas lieu d'insister ici sur le sens propre de chacun des préverbes, non plus que d'énumérer les faits du type *sŭbljudati, ubivati* : c'est affaire de lexique, non de grammaire.

II

ÉTUDES GRAMMATICALES

I

REMARQUES SUR L'ORIGINE DE L'ALTÉRATION DE *i* ET *u* BREFS EN SLAVE

Les deux voyelles slaves, transcrites par *ĭ* et *ŭ*, qu'on désigne parfois de noms qui en font ressortir le caractère spécial : demi-voyelles, voyelles irrationnelles et que, d'après leurs noms slaves *jerŭ* et *jerĭ* on appellera simplement ici les *jers*, ont été l'objet d'études précises : tour à tour M. Leskien, M. Jagic', M. Vondrák, M. Sčepkin, M. Ljapunov leur ont consacré des travaux étendus et ont abouti à des conclusions qui semblent sur beaucoup de points définitives. En s'appuyant sur ces conclusions, on peut maintenant essayer de rendre compte du caractère de l'altération qui a fait des voyelles préslaves *i* et *u* brefs des phonèmes à part. Il importe pour cela de fixer les principaux résultats qui doivent passer pour désormais acquis :

1° Tout *i* ou tout *u* bref existant en slave commun est devenu jer : *ĭ* ou *ŭ*.

2° Au moment où ont été faites les plus anciennes traductions du grec en slave, en particulier celle de l'Évangile, tout jer a été noté ; partout où un jer a été écrit à ce moment, on est en présence d'un phonème ayant une existence propre et non d'un simple « signe » indiquant la nature dure ou molle de la consonne précédente.

3° Les manuscrits slaves les plus anciens et leurs originaux immédiats désignent par les signes de jers deux articulations de valeur sensiblement différente : l'une qui subsiste avec valeur d'une voyelle ordinaire dans les langues slaves modernes, russe *e* et *o* ; polon. *ie* et *e*, serbe *a*, etc., l'autre qui est tombée et par sa chute a entraîné suppression de la syllabe dont elle était la voyelle ; ainsi *sŭnŭ, dĭnĭ* ont un premier jer fort qui reste et un second faible qui tombe, d'où russe *són, dén'* ; polon. *sen, dzień'* ; serbe *sän, dân* ; mais *sŭna, dĭne* ont un jer faible, d'où russe *sná, dnjá*; polon. *snu, dnia* ; serbe *snä, dnê* (vieilli).

L'opposition des jers forts et faibles se manifeste essentiellement dans les manuscrits vieux slaves par ceci que, à l'intérieur du mot, le jer fort garde son caractère propre soit de *ŭ* soit de *ĭ*, sauf altération par analogie, tandis que le jer faible n'a pas de valeur définie et tend à se régler d'après ce qui l'entoure ; c'est ainsi qu'on a *dĭvĕ, dŭva* ; *tĭmĕ, tŭma* dans Zogr.

Ces trois thèses embrassent l'essentiel de l'histoire phonétique des jers en slave. Il importe de revenir brièvement sur chacune d'elles, étant bien entendu d'ailleurs qu'on doit se reporter aux mémoires originaux pour y trouver l'exposé détaillé de l'état de choses présenté par chacun des textes.

I

Si l'on rapproche immédiatement de leurs origines indo-européennes les jers du vieux slave — ou du slave commun, — *ĭ* et *ŭ* ont des origines très multiples :

1° Les *i* et les *u* brefs de l'indo-européen;

2° La voyelle réduite qui se trouve devant une sonante suivie de voyelle dans des cas tels que skr. *girati,* cf. v. sl. *žiretŭ* ; got. *munan,* cf. v. sl. *mĭnĕti* ;

3° La voyelle réduite indo-européenne qu'on peut désigner par ° qui apparaît en latin comme *a* et en slave comme *ĭ* (et *ŭ* ?) devant consonne : **čĭtyre* (tch. *čtyři*), cf. lat. *quattuor.* Cette voyelle est essentiellement distincte de i.-e. *ə* ;

4° I.-e. *ṇ* ou *ṃ* dans les cas tels que *sŭto* (v. M. S. L., VIII 236 et 315 et X, 140 et suiv.) ; cette origine est très contestée ; mais si on la repousse on est réduit à supposer que *sŭto* est emprunté à l'iranien, ce qui est impossible pour plusieurs raisons ;

5° I.-e. *o* devant *s* ou *n* dans la syllabe finale des mots, si l'on admet, comme il faut certainement le faire, que tout *o* altéré en *ŭ* l'ait été par l'action de *-s* ou de *-n* ;

6° I.-e. *e* devant *y* (sl. *j*).

Dans tous les cas, il est probable que *ĭ* et *ŭ* reposent sur d'anciens *i* et *u* brefs du slave commun. Pour le sixième cas, celui de *eje* donnant *ĭje*, il y a eu assimilation de *e* à *j* parallèle à celle de *e* à *v* dans *evo* donnant *ovo*. Pour le second, le traitement baltique est instructif : à *mĭnèti* le lituanien répond par *minèti*, à *dŭmą* par *dumiù*, formes où *i* et *u* ne se distinguent en rien de *i* et *u* reposant sur i.-e. *i* et *u* ; de même l'*i* de lit. *pìsti*, *splìsti* et l'*u* de *ùpė*, issus de i.-e. °, sont entièrement confondus avec les anciens *i* et *u* ; ce qui confirme que ces *i* et *u* ont dû, dès le slave commun, être identifiés avec *i* et *u* de date indo-européenne, c'est que les diphtongues à premier terme ĭ ou ŭ (différent mais néanmoins très voisin de *ĭ* ou *ŭ*) *ĭr*, *ĭl*, *ĭn*, *ĭm* et *ŭr*, *ŭl* représentant i.-e *r̥*, *l̥*, *n̥*, *m̥*, et répondant à baltique *ir*, *il*, *in*, *im*, et *ur*, *ul* sont traitées comme des diphtongues de même durée que *er*, *el*, *en*, *em* : le *ę* issu de *en* et le *ę* issu de *ĭn*, *ĭm*, anciens *n̥*, *m̥*, ont exactement la même quantité dans ceux des dialectes slaves qui ont conservé des différences de quantité anciennes. — En ce qui concerne le quatrième cas, celui de *sŭto*, il est malaisé de se prononcer ; car ce traitement est fort énigmatique ; toutefois on notera que ce traitement *ŭ* répond au traitement baltique *un*, *um*. — Pour le cinquième cas, celui des finales, il faut admettre aussi que *-s* et *-n* ont fait passer *o* à *u* de bonne heure ; en effet il semble que l'action de *s* et de *n* sur les voyelles longues de syllabe finale se soit exercée dans le sens de la fermeture : tandis que i.-e. *-ā* final et *-ō* donnent sl. *-a* dans tous les cas, **-ās* est représenté par *-y*, c'est-à-dire par un ancien *-ū* dans le génitif singulier *ženy* et dans le nominatif pluriel *ženy*, et c'est sans doute **-ōs*, d'où *-ū*, qu'on doit poser à l'origine de la finale du nominatif singulier *kamy*, cf. A. Meillet, *Génitif-accusatif*, p. 104 et suiv.

Tout jer slave semble donc bien reposer sur un *i* ou un *u* bref d'une période slave commune antérieure, abstraction faite naturellement des mots empruntés postérieurement à l'altération de *i* et *u* brefs en jers. Cette altération est d'ailleurs très peu ancienne ; car elle a pu atteindre tous les *i* et *u* des mots anciennement empruntés au germanique, ainsi dans *lĭstĭ*, *mŭnixŭ* ; ces *i* et *u* répondent généralement à des brèves, mais parfois aussi, comme on sait, à des longues, par exemple dans *ocĭtŭ*, got. *akeita-*; **mĭčĭ* supposé par serbe *mâč*, en regard de v. sl. *mečĭ* (où la longue est représentée par sl. *e*, donc aussi par une brève), got. *mekeis*; *grĭčĭskŭ*, cf. got. *Kreks*; **cĭsarjĭ* (à côté de *cěsarjĭ*) supposé par russe *car'*. Il résulte de là que, si l'action de la loi sur les mots proprement slaves *peut* être antérieure aux emprunts du slave au germanique, du moins cette loi n'avait pas cessé d'agir; et au moment des emprunts les Slaves étaient encore hors d'état de prononcer de vrais *i* et *u* brefs et transformaient immédiatement, dans tout mot nouveau, *i* et *u* brefs en jers. Et même certains mots montrent que déjà les deux jers formaient un groupe à part: le mot got. *ulbandus* qui devrait donner en slave **vŭlbądŭ* a été altéré par étymologie populaire en *velĭbądŭ* avec la même facilité que si l'on avait eu **vĭlbądŭ*. Alors que **skillings* donnait **šĭlęgŭ* (d'où *štĭlęgŭ*) dans une première période, celle où le *k* germanique devant voyelle palatale devient *č* (*čędo*), **skillings* donne *skŭlędzĭ* (attesté Mt., XXII, 19 Mar.), avec *ŭ*, dans la période où *k* subsiste devant voyelle palatale; car si, ailleurs qu'après *s*, ce *k* a ensuite donné *c*: *cęta*, *k* subsiste après *s*, cf. *skrĕnja*. — C'est dire que l'altération de *i* et *u* brefs est antérieure tout au plus de trois ou quatre siècles à l'invention de l'alphabet slave; et elle peut être en fait plus récente. Toutefois la loi n'agissait plus au moment des emprunts du slave au grec, et ici ι est représenté par *i* et non plus par *ĭ*: un mot comme *xrĭstŭ* « χριστός » doit son jer à ce qu'il est un arrangement, d'après le grec, d'un ancien emprunt occidental: *krĭstŭ*; *vasilĭskŭ* « βασιλίσκος » Ps. XC, 13 a simplement subi l'influence du suffixe *-ĭskŭ*.

II

Les jers, phonèmes nouveaux et encore mal établis dans le système phonétique de la langue, devaient continuer à évoluer et en fait ont beaucoup divergé dans les divers dialectes. Mais, au moment où l'alphabet slave a été inventé, ils formaient encore un groupe bien défini, au moins dans le dialecte des auteurs de cet alphabet, et ils ont été traités comme des phonèmes ayant une réelle unité : il en existait deux, avec chacun une articulation distincte : *ĭ* et *ŭ*, mais possédant d'ailleurs des caractères et des propriétés identiques ; la ressemblance des signes graphiques par lesquels ont été figurés ces deux phonèmes en traduit aux yeux d'une manière frappante l'exact parallélisme.

Partout où il y avait en slave commun un *i* ou un *u* brefs devenus *ĭ*, *ŭ*, l'auteur de l'alphabet note un jer. Sans doute il existe des cas où un jer n'est pas noté même dans les plus vieux manuscrits, mais cette absence est accidentelle, soit qu'il s'agisse d'un jer fort, comme dans *vsĭ*, soit qu'il s'agisse d'un jer faible, comme dans *vsi* ; car à côté de ces graphies on trouve encore *vĭsĭ* et *vĭsi* qui sont évidemment les leçons anciennes.

M. Sčepkin, *Razsuždenije o jazykê Savvinoj knigi*, p. 148, s'est demandé si le jer faible n'était pas tombé en slave commun entre *s* et *n* ; mais les exemples ne sont pas probants ; rien n'oblige à admettre que *ložesno* ait jamais été **ložesĭno* ; la formation peut être la même que dans le grec *σελασ-νᾱ, att. σελήνη par exemple ; *desna, desnica* peuvent être issus d'un thème **deksno-*, différent de **deksino-* (cf. skr. *dákṣiṇaḥ*, zd *dašina-*, lit. *deszinẽ*), car on a got. *taihswa*, v. irl. *dess*. Un cas très embarrassant est celui de *kogda, togda, jegda*, où l'on suppose un *ŭ* entre *g* et *d* sans que ce *ŭ* soit attesté nulle part ; mais la formation de ces adverbes de temps est trop obscure pour qu'il soit licite d'en tirer aucune conclusion phonétique.

En revanche, là où jer manque régulièrement, c'est que, en fait, il n'en existait aucun dans la prononciation. La préposition *bez, bes*, le préverbe et préposition *jiz, jis*, le préverbe *vŭz-, vŭs-* n'ont en principe pas de jer final dans les anciens manuscrits, notamment dans ceux de l'Évangile : et en effet, comme l'a vu depuis longtemps M. Bezzenberger, les conditions de l'alternance répondent exactement à celles qu'on observe en indo-iranien à la fin des mots : *-s* devant consonne sourde, *-z* devant toute sonore, qu'elle soit voyelle, sonante (*y, w, r, l, m, n*) ou consonne ; on est en présence du traitement spécialement propre à la fin de mot indo-européenne ; la consonne finale a néanmoins été conservée contrairement à l'usage ordinaire parce que les mots en question ne se trouvent jamais que suivis d'un autre mot auquel ils sont étroitement unis — si étroitement que les deux mots n'avaient à eux deux qu'un seul ton. En regard de *jiz, jis* on a gr. ἐξ, lat. *ex* et en regard de *vŭz, vŭs* on a lat. *sus-* dans *sustulī* par exemple. Il n'y a donc jamais eu d'*i* ni d'*u* après l'*s* finale de *bez, bes,* etc. ; et, si l'on trouve dans certains manuscrits un *ŭ* dans *bezŭ,* etc., ce *ŭ* prouve seulement que, pour les scribes de ces manuscrits, un *ŭ* final ne se prononçait pas. Le Marianus présente déjà un curieux exemple de ce genre : L., XVIII, 21, en regard de *otŭ junosti moeję* Zogr. Ass. Sav., on y lit *izi junosti moeję* ; ce *izi* est une innovation du copiste qui, par suite, ne reproduit pas ici l'orthographe de son original ; de plus il se trouve à la fin de la ligne et sert à avertir le lecteur que le *z* final de *iz,* qui doit être dans la prononciation lié au substantif suivant, est mou et non dur.

Les jers introduits entre deux éléments consonantiques d'un mot étranger transcrit en slave étaient eux aussi des jers réellement prononcés. C'est ce que montre fort bien par exemple *kinŭsŭ,* transcription de κῆνσος, qui est représenté par *kinos, kinosĭ* dans l'Assemanianus.

III

Les jers faibles sont sujets à devenir durs ou mous suivant que la consonne suivante est dure ou molle. Le fait, mis en évidence pour le Zographensis par M. Jagić, dans ses articles des volumes I et II de l'*Archiv. f. sl. phil.,* se retrouve en principe dans le Marianus, dans le Suprasliensis (v. Vondrák, *Ueber einige orthogr. eigenth. d. cod. Supr.,* dans S. W. A. W., CXXIV) et dans Sava (v. Ščepkin, *Razsuždenije o jazykě Savvinoj knigi,* 186 et suiv.). On pourrait être tenté de supposer que le jer marquerait dans les cas de ce genre simplement le caractère dur ou mou de la consonne précédente, déterminé par le caractère dur ou mou de la consonne suivante : *tŭma* au lieu de *tĭma* indiquerait non pas que *ĭ* faible est devenu *ŭ* faible, mais que le *t* de *tma* se prononçait dur ; inversement *vĭně,* ancien *vŭně,* indiquerait que le *v* de *vně* se prononçait mou. Pour le Zographensis en particulier, cette hypothèse serait très satisfaisante, car la transformation de *pĭsati* en *spati* dans plusieurs passages (v. *Arch. f. sl. phil.*, I, 42 et M. S. L., XII, 25) montre que le scribe ne prononçait plus un jer dans le groupe *p(ĭ)s-* et que, trouvant une difficulté à prononcer *ps*, groupe auparavant étranger au slave, il disait *sp* au lieu de *ps*. Des graphies comme *lekŭka* Euch. 38 a, *lekŭkoe* Euch. 100 a, *bĭticję* Ps. VIII, 9 conduisent à la même conclusion pour d'autres textes; Supr. 275, 7 a même *pritĭčaiši* pour *bridĭčaiši* : l'assourdissement de *d* devant *č* a entraîné le copiste à écrire une sourde initiale; Supr. 295, 2 a *prazną* à côté de *prazdinŭ* ib. 3. Mais il semble bien que les graphies *ĭ* devant consonne molle, *ŭ* devant consonne dure soient antérieures à la copie du Zographensis et qu'elles répondent à une altération réelle de *ĭ* en *ŭ* et de *ŭ* en *ĭ*.

Ce qui le montre, c'est que ces transformations de jers faibles ont dans quelques cas réagi sur les jers forts, bien que ceux-ci gardent en général leur caractère propre. On peut citer à cet égard les exemples suivants :

Le mot *dŭska* « τράπεζα » figure trois fois dans Év., les trois fois avec *ŭ* : J. II, 15 Zogr. Mar. Ass. ; Mc, XI, 15 Zogr., Mar.; Mt., XXI, 12 Mar. ; ce *ŭ* représente un ancien *i* : v. sax. *disk*, v. h. a. *tisc*, lat. *discus*; or, là où il subsiste dans les dialectes modernes un représentant de jer, c'est un représentant de *ŭ* : russe *doská*, polon. *deska* ; la forme *dŭska* avec jer intense, telle qu'on la rencontre aussi dans serbe *dàska* par exemple, provient d'une influence du génitif pluriel *dŭskŭ* qui lui-même doit son *dŭ-* à *dŭska* ; le représentant phonétique *dska* de *dŭska* est attesté en vieux tchèque (v. Gebauer, *Hist. mluv.*, I, 170), et aussi en russe dans le composé *ská-tert'*. La généralisation du jer intense d'une forme isolée de la déclinaison s'explique par le fait que cette forme était la seule où le *d* initial pût se prononcer nettement.

Le mot *dŭždĭ* (r. *dóžd'*, pol. *deždž*) conserve au nominatif son *ŭ* qui est intense ; de là la graphie *dŭždĭ* du Zographensis, Mt., VII, 25 et *doždŭ* du Marianus; *doždĭ* du Psalterium (Ps. LXXI, 6 et CXXXIV, 7) ; mais il y avait des cas où l'on devait avoir *dĭždĭ* ; en fait Euch. a *dĭždevĭnŭ* et *odĭždajątŭ* 2a ; par là s'expliquent *dĭždŭ* Ps. LXVII, 10 et *deždŭ* Ass. (dans le passage correspondant à celui de Zogr.).

Le mot *bŭdĕti* (cf. *buditi*) est écrit *bĭdĕti* dans Zogr. et Mar.; sous l'influence de *bĭdĕti*, *bŭdrŭ*, (r. *bódryj*), cf. lit. *budrùs*, zd *-budra-* dans *zaēnibudra-* est devenu *bĭdrŭ*, dans les deux passages où le mot figure dans l'Évangile : Mt., XXVI, 41 Zogr. Mar. Ass. ; Mc, XIV, 38 Zogr. Mar. Le fait est très caractéristique ; car ici le *ĭ* de *bĭdrŭ* ne peut être dû au caractère du *d* de *bŭdrŭ*, mais seulement à l'influence de *bĭdĕti*. Il est à noter que Mar. a *bĭdrĭ* Mc, XIV, 38 (de même Euch. *bŭdrĭ* 47a) au lieu de *bĭdrŭ* qu'on attend. — Euch. 58a a *bedrŭno*, dont la graphie étymologique serait *bŭdrĭno*.

Dans *bŭdrŭ*, le russe *bódryj* conserve l'ancien *ŭ*; au contraire le *ĭ* de *rĭdĕti* a transformé en *ĭ* le *ŭ* de *rŭdrŭ*, cf. gr. ἐρυθρός, lat. *ruber* : r. *rëdra*, *rëdryj* ; on trouve dans le *Lexicon* de Miklosich un exemple de *rodrŭ* à côté de *rĭdrŭ*, *redrŭ*. Ici encore le *ĭ* ne peut être dû qu'à l'influence de *rĭdĕti*.

Inversement, *sądŭba* issu de *sądĭba* a provoqué un génitif pluriel *sądŭbŭ*, *sądobŭ* Ps. XCXVI, 8 et CXVIII, 20, 30, 102.

On peut encore citer *vĭplĭ* Mt., XXV, 6 Ass. Sav. et Mt., II, 18 Sav. (cf. aussi Supr. 224, 1) d'après *vĭplja* en regard de *vŭplĭ* Mt., XXV, 6 Zogr. Mar., et Mt., II, 18 Ass. ; Ps. CI, 2 et de *voplĭ* Ps. XVII, 7. — Dans Zogr. et Mar., se trouve partout *vŭpiti* d'après le présent *vŭpĭją* ; de même *vopiję* « κράζων » Ps. LXVIII, 4 (cf. russe *vopljú*) ; au contraire Sav. a *vĭpiti*, *vĭpiją* (Ščepkin, *l. c.*, P. 196) d'après l'infinitif. — Le serbe a suivant les dialectes les deux formes *vàpiti*, *vàpijēm* d'après *vŭpĭją* et *ùpiti*, *ùpijēm* d'après *vĭpiti*.

M. Ščepkin, *l. c.*, p. 208 et suiv., a déjà signalé plusieurs exemples de ces actions analogiques, principalement à propos de *vŭ* : *vĭ* et de *vŭz-* : *vĭz-*.

Polon. *jeden*, etc. sont de même faits sur *jedŭna*, transformation de *jedĭna* (v. Ljapunov, *Izslĕdovanije*, I, p. 166 et suiv.); tch. *orel*, slovaque *orol* sur *orŭla*, de *orĭla* ; etc.

Dans les groupes du type *s* ou *z* plus occlusive, il semble que la qualité dure ou molle de *s* ou *z* tienne, au moins dans certains cas, à la qualité de la voyelle précédente ; et ceci est fort naturel, car *s* et *z* font entièrement partie de la même syllabe que la voyelle précédente. C'est ainsi que, Mc, VII, 18, le Zographensis a *jiz vinu*, par *ĭ*. M. Ljapunov, dans son étude sur la langue de la Chronique de Novgorod,

I, p. 236 et suiv., constate qu'il existe en vieux russe une forme *isteba* qui suppose *jistĭba,* à côté de *istobka* qui suppose *jistŭba*. Du coup on s'explique l'histoire du mot *bezdŭna* : *bezdŭna* est un composé de *dŭno* « fond », cf. lit. *dùgnas,* et a étymologiquement un *ŭ* ; ce *ŭ* se retrouve L. VIII, 31 Zogr. Mar. Ass. ; mais au contraire Sava a *bezdĭna,* graphie qui est aussi celle du *Psalterium,* Ps. XXXII, 7 ; LXXVI, 17 ; etc. ; ce *ĭ* s'est étendu aux formes où le jer est fort : gén. plur. *bezdĭnŭ* Ps. LXX, 20, *bezdenŭ* Ps. LXX, 21 et CVI, 26 ; dérivé *bezdĭnĭje,* attesté par *bezdenie* Ps. XXXV, 7 ; Euch. 4 a ; Supr. 57, 17. — La conservation du *ŭ* de *vŭzŭpiti* non seulement dans le Zographensis mais aussi dans Sava tient à l'influence du *ŭ* fort précédent. — L'action que peut exercer sur une consonne une sifflante précédente est bien illustrée par l'histoire du mot *mŭnogašĭdi* : ce mot est attesté dans Ostromir et dans le Suprasliensis sous cette forme ancienne ; quand le jer eut cessé de se prononcer, le *š* se trouvant au contact de *d,* il devait y avoir assimilation : on attend *mnogaždi* qui se trouve en effet dans Supr. 322, 13 ; mais l'assimilation inverse s'est aussi produite, et l'on a *mnogašti* Supr. 206, 24 et *mŭnogašti* Cloz. 489.

L'altération réelle des jers faibles est un phénomène de tout autre espèce que les assimilations qu'on observe dans quelques exemples. Cette altération ne dépend en effet que de la nature dure ou molle des consonnes voisines et non pas du timbre de la voyelle de la syllabe suivante ; il en est tout autrement là où *o* devient *e* sous l'influence d'un *ě* suivant : L. II, 36 *zamaterěti* Zogr. (et Ostr.) en regard de *zamatorěti* Mar. Ass. dans ce passage et Zogr. Mar. Ass. dans L., I, 7 (cf. *materĭstvo* « πρεσβεῖον » Ps. LXX, 18 d'après *materěti*). — Mc, IX, 42, 43, 45 *debrěe* Zogr. en regard de *dobrěe* Mar. et Mt., XXVI, 24 Zogr. Mar. Ass. (on n'a que *dobrŭ,* et jamais **debrŭ*). — Mt., XVI, 18 *udelějǫtŭ* Zogr. en regard de *udolějǫtŭ* Mar., *udoblějǫtŭ* Ass. ; les autres textes hésitent entre *udolěti, odolěti* Ps. IX, 26 ; Euch. 3 b ; Supr. 26, 24 et *udelěti, odelěti,* Ps. IX, 26 ; Euch. 60 b ; Supr. 26, 10. On n'a en effet aucune preuve que *o* ait été altéré en *e* par une consonne molle suivante : v. sl. *desiti* (par exemple Euch. 71 a, Supr. 218, 1) et serbe *děsiti* ne sortent pas de *dositi*, attesté en vieux russe, car *nositi*, *voditi*, etc. ont partout conservé leur *o*; l'élément radical de *desiti* se retrouve dans gr. δέχομαι; le vocalisme radical *e* prouve simplement que *desiti* n'appartient pas à la série de *nositi* et que c'est sans doute un dénominatif tiré d'un substantif disparu. La forme *pepelŭ* sur laquelle reposent russe *pépel*, serbe *pěpeo* peut être sortie de *popelŭ* (Mt., XI, 21 et L., X, 13 Zogr. Mar.; Ps. CI, 10; Supr. 369, 12; cf. dans les dialectes occidentaux *popel*, par exemple polon. *popiol*) parce qu'on sentait un redoublement et n'est pas nécessairement le résultat d'un procès phonétique.

L'altération de *ě* en *a* sous l'influence d'un *a* voisin est soumise à une restriction plus étroite encore que celle de *o* en *e*; en général *r* précède : *pograbaję* Ps. LXXVIII, 3 de *pogrěbati*; *pravratiti* Ps. LXXVII, 44 et 57; de *prěvratiti* (ib., CIV, 25 et 29); *podražati* (L. XVI, 14 Zogr. Ass.; XXIII, 35 Zogr. Sav.) de *podrěžati* (L. XVI, 14 Mar.; et XXIII, 35 Mar. Ass.; Ps. XXXIV, 16, etc.); *trava* (Ps. CII, 15 et CIII, 14; russe *travá*, serbe *tráva*, bulg. *travá*, polon. *trawa*) de *trěva* (Év. Zogr. Mar. Ass. Sav.; Ps. XXXVI, 2, etc.; Euch. 12 b): après *r*, la distinction des voyelles dures et molles tendait à être supprimée, au moins dialectalement (cf. M.S.L, XI, 179 et suiv.), et par suite, la nuance qui séparait *ě* de *a* tendait à disparaître; on lit en fait *vramję* Ps. LXXX, 16; inversement on a *strěně* L., I, 65 Zogr. au lieu de *straně* et *prěděda* Euch. 17 b au lieu de *praděda*.

Ce sont là des faits tout spéciaux qu'on doit bien séparer du changement normal, constant de *ŭ* faible en *ĭ* devant consonne molle, de *ĭ* faible en *ŭ* devant consonne dure.

La grande règle de la détermination du jer faible par la consonne qui suit est d'ailleurs croisée par diverses règles particulières qui en limitent l'extension; ces règles diffèrent en partie d'un manuscrit à l'autre. Les plus générales sont les suivantes :

1° Les gutturales *k*, *g*, *x* n'existant que devant les voyelles de la série *a*, *o*, *ŭ*, *y*, on ne saurait en aucun cas avoir *kĭde*, *kĭnjiga*, etc., mais seulement *kŭde*, *kŭnjiga*, etc. Si Ζακχαῖος est rendu par *zakĭxei* Zogr., *zakĭxei* Mar. Ass., L., XIX, 2,

5 et 8, c'est qu'il s'agit d'un mot étranger et qu'on a ici le *k* mou employé dans la transcription des mots grecs, cf. *k̕esarjĭ*.

2° Devant *j*, les jers *ĭ* et *ŭ* tendent à changer de timbre et se rapprochent respectivement de *i* et de *y*, en ce qui concerne l'articulation, sinon en ce qui concerne la quantité, mais ne se confondent pas entre eux : *ĭje* devient *ije* et *ŭje* devient *yje*.

3° Le *jĭ-* initial devient en vieux slave *ji*, *i* ; ce passage à *i* n'est pas panslave, et par exemple le slave commun **jĭgla* qui est représenté en serbe par *ìgla* et de même dans la plupart des dialectes est en bas sorabe *gła* avec jer faible et en tchèque *jehla* avec *ĭ* fort. En serbe même, cet *i* reste bref dans la syllabe qui précède la syllabe accentuée et se distingue ainsi par la quantité de l'ancien *i* qui est long en pareille position, cf. *ȑđa* de **rŭdja*, avec *r*, différant du *ȓ* issu de *ĭr* ou *ŭr*, et *ȕpiti* de **vŭpiti*, aussi avec *u* bref. En slovène, cet *i* n'attire pas l'accent de la finale, comme une ancienne voyelle normale et l'on a *iglà*.

La règle générale qui définit le caractère fort ou faible de chaque jer est fort bien connue : étant donné une série quelconque de syllabes dont la voyelle est jer, chaque jer impair (en partant de la fin du mot) est faible et chaque jer pair fort ; c'est ainsi qu'on a *prišĭlecĭ* Ps. CXVIII, 19 de *prišĭlĭcĭ*, *prišelĭca* Ps. XCIII, 6 de *prišĭlĭca*, *vodĭbrexŭ*, de *vŭ dĭbrĭxŭ*, Ps. CIII, 10 ; etc. ; cf. dans le Marianus *denĭ* de *dĭnĭ* et *dĭnesĭ* de *dĭnĭsĭ*. Cette règle vaut pour tous les dialectes.

Ce qui est tout à fait remarquable, c'est qu'elle est relative uniquement aux jers entre eux et qu'aucune circonstance extérieure ne joue ici un rôle quelconque ; en particulier la présence ou l'absence de l'accent est sans aucune influence ; par exemple la loi de M. Baudouin de Courtenay montre que le *ŭ* de *kŭnędzĭ* devait être accentué au moment où les gutturales ont été palatalisées par une voyelle palatale précédente non accentuée, et que ce mot reproduisait, conformément à l'usage ordinaire, l'accentuation du mot germanique dont il est tiré ; le *ŭ* n'en est pas moins tombé et l'accent a dû se déplacer, d'où r. *knjaz'*, *knjáza*, s. *knêz*, *knȅza*, et pol. *ksiądz*, etc. On a supposé que l'accent avait rendu fort en première syllabe un jer en russe ancien, et tenté d'expliquer ainsi *pëstryj*, *dósku*, *slězy*, etc. ; mais on n'est nullement obligé d'admettre cette intervention de l'accent : le nominatif *pĭstrŭ*, les génitifs pluriels *dŭskŭ*, *slĭzŭ* fournissaient le jer intense ; et ce jer intense a été généralisé parce que les formes où il a été introduit par analogie étaient plus claires que les formes phonétiques à jer faible.

On ne saurait citer d'exemple certain où un jer fort soit remplacé par un jer faible sous l'influence de l'analogie. On lit bien *vsĭ*, *dnĭ* dans Zogr. et Sav. en regard de *vĭsĭ*, *dĭnĭ* et *vesĭ*, *denĭ* de Mar. Ass ; *povinnŭ* Mt., XXVI, 66 et XXVII, 24 Zogr. (cf. *vinnĭ* Supr. 227, 4) en regard de *povinenŭ* Mar. Ass. (et aussi Zogr., dans Mt., V, 21), *zimnŭ* Mt., XVI, 3 Zogr. en regard de *zimenŭ* Mar., etc. (v. *Arch. f. sl. phil.*, II, 258). Mais on peut, dans tous les cas de ce genre, avoir affaire à de simples graphies abrégées et non à des formes où, par analogie de *vĭsego*, *vĭsi*, *dĭne*, *povinĭna*, *zimĭna*, le jer fort serait devenu faible : aux yeux des scribes les jers en sont venus de bonne heure à être avant tout des signes de la qualité dure ou molle de la consonne précédente ; or dans *vsĭ*, *dnĭ*, le jer final, constamment écrit, suffisait à indiquer cette qualité et il était inutile d'écrire un jer pour chaque consonne ; de même dans *povinnŭ* et *zimnŭ*, la qualité molle était indiquée par la voyelle précédente *i*. Il y aurait témérité à tirer des conclusions trop précises de ces graphies *vsĭ*, etc. qui admettent plusieurs explications.

IV

L'altération la plus visible qu'aient subie *i* et *u* brefs en devenant les jers, c'est que ces deux voyelles ont perdu leur articulation propre et n'ont conservé que leur qualité d'être dures ou molles. Là où la distinction des consonnes dures et molles a gardé toute sa rigueur, les deux jers demeurent distincts en principe ; à la finale cette distinction se manifeste par la qualité dure ou molle de la consonne précédente ; dans le reste du mot, les jers forts qui subsistent seuls restent bien distincts l'un de l'autre : dans la plupart des textes vieux slaves *ŭ* fort tend à se confondre avec *o* et *ĭ* fort avec *e* ; c'est l'état que présentent le Zographensis, le Marianus, l'Assemanianus, le Psalterium, l'Euchologium ; de même en russe *ŭ* fort est représenté par *o* et *ĭ* fort par *e*: ; mais *o* et *e* ne sont pas ici les représentants de l'articulation ancienne de *u* et de *i* brefs, ce sont simplement les voyelles brèves typiques de la série dure et de la série molle. C'est ce que montre bien le polonais : le polonais possède deux *e*, l'un dur et l'autre mou ; l'*e* mou, d'ordinaire écrit *ie*, représente l'ancien *e* du slave commun ; l'*e* dur apparaît notamment dans le représentant *eł* de *ŭl* (v. sl. *lŭ*), ainsi dans *pełny*, cf. v. sl. *plŭnŭ* (par opposition à *il* de *ĭl*, v. sl. *lĭ*, ainsi dans *wilk*, v. sl. *vlĭkŭ*) et dans le représentant *er* de l'ancien *yr*, ainsi dans *sér*, cf. v. sl. *syrŭ* (en regard de *ier* issu de l'ancien *ir*, ainsi dans *sierota*, cf. v. sl. *sirota*) ; or c'est *e* dur qui représente en polonais *ŭ* fort, et *ie* qui représente *ĭ* fort ; on a ainsi :

v. sl. *dŭžďĭ* (*dožďŭ* Mar.), russe *dožď'*, polon. *deždž*.
— *dĭnĭ* (*denĭ* —), — *den'*, — *dzień'*.

Dès lors, par une conséquence naturelle, ceux des dialectes slaves qui ne conservent pas la distinction des consonnes dures et des consonnes molles n'ont pour *ŭ* et *ĭ* forts qu'un seul traitement ; le serbe n'a que *a*, ainsi *dâžd* et *dân*, et de même *sän* de *sŭnŭ*, *lân* de *lĭnŭ*, *čâst* de *čĭstĭ*, *sât* de *sŭtŭ*, etc. ; les monuments de Freising où les jers faibles ne sont le plus souvent pas notés ont *e* ou *i* indifféremment pour les deux jers forts ; de même le tchèque n'a que *e*, par exemple *dešť* et *den*, *sen* et *len*, etc. ; nulle part *ŭ* et *ĭ* ne sont représentés par *u* et *i* : le timbre original de ces voyelles a radicalement disparu. Donc *ŭ* et *ĭ*, forts ou faibles, ne se distinguent pas l'un de l'autre par l'articulation, mais seulement par le caractère dur ou mou ; on s'explique ainsi le parallélisme rigoureux des deux jers qui forment dans le système phonétique du slave un groupe à part et qui n'ont de raison d'être et de possibilité d'être qu'autant que la distinction des consonnes dures et molles reste un élément essentiel de ce système. On n'a par suite pas le droit d'attribuer aux jers un point d'articulation quelconque dans la bouche ; ils n'ont eu un point d'articulation que là où, étant forts, ils ont été rapprochés des voyelles pleines, c'est-à-dire là où ils ont cessé d'être des jers pour devenir *e*, *o*, *a*, etc. Par eux-mêmes et indépendamment de la nature dure ou molle de la consonne précédente, les jers sont de simples émissions sonores, non accompagnées de l'articulation définie qui caractérise les voyelles normales.

Après M. Fortunatov, et d'après lui, M. Ščepkin et M. Ljapunov ont tenu pour le caractère essentiel des jers leur quantité réduite ; la justification de cette hypothèse n'est pas donnée ; elle se trouvera sans doute dans le traité de phonétique slave de M. Fortunatov qui, annoncé depuis longtemps, n'a pas encore paru. Ce qui semble l'appuyer, c'est que la position où les jers deviennent forts est justement celle où les brèves tendent à s'allonger ; le *ŭ* et le *ĭ* de *sŭnŭ* et de *dĭnĭ* deviennent forts là où l'*o* de *bogŭ* devient long dans serbe *bôg* (génit. *bȍga*), tch. *bůh*, pet. r. *bóh*. Bien qu'on n'ait sur la quantité des voyelles en vieux slave aucun renseignement et que, seule, l'observation des dialectes postérieurs jointe à la comparaison avec les autres langues indo-européennes permette d'entrevoir ce qu'a été la quantité en slave commun, il y a lieu de croire en effet que les jers étaient plus brefs que les voyelles normales et que c'est la quantité d'une voyelle normale attribuée aux jers forts qui a déterminé le passage de ceux-ci dans la série des voyelles normales. Mais ce caractère des jers n'enlève rien de son importance au caractère de l'absence d'articulation précédemment indiqué. — Quant au degré d'antiquité relative qu'il convient d'attribuer à chacun des deux caractères, seule une connaissance précise du mécanisme de la transformation de *i* et *u* brefs en jers permettrait de décider à ce sujet.

Cette transformation est entièrement achevée dès le moment où le slave est noté pour la première fois ; il est donc impossible d'en suivre l'histoire en fait et l'on ne peut qu'en envisager les conditions générales. Comme elle est universelle et a atteint sans exception tous les *i* et *u* brefs que le slave possédait au moment de l'action de la loi ; comme de plus elle est indépendante de toute condition extérieure d'accentuation, de position dans le mot, etc., elle ne peut s'expliquer que par des circonstances inhérentes à la prononciation des voyelles *i* et *u* ; on sait d'ailleurs que l'accent n'exerce aucune influence sur le vocalisme du slave commun.

Par le fait même qu'il atteint également *i* et *u*, le changement ne saurait être comparé à celui de *ū* en *y* dont on l'a parfois rapproché ; car le passage de *ū* à *y* est propre à l'*ū* et n'a dans l'*ī* aucun parallèle ; il fait partie de cette grande série de changements qui atteignent *u* voyelle ou consonne par suite du fait que *u* a un double point d'articulation, l'un dans la partie postérieure du palais et l'autre aux lèvres : c'est ainsi que *w* initial devient tantôt *b*, comme dans certains cas en persan, tantôt *gw*, *g* comme dans les autres cas en persan, et aussi en arménien, en gallois ; de même *u* passe à *ü* (*u* français) dans les langues les plus variées. Il n'y a rien à tirer de ces faits pour la théorie des jers.

En ce qui concerne les points d'articulation, *i* et *u* sont de toutes les voyelles les plus différentes et ne sauraient présenter aucune altération commune : à cet égard *i* va avec *e*, et *u* avec *o* en slave comme ailleurs.

Le trait commun à *i* et *u* est d'être les voyelles fermées par excellence, celles qui sont les plus articulées, qui demandent le plus de souffle (v. Roudet, dans la *Parole*, 1900, p. 215 et suiv.) et qui sont à tous égards les plus voisines des consonnes. En slave ancien *i* et *u* brefs ont dû être les plus fermées de toutes les voyelles ; en effet, d'une manière générale, il y a un certain parallélisme entre *ē* et *ō*, *ĕ* et *ŏ* d'une part, *ī* et *ū*, *ĭ* et *ŭ* de l'autre ; là où, comme en lituanien et en latin, *ē* et *ō* sont plus fermés que *ĕ* et *ŏ*, de même *ī* et *ū* sont plus fermés que *ĭ* et *ŭ* ; en slave où *ě* et *a* (représentant *ō*) sont plus ouverts que *e* et *o*, on doit attendre que *ī* et *ū* (devenu *y*) aient été plus ouverts que *ĭ* et *ŭ* ; car c'est en leur qualité de longues et parce que, en cette qualité, ils formaient les sommets du rythme quantitatif commun à toutes les anciennes langues indo-européennes que *ě* et *a* sont plus ouverts que *ĕ* et *ŏ* ; c'est pour la même raison que, en ionien-attique et sans doute aussi dans une partie des autres dialectes grecs (à Delphes par exemple), η et ω étaient plus ouverts que ε et ο ; *ī* et *ū* avaient la même propriété de servir de sommets rythmiques et ont dû par suite subir la même action et devenir des voyelles plus ouvertes que *ĭ* et *ŭ*.

Or, les voyelles fermées sont sujettes à être altérées en vertu même de leur qualité de voyelles fermées. Par exemple, il est des langues, comme les dialectes septentrionaux du grec moderne, l'arménien ancien, etc., où les voyelles sont d'autant plus altérées par l'absence d'accentuation qu'elles sont plus fermées (v. M. S. L., XI, 166 et suiv.). M. Gutzmann a constaté que les voyelles extrêmes *e* et *o* font difficulté pour les enfants jusqu'à un certain âge (*Des kindes sprache,* 149). Un fait plus essentiel encore est celui qu'a mis en lumière M. Gauthiot (*Parole,* 1900, p. 152) : en lituanien, *i* et *u* sont moins intonables que *e* et *a,* même dans les dialectes où ils admettent une part d'intonation ; et ceci explique que, dans les dialectes occidentaux, comme on le sait depuis Kurschat et comme les expériences de M. Gauthiot l'ont confirmé, *i* et *u* accentués ne soient pas longs comme *e* et *a* accentués ; de même en lappon toute voyelle tonique devient longue à l'exception de *i* et de *u* (Wiklund, *Entwurf einer urlappischen lautlehre,* p. 57 et suiv., *Mém. Soc. finno-ougr.,* X, 1). En grec ancien, un ῑ ou un ῡ devant occlusive plus *-s* finale ne compte pas pour deux mores au point de vue de la place du ton, tandis que ᾱ, η, ω, comptent pour deux mores : φοῖνιξ (φοίνῑκος), κῆρυξ (κήρῡκος) en regard de θώρᾱξ, οἴᾱξ, ἀλώπηξ, κώνωψ.

L'accent joue un rôle dans une partie des cas énumérés, mais au fond ce rôle est simplement de mettre en évidence une propriété caractéristique des voyelles les plus fermées : plus une voyelle est fermée, plus elle est semblable à une consonne, moins elle est capable de ces variations complexes de hauteur, d'intensité, d'articulation qui caractérisent éminemment les voyelles. Le fait slave doit surtout être rapproché du fait lituanien ; car les voyelles et diphtongues du slave commun présentaient, on le sait, des différences d'intonation exactement parallèles à celles qu'on observe en baltique ; et, en particulier, les voyelles brèves y étaient intonées douces, comme en lituanien, car le transfert d'accent d'une douce sur une rude suivante a lieu dans le cas des brèves comme dans celui des longues : *òsa* (avec *a* rude) devient *osá* comme *ãsa* devient *asá* (v. M. S. L., XI, 345 et suiv.). Il est probable que le caractère peu intonable de *i* et *u* brefs a déterminé, comme dans les dialectes occidentaux du lituanien, une quantité particulièrement brève ; l'articulation aurait, en conséquence de cette extrême brévité, perdu de sa netteté et, peu à peu, *i* et *u* brefs, sans disparaître, auraient cessé d'être articulés, à peu près comme ι et υ inaccentués en grec septentrional. En tout cas, si le slave présente le seul exemple jusqu'à présent signalé de perte spontanée d'articulation des deux voyelles les plus fermées, on voit que ce changement rentre dans la grande série des altérations qui tiennent au degré de fermeture des voyelles.

Note sur le traitement des jers dans le Clozianus.

Les observations suivantes sur le traitement des jers dans le Clozianus pourront servir à illustrer d'assez bons exemples ce qui a été dit ci-dessus du traitement des jers dans les manuscrits et fourniront aussi quelques particularités nouvelles.

1° *ĭ* et *ŭ* après les chuintantes.

M. Ščepkin, dans son étude sur l'Évangile de Sava, p. 150 et suiv., a fort bien mis en relief le fait que, après les chuintantes, ce manuscrit a *ŭ* et non *ĭ* ; cette particularité se retrouve dans le Clozianus ; à la finale, ainsi dans *mladenečŭ, mąžŭ, nemoštŭ, našŭ, razdrěšŭ, tŭštŭ,* etc., comme à l'intérieur du mot ; elle atteint également les jers intenses, ainsi *věčŭnŭ, vladyčŭstvie, lučŭšŭ, nečŭstŭ, xądožŭstvię, čŭstĭ* (mais aussi une fois *čĭstĭ*), et les jers faibles : *bezmąžŭny, ničŭže, vyšŭnimi, roždŭstvo,* etc. ; même le jer devant *j* est atteint : *lučŭi* (à côté de *lučii, luči*), *noštŭją* (3 fois ; *noštĭją* 1 fois), *očŭju.* Les exceptions sont en très petit nombre et s'expliquent en général par une extension des habitudes graphiques du scribe : *nemoštĭněišixŭ* (*-ĭně-* est ordinaire après consonne non chuintante), *noštĭją* (d'après *plŭtĭją,* etc.), *orąžĭě* (*-ĭě* est fréquent au génitif des mots en *-ĭje*), *požĭri* (d'après *poziri,* etc.), *težĭi, čĭstĭ* (1 fois). — On notera aussi *ŭ* après *šl* dans *primyšlŭše.*

Les graphies *čŭ, žŭ, šŭ, štŭ, ždŭ* au lieu de plus anciens *čĭ, žĭ, šĭ, štĭ, ždĭ* indiquent une prononciation où il s'était produit des différenciations analogues à celles de *čě* en *ča,* de *če* en *čʲo,* etc. (cf. M. S. L., XII, 27 et suiv.) ; ces différenciations ne sont pas étrangères aux dialectes du Sud, comme le montrent le serbe *člân* et le v. sl. *žlasti* Supr. 378, 20 et 25 (à côté de *žlěsti* ib. 266, 7), mais elles n'y ont presque pas laissé de traces parce que les yodisations ont été éliminées de bonne heure de ces dialectes. M. Sčepkin a bien vu que la graphie *ŭ* n'indique pas une prononciation ~~molle~~ dure de *č*, *ž*, etc. Mais il a eu tort de faire intervenir dans la question les sifflantes *s* et *z*; dans le Clozianus, *s* et *z* n'appellent pas *ŭ* de préférence à *ĭ*; on a par exemple *zĭrěti*, *zĭlě* à côté de *zŭla*, et même *ĭ* (sous l'influence d'une voyelle molle précédente), là est la règle générale, ferait attendre *ŭ*: *tělesĭnago* à côté de *tělesŭnaě*, *besĭmrŭtĭju* à côté de *besŭmrĭtie*, etc.; pour Sava, les listes d'exemples de M. Sčepkin montrent clairement que *s* et *z* n'appellent pas *ŭ*; en effet, pour *z*, *sŭzŭdati* d'une part, *zĭrěti*, *kozĭlištĭ*, *kozĭlę* de l'autre sont les formes attendues d'après les règles générales; *blizŭ* est la forme de tous les manuscrits; il reste *kŭnęzŭ*, *pěnęzŭ* à côté de *kŭnęzĭ*, *pěnęzĭ*, *skŭlęzĭ*: il s'agit ici non pas du *z* ordinaire, mais du *z* représentant l'ancien *dz*, palatalisation secondaire de *g*; on conclura de là que ce *z* palatal différencie *ĭ* tout comme *ž*, et c'est en effet ce qu'on attend; l'orthographe *knęzŭ* se retrouve dans le Clozianus, où on lit aussi *nepolĭzŭno*. Les autres exemples sont ceux des diverses formes de *vŭz-ĭmą*, *jiz-ĭmą*: ils ne se prêtent à une preuve en aucun sens; car il y a eu ici des actions et réactions infiniment compliquées: de *vŭz-ĭmą* (avec *ŭ* intense) sur *vŭz-ęti* pour maintenir le *ŭ* et de *vŭzęti*, qui devenait phonétiquement *vĭzęti*, sur *vŭzĭmą*, pour en faire *vĭzĭmą*; d'autre part *vŭzĭmą*, *vŭzĭmešĭ* devenait phonétiquement *vŭzŭmą*, *vŭzĭmešĭ*; l'action du *ŭ* intense de *vŭz-* sur le jer suivant dans *vŭzĭmešĭ* s'exerçait en sens inverse de celle de *e*; enfin *vŭz-* par lui-même tendait à conserver son jer dur dans *vŭzęti*; les alternances de *ŭ* et *ĭ* dans *vŭzĭmą* présentent dans tous les textes des complications inextricables: *vŭzŭmą* est de tous points la forme attendue; *vĭzĭmetŭ* suppose une influence de *vĭzęti*, etc. — Pour *s*, les choses sont un peu moins claires: le Clozianus a 3 fois *sŭ* (dont deux dans *dĭnĭsŭ*) et Sava a souvent *sŭ* au lieu de *sĭ* « celui-ci » et de même l'adverbe *sŭde* est toujours *sŭde* dans Sava: c'est que, quelle qu'en soit l'explication, *s* de *sĭ* est un *s* mou, comme celui de *vĭsĭ*; le cas est donc le même que celui de *kŭnęzŭ*;

on attendrait de même *vĭsŭ* « tout », mais Sava a d'ordinaire la graphie abrégée *vsĭ* où le *ĭ* est nécessairement maintenu pour exprimer le caractère mou du *v*; dans le Clozianus il n'y a pas d'exemple de *vĭsĭ*; mais on a *vĭsĭde* et *sĭde*, avec *ĭ*; *sŭrebro* n'est pas particulier au Clozianus et se retrouve dans l'Évangile et le Psalterium sinaïticum; *osŭlŭ* s'explique par l'influence de *osŭla*, etc. (cf. tch. *orel* de **orŭlŭ*). Il n'y a de preuves valables de l'emploi de *ŭ* pour *ĭ* qu'après les chuintantes; les sifflantes proprement dites *s* et *z* ne présentent rien de pareil.

Le *ŭ* qu'on lit ainsi après les chuintantes n'est sans doute pas identique à l'ancien *ŭ*; c'est un phonème qui devait être à l'ancien *ĭ* ce que *i* après les chuintantes est à l'*i* ordinaire en russe et en polonais. Le Clozianus fournit à cet égard un témoignage précieux que ne pouvait donner Sava : le jer intense est souvent représenté par *e* après chuintante : *dlŭženŭ* (4 fois), *žezlŭ, prišedŭšju* (2 fois), *prišestie, sŭšedŭ, ukrašeji, čestĭ* (2 fois). Ceci suffit à distinguer essentiellement le *ŭ* issu de *ĭ* après chuintante du *ŭ* ancien qui est parfois représenté par *o*, mais jamais par *e*.

2° *ĭ* et *ŭ* intenses et non intenses.

Le *ĭ* et le *ŭ* intenses sont assez souvent représentés respectivement par *e* et *o*. Pour *e* on a, outre les exemples après chuintantes déjà cités : *ągŭlenŭ, vèrenŭ, ląkavenŭ, nesŭmyslenŭ agnecĭ, mladĭnecĭ, prŭvènecĭ* — *denĭ* (et *dĭnesĭ, dĭnesĭnègo*), *krestŭ, Pavelŭ, prosterŭ* (et *prosterĭ*), — *pravedĭnika, pravedŭno, nepravedĭny, obeštŭniky, proklenŭše, umerŭšimi*. Pour *o* on a seulement : *načętokŭ, četvrŭtokŭ* — *krovĭją, ljubovĭ, ljubovŭnymĭ*; si le nombre des exemples est plus petit que pour *e*, cela tient en grande partie à ce qu'il y a beaucoup moins de *ŭ* intenses que de *ĭ* intenses.

Par ailleurs *ĭ* et *ŭ* intenses sont représentés en principe par les jers ; *ĭ* est régulier devant consonne molle dans *bolĭšŭmi, vĭsĭ, vĭsĭde, dĭnĭ, mrŭtvĭcĭ, nepolĭzŭno, nečjuvĭstvie, raznĭstvie, sŭrebroljubĭstvie*; le *ŭ* de *brŭnĭè* à côté de *brĭnie* et de *cèlomądrŭstviemĭ* s'explique par l'inaptitude propre de *r* à la prononciation molle; le *ĭ* de *krĭstŭnoe* subsiste devant *ĭ* altéré en *ŭ*; *ŭ* de *dèvŭstvĭnymŭ* est après *v*; *starcĭ* et *tvorcĭ* (2 fois) pour *starĭcĭ, tvorĭcĭ* sont des graphies abrégées comme *vsĭ*, signalé ci-dessus, p. 118 ; il y a hésitation quand la voyelle de la syllabe suivante est étymologiquement *ŭ* : le second jer est transformé en *ĭ* dans *pečalĭnĭ, titĭlĭ,* et le jer intense n'est pas écrit dans *istinnĭ* (cf. *starcĭ,* etc.) ; les deux jers sont notés *ŭ* dans : *poganŭskŭ* (le *k* excluait la finale *ĭ*), *silŭnŭ, suetŭnŭ* (à côté de *suetĭnŭ,* deux fois), sans doute d'après l'analogie de *poganŭska, silŭna, suetŭna,* et, après *r,* dans *krŭstŭ* (6 fois, à côté de la graphie abrégée *krstŭ,* 3 fois) ; enfin le premier jer est noté *ŭ* et le second *ĭ* dans *nepovinŭnĭ* ; il est impossible de tirer de graphies aussi divergentes des conclusions quelconques sur la prononciation de *ĭ* intense. — Le *ŭ* intense est noté *ŭ* aussi bien dans *vŭpĭetŭ, plŭtĭ* (et *plŭtŭ*), *krŭvĭ* et dans *pogybŭšŭ, tŭštŭ* que dans *vrŭtŭpŭ,* et *prybytŭkŭ, načętŭkŭ* ; on a une fois la graphie abrégée *načętkŭ* (cf. *starcĭ*).

Sauf après *k, g, x* où *ŭ* seul est admis, et sauf les influences analogiques qui ont maintenu *ŭ* dans les prépositions *vŭ, sŭ* et dans les participes comme *obrětŭši,* etc., et *ĭ* dans *gospodĭska, zemĭskaě,* etc., on lit *ĭ* ou *ŭ* d'ordinaire, suivant que la consonne suivante est dure ou molle ; toutefois les oppositions telles que *poganĭscii* : *poganŭskyję* ; *pravedĭnika* : *pravedŭno* n'y sont pas aussi nettes que dans le Zographensis.

Dans certains groupes, le jer n'est le plus souvent pas écrit : *nĭn* ou *nŭn* est noté *nn* : *bezakonnikŭ, bezakonnyję, plamennĕe, plĕnniky, povinna, nepovinną, ljubodĕannago, inoplemenniky, sŭplemennikŭ, skvrŭnny, vynnaě* ; de même *mn* : *črŭmnoe, bezumnymi, mnogŭ,* (15 fois ; *mŭnogŭ* 2 fois), *mnętŭ* (à côté de *mŭnitŭ*), *pomnęšte* 5 fois à côté de *pomĭnimŭ*) ; de même *ps* dans les formes de *psati* ; et aussi plusieurs autres groupes dans quelques exemples.

Devant *j* suivi de *e, ę, a, ą, u,* le *ĭ* est à peu près constamment noté *ĭ* (ou *ŭ* après chuintante) : *sĭję, sĭją, prědanĭe, prědanĭě, prědanĭju, plŭtiją, čestĭją, krŭstĭěnŭ, sądĭję, sądĭją, sądĭěmŭ* ; les exceptions telles que *cělomądrŭstviemŭ, xądožŭstviě, gvozdię, prišestie* sont très rares ; mais devant *j* suivi de *i* ou de *ĭ,* le *ĭ* est représenté par *i* : *dvĭrii, lučii* (2 fois) et *žitii, xotěniimĭ,* etc. ; parfois un seul *i* est écrit : *ljudi, orąži, pogrebeni, sądi, bliscanimĭ* ; la graphie par jer est exceptionnelle : *prědanĭi, psanĭimĭ, lučŭi* (1 fois). — De même *ŭ* devant *ji* est noté *ŭ* dans *vŭ iną,* mais *vy* dans *vyisplŭniti,* et *ŭ* + *ji* donne *y* dans *vynnaě, vysprĭni.*

II

SUR LES GROUPES DE CONSONNES EN SLAVE

Le seul principe rationnel sur lequel puisse reposer une théorie des groupes de consonnes en slave est la distinction absolue des deux grands types de phonèmes consonantiques indo-européens : d'une part les consonnes proprement dites, qui ne sont jamais que consonnes, et qui se composaient en indo-européen des occlusives et de la sifflante *s* (resp. *z* devant consonne sonore), d'autre part les sonantes *y, w, r, l, m, n,* qui, comme on le sait, outre leur rôle de consonnes, étaient aussi susceptibles de servir de voyelles et de seconds éléments de diphtongues. Devant une consonne proprement dite, il y a assimilation de sonore à sourde suivante, de sourde à sonore suivante : *gt* donne *kt, kd* donne *gd,* d'après le témoignage concordant de toutes les anciennes langues indo-européennes. Mais les mêmes langues s'accordent à conserver leur caractère propre de sourdes ou de sonores aux consonnes proprement dites devant les sonantes ; partout subsistent des groupes comme *tr, kl, sw, sn, py, gm,* etc. ; devant sonante, qu'elle fût voyelle ou consonne, une consonne indo-européenne avait le même traitement que si elle eût été devant une voyelle proprement dite. En slave cette distinction capitale des consonnes et des sonantes est encore au fond du traitement très différent des divers groupes.

1° Consonne plus consonne proprement dite.

Il y a lieu de distinguer ici deux cas, suivant que la première consonne du groupe est une occlusive ou la sifflante *s* (resp. *z*).

a. — La première consonne est une occlusive.

L'occlusive disparaît toujours, quelle qu'elle soit et devant quelque consonne qu'elle soit ; on a ainsi *letŭ* de **lektŭ*, *teti* de **tepti*, *vèglasŭ* de **vèdglasŭ*, *vèsŭ* de **vèdsŭ*, *rèxŭ* de **rèkxŭ* (*rèšę* au pluriel).

L'altération de *-kt-* devant voyelle molle doit donc être antérieure à cette chute ; car *-kt'-* aboutit au même résultat que *-tj-* : v. sl. *št*, russe *č*, polon. *c*, serbe *ć*, c'est-à-dire au même résultat qu'un groupe, ainsi v. sl. *noštĭ*, r. *nočʹ*, pol. *noc*, s. *nóć*. Il est naturellement impossible de définir avec précision la nature de cette altération et le degré auquel elle était parvenue ; l'essentiel est que le *k* initial du groupe ne fût plus une occlusive comparable aux autres.

b. — La première consonne est *s* (resp. *z*).

Les sifflantes *s* et *z* subsistent devant toute occlusive : *jestŭ*, *mŭzda*, *gospodĭ*, *mozgŭ*. Dans les cas de ce genre, *s* appartient tout entier à la même syllabe que la voyelle précédente ; de là vient que, dans les itératifs, cette voyelle peut rester brève : *lĭstiti*, *-lĭštati* (v. ci-dessus, p. 49).

2° Consonne plus sonante.

Devant sonante, toute consonne subsiste en principe, et il n'y a jamais chute que par suite de circonstances propres à telle ou telle articulation, mais non en vertu même de la position en groupe comme dans le cas des consonnes devant occlusives.

Le groupe consonne plus *j* subit diverses altérations secondaires, mais la consonne initiale du groupe est toujours représentée et *j* laisse toujours une trace.

Toute consonne subsiste en principe devant *v* : *jesvě*, *zvěrĭ*, *cvětŭ* = polon. *kwiat*, *gvozdĭ*, *zvizdati* = polon. *gwizdać* (cf. lat. *fistula*), *mrŭtvŭ*, *dvorŭ* ; le groupe *xv* ne se présente que dans les mots empruntés : *lixva vlŭxvŭ*, où il est conservé d'ailleurs d'une manière parfaite. Le groupe *bv* aboutit à *b*, ainsi **ob-viti* d'où *obiti*, etc. : le *b* subsiste et le *v* s'absorbe dans le *b*, altération très naturelle et presque inévitable. Dès lors il est tout à fait inadmissible que la chute de *d* dans la 1re pers. du duel *vèvě*, *javě*, *davě* soit phonétique et le doute qu'on avait laissé subsister sur ce point dans I. F., X, 62 et suiv. doit être écarté : *ledva* représente le traitement normal de *dv* intérieur en slave et *věvě*, etc. sont analogiques.

Les groupes du type occlusive plus *r* subsistent sous la forme : *kr, gr, tr, dr, pr, br* ; les groupes *sr, zr* deviennent *str, zdr*. L'hypothèse de M. Pedersen (I.F., V, 69), reproduite avec doute par M. Brugmann (*Grundr.* I², p. 788), que *zdr* dans v. sl. *mězdra* et *nozdri* représenterait le traitement normal de i.-e. **sr* en slave ne se heurte pas seulement à la forme *sestra* qui n'est pas décisive ; elle doit être repoussée pour une raison théorique générale : aucune sonante ne rendait sonore en indo-européen une consonne précédente à l'intérieur du mot et sl. *j, v, l, m, n* se comportent à cet égard comme *y, w, r, l, m, n* en indo-européen ; seul *sr* ferait exception, alors que *xr* subsiste à l'initiale dans *xromŭ*, et que *tr, kr, pr* et même *sr* issu de k_1 *r* (*pĭstrŭ, ostrŭ*) subsistent partout, et enfin que *sr-* initial a donné *str-* dans *struja* et *ostrovŭ*. — Pour expliquer les formes très difficiles *mězdra* et *nozdri* (que M. Zupitza constate, K. Z., XXXVII, 397, plutôt qu'il ne les explique), peut-être pourrait-on aventurer — avec toutes les réserves qui conviennent — l'hypothèse suivante : ces deux mots sont sans doute des dérivés de : **mēms-, mēs-* (skr. *mās-*) et **nās-*, **nas-* (skr. *nās-, nas-*, lat. *nārēs*) ; si ces thèmes ont passé en slave sous leur forme consonantique, ils ont eu au nominatif des formes **mēms*, **nās*, qui, à en juger par les prépositions et préverbes *jiz, vŭz-, bez*, avaient une sorte de *z* final devant toutes les sonores (voyelles, sonantes et consonnes sonores) : le *z* de ces nominatifs n'aurait-il pas passé aux dérivés **mēmz-rā-*, **naz-ri-*? — Qu'on admette ou non cette tentative désespérée d'explication, on ne saurait s'autoriser de deux mots embarrassants pour attribuer au slave une dérogation grave à un principe fondamental de la phonétique de la langue.

Les groupes du type consonne plus *l* restent intacts : *kl, gl, pl, bl, sl*. M. Pedersen supposait, I.F., V, 68 et suiv., que *xl* devient *l* ; mais l'unique exemple sur lequel il s'appuyait, *žila* = lit. *gýsla* a été depuis reconnu faux ; car le mot lituanien est non pas *gýsla*, mais *gýsla*, zémaite *gìnsla* (v. Jaunys, dans *Ponevězskij ujězd* de Gukovskij, Kovno, 1898, p. 122) ; il ne s'agit donc pas dans *žila* d'un ancien *-īsl-* donnant *-īxl-*, puis

-īl-, mais d'un ancien *-insl-* donnant *-īl-*. Le traitement phonétique de *xl* est fourni par *usŭxlŭ*, comme l'a bien vu M. Mikkola, BB., XXII, 245. — Les groupes *tl, dl* ont subsisté en slave commun, ainsi que l'attestent les langues slaves occidentales et les dialectes les plus occidentaux du slovène (Oblak, *Arch. f. sl. ph.*, XIX, 321 et suiv. ; on lit encore *modliti, vzedli* (mais *crilatcem*) dans les monuments de Freising) ; la réduction à *l* dans les autres dialectes slaves résulte simplement de la difficulté que présente la prononciation de *tl, dl*, difficulté qui est essentielle, car ces groupes sont éliminés par substitution d'une gutturale à la dentale en letto-lituanien, en latin, en slovène occidental (v. Oblak, *l. c.*), et dans des dialectes bretons (v. Vendryes, *Annales de Bretagne*, XVI, 306), etc., ou par assimilation de la dentale à *l*, notamment dans lat. *sella*, lacon. ἑλλά ; les dialectes slaves méridionaux (sauf le slovène occidental) et le russe ont recouru au second procédé, et, comme le slave n'admet pas les consonnes doubles, le résultat est *l*. — En somme, une consonne subsiste toujours en slave commun devant *l*.

Devant *n* et *m* la persistance des consonnes est moins constante, parce que ces deux sonantes, continues au point de vue de l'articulation nasale, sont occlusives au point de vue de l'articulation buccale. Néanmoins, on retrouve en principe la conservation de la consonne : *sn* et *sm* subsistent : *vesna, jesmĭ* ; de même aussi *xn, xm* : *dŭxnǫ, suxmenĭ* (Mikkola, BB., XXII, 245) ; M. Pedersen, I. F., V, 66 et suiv., cite comme exemples contraires *luna, črŭnŭ* et *umŭ* ; on peut tout d'abord écarter le dernier, car le rapprochement de v. sl. *umŭ* et de v. lat. *osmen*, lat. *ōmen* n'a rien de convaincant, comme l'indique M. Brugmann, *Grundr.*, I², 787 ; les deux autres exemples sont dans des conditions particulières ; pour *luna*, il ne s'agit pas de **lousnā*, donnant **luxna*, puis *luna*, mais de **louksnā* (zd *raoxšna-*, v. pruss. *lauxnos*) ; *črŭnŭ* répond à skr. *kṛṣṇáḥ*, v. pruss. *kirsnan* ; dans l'un et dans l'autre cas il s'agit de groupes de consonnes complexes ; un ancien **čĭr̥sno-* ou plutôt **čĭršno-* a pu se réduire à **čĭrno-* ; et un ancien **louksnā-* ou **loukšnā-* à **louknā* ; on est ainsi ramené à la question de savoir quel est le traitement de *kn*. Mais ici les exemples tout à fait sûrs font défaut ; il est certain que *gn* subsiste, témoin *ognjĭ, stĭgna (stĭgna), gnetǫ*, etc., aussi *dvi-*

gnąti, serbe *dìgnēm*, tch. *dvihnouti*; la chute de *g* dans russe *dvínut'* est un fait proprement russe ; le *k* de v. sl. *mlĭknąti*, serbe *-mŭknuti*, russe *mólknut'*, polon. *milknąć*, etc. pourrait à la rigueur être analogique, mais il n'y a pas de forme où un *k* soit sûrement tombé devant *n*, car on ne saurait attribuer beaucoup de valeur au rapprochement de *lono* « κόλπος » et du gr. λεκάνη, λακάνη (Mikkola, BB., XXII, 246) ; la chute du *k* de **loukna* ne prouve rien, car, par le fait même qu'il faisait partie d'un groupe de trois consonnes, le *k* avait pu subir une altération, en particulier une diminution de quantité, ce qui explique qu'il ait pu tomber là où le *k* d'un ancien *kn* subsistait. — La chute des labiales *p* et *b* devant *n* est certaine et attestée par d'excellents exemples : *sŭnŭ* = gr. ὕπνος, *gŭnąti* (cf. *-gybati*) ; mais *pn* et *bn* ont pu être rétablis par analogie, par exemple dans *pogybnati* « ἀπολέσθαι » (Év.) ; pour *p* et *b* devant *m* on ne cite pas d'exemples. — Les dentales *t* et *d* tombent devant *n* et *m* et ne sont jamais restituées par analogie, à la différence des labiales : *kręnąti* (cf. *krątiti*), *vrěmę* (cf. skr. *vartman-*), *věmĭ* (cf. *vědě*), *bŭnąti* (cf. *bĭděti*) ; *d* n'a subsisté dans *sedmŭ* que parce qu'il s'agit d'un ancien **sebdmos*. Toutes ces différences de traitement s'expliquent aisément : *k* et *g* subsistent devant *n* ; ce n'est pas à dire que *k* et *g* aient devant *n* une émission d'air par la bouche, mais, à cause de leur articulation dans la partie postérieure du palais, leur yama laisse nettement percevoir leur caractère propre ; au contraire le yama de *tn*, *tm*, *pn* ne laisse percevoir que plus difficilement le caractère dental ou labial ; en lituanien on a *sèkmas* de **septmas* (v. pruss. *septmas*), *dùgnas* et *bũgnas* de **dùbnas* et *bũbnas* ; par suite, dans une langue où les groupes de consonnes tendent à être éliminés, la dentale et la labiale ont disparu ; toutefois les labiales ont pu être restituées par analogie dans *pn*, *bn*, parce que la séparation des lèvres, quoique non suivie du souffle, peut y être rendue sensible à la fois à l'œil et à l'oreille.

Le slave a donc entièrement maintenu l'usage indo-européen de traiter les consonnes devant les sonantes comme devant les voyelles, et n'a dans ce cas altéré les consonnes que dans des circonstances particulières et non en vertu d'un principe constant.

Les groupes slaves n'en diffèrent pas moins d'une manière profonde et essentielle des groupes indo-européens dont ils sont issus. En effet, d'après le témoignage concordant des poèmes védiques et des poèmes homériques, les groupes du type consonne plus sonante après voyelle brève font régulièrement position, c'est-à-dire que, dans des mots tels que gr. πατρός ou skr. *pitré*, la première syllabe est longue, exactement comme dans gr. πεπτός ou dans skr. *paktáḥ*; c'est dire que la syllabe comprend, outre la durée de la voyelle brève, une durée de consonne nettement perceptible. Or on sait que la limite de deux syllabes se trouve au point où va cesser la fermeture maxima de l'élément consonantique qui leur est commun (v. I. F., *Anz.*, XI, 20) : le *t* de gr. πατρός, skr. *pitré* était donc plus long que celui de πατήρ, *pitā́* ; et en effet les grammairiens de l'Inde enseignent que, dans les groupes tels que *tr*, la consonne initiale était double ; *ătra* se prononçait *ăttra* (v. Wackernagel, *Altindische grammatik*, I, p. 112 et suiv.) ; les prâkrits ont conservé ce *tt* dans *atta* qui représente l'ancien *atra* ; en Grèce, cette prononciation du groupe *tr* n'est plus directement attestée, car on ne saurait attribuer une très grande importance à la forme isolée ἀλλόττριος de Gortyne ; mais ceci tient à ce que, dès l'époque homérique, l'occlusive tendait à s'abréger dans ces groupes ; les groupes du type occlusive plus ρ ou λ sont traités comme ne faisant pas position dans les poèmes homériques, dans tous les cas où, comme dans σχετλίη, Ἀφροδίτη, le mot ne saurait entrer autrement dans un vers dactylique ; et M. Solmsen a montré récemment (*Untersuchungen zur griechischen laut-und verslehre*, p. 136 et suiv.) que, d'un mot à l'autre, ces groupes ne font pas position au temps faible des vers ; après Homère, les groupes occlusive plus sonante tendent à ne plus faire position en aucun cas ; mais le traitement σσ (ττ) de **tw* dans τέσσαρες, τέτταρες par exemple montre bien qu'il y a eu une consonne double à un moment donné. — De cette consonne double ainsi attestée pour l'indo-européen il n'y a plus trace en slave : entre la prononciation du *t* de *tri* et de celui de *ti* dans *sŭmotriti* aucune différence notable de durée n'apparaît qu'on puisse comparer à ce qu'on observe en sanskrit. Au fond, un groupe i.-e. **tr*, c'est-à-dire *ttr*, a perdu en slave une partie de sa durée exactement comme un groupe *kt* ou *pt*. Les deux faits, quoique semblables, peuvent d'ailleurs n'avoir eu lieu qu'en des temps très éloignés : en baltique comme en slave, les groupes tels que *tr* ne font plus position, tandis que *kt*, *pt*, etc. subsistent, et on sait que le grec attique, le latin, etc. présentent ce même état.

Quoi qu'il en soit de ce changement de quantité, le fait essentiel est le contraste entre le traitement d'une occlusive initiale de groupe devant consonne proprement dite et devant sonante : tout en innovant, le slave est resté fidèle à un principe fondamental de la phonétique indo-européenne, la distinction des consonnes et des sonantes. La conservation fidèle de certains traits caractéristiques de l'indo-européen dont on observe ici un bel exemple est une des particularités les plus remarquables du baltique et du slave : c'est précisément parce que certains principes généraux de la phonétique ont ainsi persisté que, malgré la date très basse où ils ont été fixés par l'écriture et malgré les changements importants qu'ils ont subis dans le détail, les dialectes baltiques et slaves présentent au linguiste un aspect si étrangement archaïque.

III

LA DÉSINENCE *-tŭ* A L'AORISTE

L'emploi de la finale *-tŭ* aux deuxièmes et troisièmes personnes du singulier de l'aoriste peut être défini de la manière suivante au moyen des exemples qu'a réunis M. O. Wiedemann, *Beiträge zur altbulgarischen conjugation*, p. 14 et suiv.

Dans l'Évangile et dans les autres textes conservés par de vieux manuscrits glagolitiques (Psalterium, Euchologium, Clozianus) toute forme monosyllabique de 2e ou 3e pers. sing. aoriste est, sauf les exceptions signalées ci-dessous, remplacée par une forme à finale *-tŭ*; l'addition d'un préverbe ne change rien à l'emploi de *-tŭ*. On a ainsi :

1° Avec *s* devant *-tŭ* : *dastŭ* (*prědastŭ*, etc.), *jastŭ* (*sŭněstŭ*) et *bystŭ* (*prěbystŭ*). La forme monosyllabique *da* n'est attestée dans l'Évangile par l'accord des manuscrits que dans L., VIII, 51 Zogr. Mar. Ass. Sav. et dans L. VII, 42 et 43 *otŭda* Zogr. Mar. Sav. (*otŭdastŭ* Ass.) ; et il est très curieux que, dans L., VIII, 51, *da* traduise ἀφῆκεν et dans L., VII, 42 *otŭda* ἐχαρίσατο : or on sait que, au sens de « permettre », *dati* est en somme un autre verbe qu'au sens de « donner » puisqu'il a un autre aspect (cf. ci-dessus, p. 80 et suiv.). L'emploi de *otŭda sę* L. VII, 47 est une des innovations de Mar. ; les autres textes ont *otŭpuštaetŭ sę* ; quant à *proda* « πέπρακεν » Mt., XIII, 46 Zogr., les autres textes (Mar. Ass. Sav.) y répondent par *prodastŭ*. Dans Év. on ne trouve que *jastŭ* et *bystŭ*.

Les textes glagolitiques autres que ceux de l'Évangile ont aussi d'après M. Wiedemann les mêmes formes sauf les deux exceptions suivantes : Euch. 46 b a *prěda* à la fin d'une ligne où on lit *vŭzdastŭ* ; Psalt. et Cloz. ont plusieurs fois *zaby* : le sens tout particulier donné ici au verbe *byti* par le préverbe *za* a fait considérer *zaby* comme un polysyllabe (Év. ne présente par hasard que le pluriel *zabyšę*).

2° Sans *s* devant *t* : dans l'Évangile *jętŭ (prijętŭ), načętŭ, klętŭ (proklętŭ)* — *umrětŭ, prostrětŭ* — *povitŭ, pitŭ, vŭspětŭ.* Les autres textes glagolitiques présentent en partie les mêmes formes et en outre permettent d'ajouter plusieurs exemples comparables : *sętŭ, raspętŭ* — *požrětŭ* — *izmětŭ sję* (ἠλλοιώθη, Ps. LXXII, 21 ; cf. Leskien, *Handbuch,* § 113). Dans ces textes les formes sans *-tŭ* sont exceptionnelles pour la plupart des verbes des types en *-ę-*, et en *-rě-* (issu de *-er-*), en *-i-* et en *-ě-* (issu de *-oi-*) : on lit une fois *načę* Mc, XV, 8 Zogr. dans un passage où Mar. a le pluriel *načęsę* et où Ass. manque ; Euch. a *začę* 85a à la fin d'une ligne — *ję* de *věrą ję* J., XII, 38 Mar. est une innovation du Marianus : les autres textes ont *věrova* ; *prije* L., VI, 4 Mar. est de même une innovation du Marianus (d'après un texte grec qui avait ἔλαβεν) ; le mot manque dans Zogr. ; Ass. a *priemŭ* (d'accord avec Ostr.) ; le *prije* de L., V, 26 Zogr. en regard de *prijet* Ass. (Mar. def.) est à la fin d'une ligne et, par suite, sans doute accidentel ; il ne reste que *poję* Mc, XII, 20 Zogr. Mar. ; mais *pojętŭ* ib. 21 Zogr. en regard de *poję* Mar. (Ass. def.) ; Euch. a une fois *vizę* 47 b et Psalt. une fois *jizję* CXIV, 8 ; dans tous ces textes *jętŭ* est fréquent. — Le seul verbe où il y ait vraiment hésitation est *prostrěti* (où l'on doit noter que la composition n'était plus nettement sentie) ; on a en effet : Mt., XII, 13 *prostĭrě* Mar., *prostĭrětŭ* Zogr. (Ass. def.) ; Mc, III, 5 et L. XIII, 13 *prostĭrě* Zogr. Mar., *prostrětŭ* Ass. ; Mt., VIII, 3 *prostŭrě* Ass. (*prostĭrŭ* Zogr. Mar.) ; et *prostĭrětŭ* dans Zogr. Mar. Ass. seulement une fois L., VI, 10 ; Psalt. a deux exemples de *prostrě* contre deux de *prostrětŭ.* La fréquence de *prostrě* s'explique peut-être en partie par le groupe de consonnes initial de la racine : en effet les formes monosyllabiques *sta* et *pozna* sont les seules attestées ; mais il convient de noter qu'aucune racine terminée par *a* ne se trouve en d'autres conditions et que par suite il n'existe pas, le cas spécial de *dastŭ* mis à part, d'exemple de la finale *-tŭ* après *a* ; et il en est de même, chose curieuse, quand l'*a* est dialectal et figure dans *la* représentant d'un ancien *ol,* ainsi dans l'aoriste de *klati* (russe *kolót'*, pol. *kłoc'*),

L., XV, 27 *zakla* Mar. Zogr. Ass. D'autre part le *t* semble suffire à lui seul à écarter la forme munie de *-tŭ*, car on a *otrŭ* J., XII, 3 Zogr. Mar. Ass., L. VII, 44 Ass., *sŭtrĭ* Ps. CIV, 16, *istrŭ* Ps. CIV, 33 ; au lieu de *otrŭ*, on lit la forme d'imparfait, inattendue dans un verbe terminé par une sonante, *otĭre* J. XII, 3 Sav. Ostr. et L. VII, 44 déjà dans Mar. et Zogr. — De *biti* on n'a que la forme monosyllabique *bi* (*ubi, jizbi, pobi*) attestée à la fois dans les manuscrits de l'Évangile et dans Psalt. ; mais, comme le verbe *biti* a été entièrement substitué à *teti* dans certains passages, on peut croire que les traductions originales avaient *tepe* partout. J., XIII, 5 *vŭli* est une innovation du Marianus : Zogr. Ass., etc. ont *vŭlię*. Il n'y a rien à dire du *vŭsě* Mt., XIII, 25 Zogr. Mar. et ib. 31 Mar. qui tient la place d'un ancien *vŭsěě* qu'on lit en fait Mt. XIII, 25 Ass. et 31 Zogr. (Ass. def.) ; et en effet ib. 37 et 39 Zogr. Mar. Ass. ont le participe *vŭsěavy* ; de même aussi *otŭvě* qu'on lit deux fois dans Ass. (et deux fois dans Sav.) a pris la place de *otŭvěšta*, très fréquent dans tous les manuscrits, comme *pově* J., V, 15 Mar. a pris la place de *povědě* Zogr., *pověda* Ass, ; quant à l'aoriste *sŭmě* de l'imperfectif *sŭměti*, il est polysyllabique et n'a pas à être discuté (v. ci-dessus, p. 43).

Une catégorie n'a jamais *-tŭ*, celle des verbes dont la racine est terminée par la sonante i.-e. *u* ; ainsi, pour ne rien dire de *kry* qui commence par un groupe de consonnes, on a : *umy*, par exemple J., XIII, 12 Zogr. Mar, Ass. : *uny* Ps. LX, 3 ; *izdry* Ps. VII, 16. Il est curieux que ces verbes aient le participe passé passif en *-nŭ*, ainsi *umŭvenŭ*, comme aussi *poznanŭ*, *bĭjenŭ*, tandis que l'on a le participe en *-tŭ* dans *jętŭ*, *povitŭ*, *prostrŭtŭ*, etc. ; la coïncidence est remarquable.

On peut donc conclure que, sauf certaines exceptions définies (d'ailleurs nombreuses), la finale *-tŭ* était régulièrement employée par les premiers traducteurs dans les verbes indiqués ci-dessus et tous les verbes analogues ; les formes sans *-tŭ* sont des innovations postérieures, dues à l'influence de dialectes autres que celui des premiers traducteurs.

Dans le Suprasliensis, les formes avec *-tŭ* sont déjà en très grande partie éliminées, et l'on trouve même assez souvent *by* au lieu de *bystŭ* ; à ce point de vue comme à beaucoup d'autres, le Suprasliensis a moins bien conservé que les manuscrits glagolitiques le dialecte des textes originaux. Aussi, malgré son étendue, ce manuscrit ne présente-t-il qu'une forme non attestée ailleurs: *prižitŭ*, en regard de *poži*; dans l'Évangile la forme monosyllabique *-ži* est évitée par le même procédé qu'on observe dans *-tire* en regard de *-trŭ*; on a l'ancien imparfait *-žive* dans *ožive* L., XV, 24 et 32 Zogr. Mar. Ass. Sav.; cf. de même *požive* Euch. 4 b.

La finale *-tŭ* ne s'ajoute à aucun aoriste dont le thème soit polysyllabique. On lit, il est vrai, *proslavitŭ* J., XII, 16 Zogr. (le *tŭ* a été gratté par un reviseur) en regard de *proslavi* des autres textes, *sŭdělatŭ* Mt., XXVI, 10 Ass. en regard de *sŭděla* Zogr., etc. (*sŭtvori* Mar.), *izbavitŭ* Ps. XVII, 18 et XXXIII, 5, etc. Ces formes rares et isolées sont dues à des erreurs de copistes: on conçoit en effet que des hommes qui écrivaient *pitŭ*, mais disaient dans leur dialecte *pi*, aient été tentés d'écrire aussi *proslavitŭ*, etc. alors qu'ils prononçaient *proslavi*, etc.; il faut de plus tenir compte de la faiblesse de la prononciation de la finale *-tŭ*, attestée par des graphies comme *dostoji* Mc, III, 4 Zogr.

Les formes en *-tŭ* de 2e et 3e pers. jouent dans la flexion des thèmes monosyllabiques d'aoristes des racines terminées par voyelle ou diphtongue exactement le même rôle que jouent les formes de 2e et 3e personnes d'imparfaits thématiques pour les thèmes monosyllabiques d'aoristes des racines terminées par consonne: on trouve *jętŭ*, *pětŭ*, etc. en regard de *jęsŭ*, *pěxŭ*, etc. exactement là où l'on trouve *vede*, *nese*, *reče* en regard de *věsŭ*, *něsŭ*, *rěxŭ*; l'emploi de *-tire* à côté de *-trŭ* et celui de *-žive* à côté de *-žitŭ* marquent nettement cette identité de rôles. La tendance à l'élimination des formes monosyllabiques est la même dans les deux cas et rappelle l'élimination par emploi de l'augment des formes monosyllabiques d'aoristes en arménien (v. M. S. L., XI, 16); mais elle n'a pas agi d'une manière aussi générale dans les cas des thèmes à finale vocalique que dans celui des thèmes à finale consonantique; et, tandis que les anciennes formes monosyllabiques **vě*, **ně*, **rě* ne sont plus attestées nulle part, les formes telles que *da*, *by*, *ję*, *(u-)mrě*, etc. subsistaient dialectalement. De plus, même dans les dialectes où le type en *-tŭ* tient une place importante, plusieurs aoristes présentent la forme monosyllabique, ainsi *sta, zna, kla, kry, my,* peut-être *bi,* etc. La raison de cette différence est fort claire : une forme telle que **vě,* aoriste de *vedą,* avait perdu non seulement la désinence et la caractéristique d'aoriste, mais aussi une partie essentielle de la racine ; cette mutilation excessive en a entraîné la disparition pure et simple ; au contraire des formes telles que *by* ou *da* gardaient du moins leur racine intacte et n'avaient contre elles que d'être monosyllabiques : elles ont subsisté dialectalement.

Ce n'est pas du verbe seul que le slave a tendu à éliminer les formes monosyllabiques : les nominatifs *kŭ-to* et *či-to* de l'interrogatif en regard des datifs *komu* et *čemu* et de *ni-či, ničiže* (*uničižiti*) en fournissent un autre exemple très clair et bien connu.

Le rôle et l'emploi de la finale *-tŭ* à l'aoriste étant ainsi rigoureusement définis, il reste à l'expliquer. On s'accorde généralement à y reconnaître la désinence primaire de 3e personne du singulier qui, par une extension étrange, aurait été aussi employée comme finale de 2e personne en conséquence de l'identité ordinaire des 2e et 3e personnes du singulier dans les formes verbales slaves à désinences secondaires. Cette hypothèse ne choque pas immédiatement quand on a sous les yeux les textes littéraires qui, par suite de leur nature même, renferment beaucoup de troisièmes personnes et fort peu de secondes ; mais elle devient beaucoup moins naturelle si l'on se reporte à la langue parlée où les secondes personnes ne jouent pas un moindre rôle que les troisièmes. Et en effet, à l'examiner de près, on reconnaît aisément qu'elle ne saurait être soutenue ; sans insister sur le fait, seulement à demi probant (Jagić, *Arch. f. sl. phil.,* VI, 234 et X, 172), que les textes en vieux russe distinguent la désinence primaire *-tĭ* (ainsi dans *umĭretĭ*) de la désinence d'aoriste *-tŭ,* dans *umrětŭ,* et surtout sur ce qu'il y a d'étrange à supposer que des formes *dastŭ, jastŭ* ont été employées comme aoristes simplement parce qu'elles existaient au présent alors que la flexion et le sens du présent et de l'aoriste différaient radicalement, il suffit de constater que l'hypothèse présente une impossibilité essentielle.

Entre la flexion du présent et celle de l'aoriste on ne peut trouver un point de contact que dans deux verbes : *damĭ,* aor. *daxŭ* et *jamĭ,* aor. *jasŭ,* où la 2ᵉ pers. plur. *daste, jaste* (et aussi les formes de 2ᵉ et 3ᵉ du duel) est identique au présent et à l'aoriste ; on s'expliquerait donc à la rigueur l'emploi de *dastŭ* et *jastŭ* comme aoristes ; mais toutes les autres formes devraient alors être analogiques de ces deux-ci ; par suite sur **jęste* on devrait avoir **jęstŭ* et non *jętŭ* ; sur *umrěste, *umrěstŭ* et non *umrětŭ,* etc. Les formes ordinaires sans *s, jętŭ, umrětŭ,* etc. demeurent donc inexpliquées. On ne saurait dire que *-tŭ* ait été ajouté simplement aux formes *ję, umrě,* car la flexion de l'aoriste avait partout *s* devant les désinences commençant par *t* : 2ᵉ plur. *jęste,* 2ᵉ et 3ᵉ duel *jęsta, jęste* et par suite *s* devait tendre à se généraliser devant *-tŭ* alors même que les modèles *dastŭ* et *jastŭ* ne l'auraient pas présentée. D'ailleurs, comme l'a fait remarquer M. Wiedemann, *l. c.* 14, on n'a pas réussi à justifier la différence qu'il y a entre *bystŭ* d'une part et *jętŭ, umrětŭ,* etc. de l'autre.

La supposition — absolument arbitraire — que le *-tŭ* des 2ᵉ et 3ᵉ personnes de l'aoriste serait la désinence primaire de 3ᵉ personne *-tŭ* doit donc être écartée, comme l'a déjà montré M. Il'inskij, *Izvěstija* de la section de langues et littérature russes de l'Académie, vol. V, p. 191 et suiv. Cette finale n'a du reste nullement le caractère d'une innovation que l'analogie tende à répandre de plus en plus ; c'est au contraire une vieille forme que les copistes éliminent peu à peu et qui tendait à sortir de l'usage, ce qui ne veut pas dire, bien entendu, que la forme sans *-tŭ* ne soit pas également ancienne et que *klę* par exemple soit sorti de *klętŭ.*

En voici, *à titre de pure hypothèse,* un essai d'explication :

Le sanskrit a au parfait une désinence active de 2ᵉ personne du singulier commençant par *th, -tha,* qui répond au *-t* du gotique : skr. *véttha,* got. *waist* (sur le grec -θα, cf. M. S. L., X, p. 277). On conçoit bien que la désinence *-tha* ait reçu de bonne heure l'*s* finale de 2ᵉ personne secondaire ; c'est ainsi qu'on trouve en grec οἶσθας, ἦσθας dont on peut contester l'antiquité mais non la réalité (v. G. Meyer, *Griech. gramm.*³, § 450, p. 539 et Brugmann, *Griech. gramm.*³, § 411, p. 348) ; pareille addition d'une finale à une forme complète n'est pas sans exemple, ainsi lit. *esmì* est dialectalement *esmiù*, *ęsmù* (v. Leskien-Brugmann, *Lit. volkslieder u. märchen*, p. 318). Dès lors elle pouvait donner en slave *-tŭ*, et *dastŭ*, *jastŭ* s'expliquent aisément comme des secondes personnes de parfaits : **dō-d-thas*, **ēd-thas* ; le type *jętŭ*, *umrětŭ*, etc. serait de même issu d'un mélange du parfait avec l'aoriste assez analogue à celui qu'on peut reconnaître dans le prétérit fort du germanique (v. A. Meillet, *De indo-europaea radice *men-*, p. 40) ; on sait que les anciens participes parfaits indo-européens ont subsisté en slave, en perdant leur redoublement. La conservation isolée de ces formes de parfaits provient de ce qu'étant dissyllabiques, elles ont pris la place des formes monosyllabiques de l'aoriste. L'emploi des anciennes 2es personnes *dastŭ*, *jętu*, etc. comme troisièmes s'explique à la fois par ceci que, au présent, *-tŭ* était une désinence de 3e personne, et par la règle générale que, dans tous les aoristes et imparfaits slaves, la 2e et la 3e personnes du singulier sont identiques : autant il était téméraire d'attribuer à l'action de la désinence primaire *-tŭ* le point de départ même de l'innovation, autant il est naturel de supposer que cette désinence a pu jouer le rôle secondaire et accessoire qui lui est attribué ici.

Cette hypothèse a un double avantage :

1° Elle explique bien l'emploi de *-tŭ* à la 2e et à la 3e personnes.

2° Elle justifie la différence de *dastŭ*, *jastŭ* et de *jętŭ*, *umrětŭ* ; l'absence de *s* dans ce second type n'a rien que de naturel si ces formes ne sont pas originairement des aoristes.

Mais elle ne rend pas immédiatement compte de l'*s* de *bystŭ* ; on est obligé d'admettre que *bystŭ* résulterait de la contamination de l'aoriste *by* et d'une 2e personne de parfait **ěstŭ*, issue de **ĕs-tha-s* ; cf. le parfait gr. ἦσθα à côté de l'imparfait ἦς. — La 1re personne du singulier du parfait correspondant à skr. *ása*, gr. ἦα est peut-être conservée au second terme des imparfaits du type *nesě-axŭ* ; le *-ŭ* final suppose seulement que la désinence **-n* a été ajoutée, à une date quelconque, à la forme slave, de même que **-s* a été ajouté à la désinence **-tha* de 2e personne de *dastŭ*, etc. ; la 3e personne *nesě-aše* renfermerait la 3e personne du parfait correspondant à skr. *ása*, gr. ἦε : on s'explique par là la flexion thématique, si difficile à interpréter autrement ; les formes de **es-* que M. Brugmann, *Grundr.* II, p. 888 et suiv. donne pour thématiques ne renferment en effet aucune voyelle thématique ; dans le participe **s-ont-*, la voyelle appartient au suffixe du participe et, dans lat. *s-unt*, v. sl. *s-ątŭ*, on est en présence d'altérations de i.-e.* *s-enti* d'après les verbes en **-ō*. Le **-ěxŭ*, **-ěše* de l'imparfait slave n'est donc pas une forme à augment ; et en effet l'augment est entièrement inconnu au slave, comme au baltique, au germanique, au celtique et à l'italique.

Il n'y a naturellement pas lieu de croire que toutes les formes du type *ję̨tŭ*, *umrětŭ* remontent directement à des parfaits indo-européens ; le modèle une fois donné par quelques verbes a été reproduit dans d'autres de forme analogue ; l'existence d'un participe passé passif en *-tŭ* semble avoir facilité cette extension, comme on l'a vu. Il est maintenant impossible de faire le départ entre les formes vraiment anciennes et les nouvelles. On notera cependant que, si l'on tient le rapprochement de l'aoriste v. sl. *sętŭ* « dit-il » et de skr. *çáṃsati*, lat. *censeō* pour certain, la forme *sętŭ* ne repose pas directement sur un ancien parfait, car alors on aurait **sęstŭ* ; *sętŭ* a été fait d'après *sę* (cf. gâthique *sąs* « il a dit ») sur le modèle de *ję*, *jętŭ* ; etc. Le sens très effacé du verbe slave est assez éloigné du sens de **k̂ens-* qui, en indo-iranien et en latin, sert toujours à indiquer une manière de parler solennelle et souvent rituelle ; ainsi, dans les inscriptions de Darius, les divers paragraphes commencent par *θa(nh)atiy Dārayavauš* « Darius déclare ». On constate le même affaiblissement du sens dans alb. *θom* « je dis ». La forme *sętŭ* ne présente donc aucune difficulté sérieuse.

M. Il'inskij, *l. c.*, p. 201 et suiv. a proposé une autre explication : *klętŭ*, *mrětŭ*, etc. seraient d'anciens aoristes radicaux non sigmatiques : il rend ainsi compte de l'absence de *s*, mais ne justifie pas l'emploi de la désinence primaire *-tŭ* qui ne se rencontre dans aucun autre aoriste. L'explication a de plus le défaut qu'elle suppose la coexistence dans un même verbe slave de deux types d'aoristes indo-européens exactement synonymes, quoique distincts dans la forme ; or pareille coexistence est de tous points invraisemblable et le grec même, qui présente une si curieuse variété d'aoristes, n'en a pas l'équivalent ; on ne saurait comparer le cas de *věsŭ, vede*; car ici *věsŭ* est un aoriste et *vede* un reste isolé de l'imparfait correspondant au présent *vedą* ; il s'agit de deux temps autrefois distincts, et la forme *vede* n'a été introduite dans le paradigme de l'aoriste que grâce à deux circonstances spéciales : création d'un imparfait *veděaxŭ* tiré du thème de l'infinitif et expression par le perfectif et l'imperfectif des nuances auparavant exprimées par les thèmes d'aoriste et de présent. L'hypothèse de M. Il'inskij n'est donc pas seulement gratuite, elle repose sur un postulat inadmissible.

IV

SUR L'IMPÉRATIF DES THÈMES DE PRÉSENTS EN -*i*-

L'*i* de l'indicatif présent et l'*i* de l'impératif n'avaient pas en slave commun la même intonation; l'un était doux et l'autre rude, comme le montre la différence de quantité de *i* dans les formes serbes : indic. prés. *žívīm, žívīmo,* mais impér. *žívi, žívimo*; indic. prés. *trúbīm, trúbīmo,* mais impér. *trúbi, trúbimo*; etc.

Dès lors, dans les verbes où le thème du présent a l'accent sur l'*i* suffixal, le déplacement régulier de l'accent d'une tranche douce sur la rude suivante établi M. S. L., XI, 345 et suiv. a pour conséquence une différence d'accentuation entre l'indicatif présent et l'impératif : indic. prés. r. *vožú* (avec déplacement normal de l'accent), *vódiš,* s. *vȍdīm, vȍdīš,* bulg. *vódja, vódiš*; impér. r. *vodí, vodíte,* s. *vòdi, vòdite,* bulg. *vodí, vodète.* Il se trouve ainsi naturellement que l'impératif a l'accent à la même place que l'infinitif : r. *vodít',* s. *vòditi,* et la 1re personne du présent : r. *vožú*; en bulgare, où l'accent a beaucoup perdu de sa mobilité, l'accentuation de la plupart des formes de l'indicatif présent est devenue celle du verbe entier : 1re pers. *vódja,* participe *vódil,* et l'impératif seul a conservé son accentuation ancienne : *vodí.* — Il n'y a pas lieu de s'arrêter ici aux difficultés propres à telle ou telle langue particulière, ainsi l'impératif serbe *dȓži* sans déplacement d'accent, en regard de russe *derží* : le *r* bref de s. *dȑžati* est aussi anomal; *dȓži* n'est du reste pas commun à tous les dialectes serbes et la forme accentuée sur la finale est signalée par M. Rešetar, *Südslavische dialektstudien,* I, p. 197.

L'*i* rude de l'impératif a semblé si éminemment caractéristique qu'il a été étendu à la flexion thématique; le serbe a *mrì* et *vědi, vědite*; ici encore l'intonation rude de *i* a déterminé un déplacement d'accent et l'on a s. *tòni, tònite*, r. *toní, toníte* en regard de s. *tònēm, tònēš*, r. *tonú, tónes*; s. *vèži, vèžite*, r. *vjaží, vjažíte* en regard de s. *vèžēm, vèžēš*, r. *vjažú, vjážeš*. — L'intonation serbe montre que l'*i* de ces impératifs serbes et russes est à séparer du *ẽ* des permissifs lituaniens *te sukẽ, te vertẽ* : l'accentuation de *te sukẽ* est celle du thème verbal baltique **suká-* ; l'accentuation de *te vertẽ* (thème verbal **vértja-*, avec *er* doux) est sans doute analogique de celle de *te sukẽ*. Il est probable que *i* et *ě* de *vedi, vedě'te* en slave commun étaient doux comme le *ẽ* de lit. *te vedẽ*, cf. gr. λείποι (et non *λεῖποι).

Ceci posé, on peut juger les diverses théories au moyen desquelles on tente d'expliquer les impératifs des thèmes de présents en *-i-*.

La différence d'intonation entre l'indicatif présent et l'impératif écarte dès l'abord et l'hypothèse d'un injonctif et celle d'un impératif analogue au lat. *farcī* de *farciō*; d'ailleurs on sait qu'aucun impératif slave ne repose sur un impératif indo-européen et la simple comparaison des diverses formes dialectales slaves a suffi à ruiner le rapprochement, au premier abord séduisant, de v. sl. *daždĭ* et de zd *dazdi*.

L'impératif *vodi, vodite* ne peut donc être qu'un ancien optatif aussi bien que *vedi, veděte*. Et rien ne s'oppose en effet à ce que l'on explique *vodi, vodite* par l'optatif. — Les thèmes de présents du type *vodi-* sont athématiques ; c'est ce que montre toute la flexion, abstraction faite de la 1re personne du singulier *vożdą*, dont la finale est celle du type thématique, comme dans le type baltique correspondant en *-i-* et dans les types analogues du germanique et du latin ; et c'est ce que confirme le déplacement de l'accent tel qu'il est attesté en petit russe dans *xvalimó, xvalité* par exemple en regard de *xvaljú* (*Arch. f. sl. phil.*, II, 291) et en serbe dans les verbes qui ont une tranche brève dans la syllabe présuffixale : *lomímo, lomíte*; *želímo, želíte* ; *zelenímo, zeleníte*, en regard de *lòmīm, žèlīm, zelènīm* ; les mêmes langues ont au présent dans le type thématique pet. r. *vedémo, vedéte*; s. *vèdēmo, vèdēte*. — Étant athématique, un thème tel que **vodi-* a pour suffixe d'optatif le même *-i-* qu'on a dans *dad-i-mŭ, dad-i-te*, cf. 3e sing. moy. skr. *dad-ī-ta* ; ce *-i-* se serait contracté dès l'époque indo-européenne avec le -ĭ- final du thème et le -ī- qui est résulté de cette contraction aurait eu par suite l'intonation rude en slave.

Cette explication est vraisemblable, mais elle ne saurait être vérifiée en fait parce que, par hasard, aucune langue autre que le slave n'a d'optatifs pareils à ceux-ci ; en effet le lituanien n'a plus l'ancien optatif et l'indo-iranien et le grec n'ont pas de type athématique à suffixe -ĭ- comme le letto-slave ; le germanique a conservé l'optatif, mais les verbes gotiques faibles tels que *nasja* et *sokja* ne répondent nullement au type letto-slave en -ĭ- ; ils résultent, comme on sait, d'une contamination du type en *-*ye*- et du type en *-ĭ-, de même que les verbes latins comme *capiō, capis* et *farciō, farcīs,* et leur optatif est celui des verbes thématiques : le contraste de got. *nasjais, sokjais* et de v. sl. *vodi* dénonce immédiatement la différence essentielle d'origine qu'il faut reconnaître entre got. *nasja, sokja* d'une part et v. sl. *vožda* de l'autre. On ne saurait donc tirer des formes germaniques aucune objection contre l'interprétation de l'impératif v. sl. *vodi, vodite* par un ancien optatif.

Il convient d'ailleurs d'ajouter que tout présent slave en -*i*- n'est pas primitif ; au moins les dénominatifs comme *gostiti* avaient anciennement des présents en *-*ye*- et n'ont un présent en -*i*- que par analogie. Mais cette circonstance n'est d'aucune conséquence au point de vue de la théorie générale de l'optatif et doit être négligée ici. L'explication proposée suppose seulement que le type athématique en -ĭ- du letto-slave soit indo-européen, quel que soit le nombre des éléments qui s'y sont ensuite agrégés au cours du développement propre des langues slaves.

Note sur les verbes à nasale.

On a admis ci-dessus, p. 144, que, comme les présents en -*je*-, les présents slaves en *-*ne*- étaient accentués sur la syllabe présuffixale. Cette accentuation est conservée en serbe, où l'on a également *vȑnēm, tȍnēm* et *gȉnēm* ; à l'infinitif il y a toujours glissement de l'accent de la tranche douce présuffixale sur le *-nu-* (ancien *-nạ-*) rude suffixal : *vŕnuti, tònụti*, mais maintien de l'accent sur une longue rude : *gȉnuti*.

En russe l'état ancien est profondément altéré ; les verbes à présuffixale douce ont généralisé l'accentuation de l'infinitif et de la 1re personne du présent ; et, en regard de s. *vr̂nēm, vŕnuti*, le russe a *vernú, vernéš*, infin. *vernút'*. Toutefois il subsiste trace du déplacement régulier de l'accent ; M. Boyer, dans son étude sur *L'accentuation du verbe russe*, p. 428 et suiv., signale cinq verbes dont l'accentuation est demeurée mobile : par exemple *tonú, tóneš*, infin. *tonút'* répond exactement à s. *tȍnēm, tȍnēš*, infin, *tònuti*. On conçoit bien comment un type *minút'* (s. *mínuti*), 1re pers. *minú* a dû tendre à éliminer *míneš* (s. *mȋnēš*) ; et pourtant *míneš* se rencontre encore à côté de *minéš* ; *vernút', vernú* a dû tendre à éliminer **vérneš* ; néanmoins en petit russe *vérneš* a subsisté en regard de *vernúti* et de l'impératif *verní*, tandis que la 1re pers. *vernú* était remplacée par *vérnu* (*Arch. f. sl. phil.*, II, 295). Seuls échappent en principe à la généralisation de l'accent de l'infinitif ceux des verbes à présuffixale douce qui n'ont pas *-nu-* au passé ; dans ces verbes, où *-nu-* n'existait qu'à l'infinitif, c'est l'accentuation du présent qui a prévalu sur celle de l'infinitif, parce que celui-ci était représenté par trop peu de formes, et l'on a r. *sóxnu, sóxnut'* (parf. *sox*) en regard de s. *sȁhnēm, sàhnuti*. — Les verbes à présuffixale rude restent naturellement accentués sur la présuffixale, ainsi *dvínu, dvínut'*, cf. s. *dȉgnēm, dȉgnuti*. Toutefois, comme le russe n'a pas conservé la différence d'intonation, il se rencontre quelques exceptions, ainsi *maznút'* en regard de r. *mázat'*, s. *mȁzati, mȁžēm*. Il n'y a pas lieu d'entrer ici dans ces détails ; il suffit de constater que l'accentuation présuffixale des présents en *-ne-*, supposée par le serbe, n'est pas contredite par le russe et qu'elle a été généralisée en petit russe d'une manière presque complète (v. *Arch.*, *l. c.*).

V

SUR LES VERBES EN *-ovati, -ują*

L'*u* du présent des verbes slaves en *-ovati, -ują* est bref en serbe dans tous les cas, sous l'accent, ainsi dans *psŭjēm, kùpujēm,* comme sans accent, ainsi dans *vjȅrujēm* ; il avait donc l'intonation rude. Et l'on constate en effet que l'accent ne subsiste en principe sur la syllabe précédente qu'autant que celle-ci est rude : l'accent de r. *vě́ra,* s. *vjȅra* subsiste dans r. *vě́ruju,* s. *vjȅrujēm* ; de même l'accent de r. *besě́da,* s. *bȅsjeda* dans r. *besě́duju,* etc., mais en cas d'intonation douce de la syllabe présuffixale, il y a déplacement de l'accent, ainsi en face de r. *torg tórga,* s. *tȓg, tȓga,* on a r. *torgúju,* s. *tȓgujēm,* par application de la loi exposée M. S. L., XI, 345 et suiv. et de même dans tous les cas analogues ; l'infinitif *trŭgovati* aurait pu phonétiquement conserver l'accentuation du substantif; mais, sous l'influence du présent, l'accentuation est devenue suffixale dans le verbe tout entier ; et, par une nouvelle application de la loi, l'accent a passé de *o* sur *a,* d'où r. *torgovát',* s. *trgòvati.* — Cette intonation se retrouve en lituanien, ainsi dans *ragáuju, ragáuti* ; *tarnáuju, tarnáuti* ; etc. ; l'accent ne reste sur la syllabe présuffixale que si celle-ci est rude : *rė́kauju* ; on peut avoir naturellement aussi *ùbagauju, prãrakauju* quand l'accent n'est pas sur la syllabe qui précède immédiatement l'accent. Le parfait accord de l'intonation slave et de l'intonation lituanienne peut être allégué pour établir le caractère original du type lituanien en *-áuti* ; on objecte que le lette ignore ce type ; mais le vieux prussien en présente en revanche de nombreux exemples : *gerdaut, sengidaut, grikaut* (lit. *grėkáuti*), *dīnkaut, neikaut, surgaut, pastauton,* etc. ; si un nombre relativement assez grand de verbes lituaniens en *-auti* proviennent d'un présent slave et répondent à des verbes russes *-ovat'*, c'est que les Lituaniens ont eu le sentiment que leur type en *-auti* répondait bien au sens du type russe en *-ovat'*. Rien n'indique que le type baltique en *-au-* soit d'origine slave et l'on voit même très mal comment lit. *-auju*, *-auti* aurait pu être tiré du russe *-uju*, *-ovat'*. — En fait, le type est letto-slave et la diphtongue sur laquelle reposent sl. *-u-* et lit. *-au-* était rude.

Sur l'origine du type sl. *-ują*, *-ovati*, lit. *-auju*, *-auti*, on est mal fixé. On sait que ce type n'est pas issu de thèmes en **-eu-*, car, devant toute sonante, la syllabe finale du thème nominal qui précède le suffixe verbal **-ye-* est toujours sans *e* : on a skr. *çatrūyáti*, gr. δακρύω, lat. *metuō*, tout comme gr. ποιμαίνω, τεκμαίρω, etc. ; M. Brugmann, *Grundr.*, II, p. 1133, a été par là conduit à supposer que les verbes slaves en *-ovati* sortiraient de dérivés adjectifs en *-vo-*, ainsi *běsovati* de *běsovŭ*, etc. ; mais cette hypothèse, qui pourrait se soutenir au point de vue du slave, ne s'applique pas au baltique où l'on ne trouve guère d'adjectifs ainsi formés ; au surplus elle n'explique pas l'intonation rude de sl. *-u-*, lit. *-au-*.

Il est impossible de n'être pas frappé de la ressemblance du type grec en -ευω de βασιλεύω, νομεύω, etc. et du type slave *-ują*, lit. *-auju*. L'origine du type grec ne fait pas doute : βασιλεύω est dérivé de βασιλεύς, νομεύω de νομεύς, etc. et, le type une fois créé, on a formé βουλεύω, θηρεύω, etc. Or les mots grecs tels que νομεύς sont, on le sait, des thèmes en -ηυ- et leur longue se reconnaît nettement dans toute la flexion ; Joh. Schmidt a contesté ce fait dans son article *Die elischen verba auf* -ειω, *Sitzs. ber. d. akad. d. wiss. zu Berlin, phil.- hist. cl.*, XVII (1899), p. 302 et suiv. ; mais aucun type connu d'alternances vocaliques ne permet d'expliquer la brève du nominatif βασιλεύς en regard de la longue de l'accusatif βασιλῆϝα, et M. Brugmann a repoussé avec raison la doctrine de Schmidt (*Griech. gramm.*[3], 572 et suiv.) Il n'y a pas lieu d'entrer ici dans l'examen des questions délicates que posent la forme ionienne-attique en -ευω et la forme éléenne en -ειω ; il suffit de retenir que le grec a un type de dénominatif tiré de noms d'agents en **-ēu-*. Une longue correspondante à celle du gr. -ηυ- rendrait bien compte de l'intonation rude de sl.

-u-, lit. *-au-*. Malheureusement les mots grecs en -ηυ n'ont de correspondant exact dans aucune autre langue ; mais M. Brugmann a montré, I. F., IX, 365 et suiv., que les thèmes grecs en -ηυ- devaient être rapprochés des adjectifs en **-wo-* qu'on trouve dans diverses langues ; en fait les thèmes secondaires en **-ēu-*, **-ōu-* sont exactement comparables aux thèmes en **-ēi-*, **-ōi-* et ne présentent pas plus que ceux-ci d'alternances vocaliques (v. M. S. L., XI, 11 et suiv.). Les dérivés athématiques en **-ēu-* ne sont conservés qu'en grec ; mais ils sont de date indo-européenne ; le grec a encore la forme en *-ōu-* dans πάτρως, πάτρωος ; et ici l'antiquité du type **-ōu-* apparaît bien ; car, le thème **pəter-* se terminant par une sonante, on devrait avoir **pətr-ĕu-* avec *ĕ*, et l'on a en effet gr. πατρυιός, skr. *pítṛvyaḥ*, v. h. a. *fetiro*, lat. *patruos* ; **-ō(u)-* dans πάτρως est analogique. C'est d'un pareil type secondaire de noms d'agents en **-ōu-* que sortent les présents lituaniens en *-auju* et slaves en *-ują* : l'intonation rude n'est qu'une conséquence naturelle de la quantité longue du premier élément de la diphtongue ; ce type en **-ōu-* a disparu par la suite en letto-slave comme dans les autres langues indo-européennes. On ne doit sans doute pas partir de **-ēu-*, car alors on aurait sl. **-iują*, lit. **-iauju* ; toutefois le premier *j* aurait pu disparaître par dissimilation, cf. p. 175, la note sur *tuždĭ* et *štuždĭ*. L'infinitif slave en *-ovati* est naturellement récent et fait sur le présent, de même que le prétérit lituanien *ragavaũ*, *ragãvo* de *ragáuju*, etc. ; les dénominatifs n'avaient en indo-européen d'autre thème que celui du présent et toutes les autres formes des dénominatifs des diverses langues résultent de développements récents et indépendants.

Dès avant les plus anciens textes, le type en *-ovati* est entièrement séparé de ses origines et c'est à lui qu'on a recours pour former des verbes nouveaux ; par exemple, en regard des verbes proprement slaves *cěliti* et *cělěti*, c'est *cělovati* (L. I, 40 Zogr. Mar. Ass.) qu'on forme pour traduire lat. *salutare*, v. h. a. *heilazzen*, ags. *hálettan*, v. isl. *heilsa*.

III

ÉTYMOLOGIES

ÉTYMOLOGIES

1. — *bez*, *bes* et *raz*, *ras*.

Le v. sl. *bez*, *bes* conserve sa consonne finale, et ceci semble supposer, (cf. ci-dessus pages 111 et p. 129), que *z*, *s* représente ici, comme dans *jiz*, *jis* et dans *vŭz-*, *vŭs-*, un groupe de consonnes ; il en est de même dans lette *bez* ; au contraire lit. *be*, sans sifflante finale, doit être **bhegh* (ou **begh-* ?), simplement ; il suit de là que, dans skr. *bahíḥ*, *-iḥ* est un élément suffixal. Et en effet cet élément se retrouve dans skr. *āv-íḥ*, en regard de v. sl. *av-ě*, et on en a le correspondant dans toute une série d'adverbes grecs, tout d'abord dans le synonyme de skr. *bahíḥ* : χωρ-ίς, et dans l'une des formes du synonyme de sl. *bez*, ἄν-ις (cf. aussi skr. *niḥ-*, zd *niš-*) et dans gr. μόγις, μόλις, Fάλις, αὖτις, etc.

Cet adverbe skr. *bahíḥ*, v. sl. *bez*, lit. *be* n'est pas attesté en dehors du baltique, du slave et de l'indo-iranien. Les autres langues ont des mots appartenant à deux familles distinctes et dont les formes ne diffèrent pas moins entre elles que celles de skr. *bahíḥ*, sl. *bez*, lit. *be*, à savoir **sen-* et **en-* :

1° **sen-*, *sn̥-*, *s°n-* : skr. *sanu-tár*, zd *hanarə* (Y., XLVII, 5) — got. *sundro* — lat. *sine*, v. irl. *sain* (ces deux derniers reposant sur **s°ni* ; ce sont les seules formes qui se retrouvent identiques dans deux langues);

2° **en-*, *ēn-*, *°n-*, *n̥-*, *n-* : got. *inu*, v. isl. *án*, v. h. a. *āno* — gr. ἄνευ, ἄνις, et sans doute aussi ἄτερ (de **n̥-ter*), qu'il est par suite inutile de tenir pour altéré de *ἄτερ d'après ἄτερθε, comme on le fait d'ordinaire. — Le sens ancien de **en-*, « à l'écart », est encore conservé dans gr. ἄνευθε, ἀπάνευθε et dans skr. *niḥ-*, zd *niš-*.

Les deux séries de formes présentent un très sensible parallélisme ; on y remarque surtout le thème en *-u-*, attesté par skr. *sanu-tár*, got. *inu*, gr. ἄνευ : l'*u* final du skr. *sanu-tár* est une finale de thème devant le suffixe adverbial skr. *-tár* ; ce suffixe est connu aussi par *prā-tár*; on le retrouve dans gr. ἄ-τερ et peut-être dans les adverbes latins du type *ali-ter*; ce doit être le locatif sans désinence de la forme athématique de **-tero-* (gr. -τερο-) ; cf. les séries bien connues de lat. *inter*, skr. *antári-(kṣaḥ)*, zd *antarə* et skr. *ántaraḥ*, zd *antarō*, gr. ἔντερον ou de skr. *upári*, gr. ὑπέρ, lat. *super* et skr. *úparaḥ*, gr. ὕπερος, lat. *superus* ; enfin zd *hanarə* est à got. *sundro* ce que arm. *i ners* « à l'intérieur de » est à lat. *inter*, etc. ; l'*u* final de got. *inu* (et v. isl. *án*) peut être une ancienne finale d'accusatif ; quant au -ευ de ἄνευ, il semble être la finale d'un locatif sans désinence. La formation d'adverbes en *-u* se retrouve dans skr. *ánu*, zd *anu* en regard de zd *ana*, gr. ἀνα, got. *ana* et dans gr. πρυ- (de πρύτανις) en regard de προ (cf. aussi got. *du*). — Le *-i* du lat. *sine*, v. irl. *sain* est au -ις de gr. ἄνις et skr. *niḥ-*, *bahíḥ* ce que, par exemple, -ι de dor. χωρι est à χωρίς.

On rapproche parfois de ἄνευ le v. sl. *vŭnŭ*, souvent écrit *vonŭ* dans Mar. et Ass. (russe *von*, polon. *wen*), *vŭnu*, *vŭnĕ* (avec *ŭ* provoqué par *ĕ* de la syllabe suivante) : le rapprochement est possible et pour la forme et pour le sens ; mais il est plus naturel d'expliquer *vŭnŭ* par **ud-no-*, cf. skr. *ut-*, gr. ὕστερος, etc. ; à côté de **ut*, on a **ūt*, **ūd* dans v. h. a. *ūz*, v. sl. *vy-*. Pour la formation, cf. v. h. a. *ūzana* de *ūz* et skr. *vinā*, v. pruss. *winna* « hors de », en regard de skr. *vi-*.

De même que le *-z*, *-s* de *bez*, *bes*, le *-z*, *-s* de v. sl. *raz-*, *ras-*, pol. *roz-*, *ros-* est issu d'un ancien groupe de consonnes ; mais ici la première consonne du groupe est une dentale, sans doute *dh*, comme l'indiquent skr. *ṛ́dhak* « séparément », *árdhaḥ* « partie, moitié », zd *arəδō* « côté », lit. *ardýti* « séparer ». Le sl. **orz-*, **ors-* et le skr. *ṛ́dhak* (pour la forme cf. *pṛ́th-ak*) se distinguent par le vocalisme radical et par le suffixe, mais reposent tous les deux sur un même adverbe radical de l'indo-européen *ordh (ou *ardh) : *ṛdh « séparément ». C'est un exemple à joindre à la liste déjà fort longue des mots propres au letto-slave et à l'indo-iranien.

---

2. — *otŭ*.

Les mots qui, dans les anciennes langues indo-européennes, ont fourni la plupart des préverbes et des prépositions sont des formes fléchies de thèmes racines conservées isolément. Le cas le plus clair est celui de **perə-* « devant », dont on a le locatif avec *i* : skr. *pári*, gr. πέρι et avec désinence zéro : lit. *per-*, v. sl. *prě-* (russe *pere-*), got. *fair-*, lat. *per* (qui pourrait aussi être issu de **peri*) ; le génitif-ablatif : skr. *puráḥ*, gr. πάρος ; l'instrumental : skr. *purā́* ; et un cas en *-ō* qui ne répond plus à rien dans la déclinaison historiquement attestée : skr. *prā̆*, gr. προ, lat. *prō̆*, v. sl. *pro* et *pra*, etc. Cf. M. S. L., VIII, 244 et suiv. ; Thumb, K. Z. XXXVI, 199 et suiv. ; Reichelt, BB., XXVI, 223 et suiv.). Un cas presque aussi clair est celui de **ep-*, dont on a le locatif : skr. *ápi*, gr. ἔπι, arm. *ew* ; le génitif-ablatif **pos* dans des dérivés comme skr. *paçcā́*, lit. *pas-taras* « dernier » (v. Leskien, *Bildung*, p. 446) ; la forme en *-ō̆* dans sl. *po* et *pa-*, lit. *pa* et *po-* ; il existe de plus de ce mot des formes à *a* initial : skr. *ápa*, gr. ἄπο ; cf. aussi lat. *ab*, *abs*, gr. ἄψ, etc.

Le thème **et-* a des formes de tous points parallèles à celles du thème **ep-* :

locatif **eti* : skr. *áti*, zd *aiti*, v. pers. *atiy*, gr. ἔτι, lat. *et*, got. *iþ* ; le v. sl. *ješte*, r. *ješčë*, pol. *jeszcze* s'explique bien par le locatif **et* suivi de la particule indéfinie **kʷe* si l'on admet que *tč* donne v. sl. *št*, ou par **et-s*, c'est-à-dire une forme comparable à gr. ἄψ, suivie de **kʷe* ;

génitif-ablatif **tos* : non attesté ; avec *a* initial **atos* : v. sl. *otŭ* ;

forme en *-ō̆* : v. irl. *to*, préposition et surtout préverbe d'un emploi extrêmement fréquent, jusqu'ici sans étymologie ; le baltique a la même forme avec *a-* initial : lit. *ata-*, attesté dans les dialectes orientaux, par exemple *atãneszu* (lit. occid. *àtneszu*) et, en composition nominale, *ato-* : *atópůlis* ; il n'y a aucune raison ni de sens ni de forme qui oblige à voir dans ce préverbe baltique un emprunt au slave, comme le veut M. Pedersen, I. F., V, 60, et l'on ne voit guère comment le *ato-* des composés nominaux pourrait être tiré du slave. Cf. aussi lat. *at* et *at-auos,* got. *aþ-þan,* gr. ἀτ-άρ ;

et- n'a pas de datif du type ἀπαί, παραί, parce que ces datifs ne sont représentés qu'en grec, toujours à côté d'autres formes comme ἀπο, παρα, et que le grec n'a pas de préposition répondant à lit. *at,* v. sl. *otŭ.*

Comme l'on a lat. *ab* en regard de ἄπο et lat. *sub,* ags. *up,* arm. *hup* en regard de gr. ὕπο, il est naturel de se demander si lat. *ad,* irl. *ad,* got. *at-* n'appartiendraient pas aussi à la famille de **et-* ; mais, l'existence de la forme en *-*ŏ* d'une préposition à élément radical *d-* : v. sl. *do* et *da-,* lit. *da-,* ags. *tó,* empêche de rien affirmer à cet égard.

Les différences de sens qui séparent gr. ἔτι, v. sl. *otŭ* et lit. *ata-,* *at-* tiennent essentiellement à la différence de valeur des cas sur lesquels reposent ces mots ; le cas en *-*ŏ̆* a une valeur très différente de celle du génitif-ablatif ; en tant que préverbe, le sl. *otŭ* paraît cumuler les emplois du génitif-ablatif, ainsi dans *otŭstąpiti* « ἀποστῆναι » et du cas en *-*ŏ̆,* ainsi dans *otŭvěštati* « ἀποκριθῆναι, ἀντειπεῖν », cf. lit. *atsakýti* « répondre ». Pour avoir une idée de la valeur du cas en *-*ŏ̆,* on peut par exemple noter les sens très voisins de lat. *ad* « vers » et de sl. *do* « jusqu'à » ; la nuance qui sépare les deux prépositions tient avant tout à ce que l'accusatif avec lequel se construit lat. *ad* est le cas par lequel l'indo-européen indiquait le mouvement vers, tandis que l'ablatif, représenté en slave par le génitif-ablatif, est le cas par lequel l'indo-européen exprimait l'idée de « jusqu'à » : indo-iranien *ā* et lat. *tenus* se construisent avec l'ablatif, gr. μέχρι et ἄχρι et lit. *iki* avec le génitif-ablatif comme sl. *do* ; cf. irl. *do* avec le datif ; la coïncidence de l'indo-iranien, du latin, de l'irlandais, du baltique, du slave et du grec dans cet emploi de l'ablatif est d'autant plus remarquable que la préposition diffère d'une langue à l'autre.

L'alternance *e/a* qu'on observe à l'initiale dans gr. ἔτι, v. sl. *otŭ* et dans gr. ἔπι, ἄπο, n'est pas bornée à ces deux cas ; il en existe d'autres exemples, ainsi en regard du locatif gr. ἔνι, ἐν, lat. *in, inter,* on a osq. anter, ombr. anter, *ander,* v. sl.

ąlrĭ. C'est sans doute par un simple hasard que le vocalisme *e* n'est pas attesté en regard de sl. *na*, v. pruss. *na*, lit. *nů-*, *nu-* et de gr. ἀνα, cf. lit. *int* et *ant* « sur ». L'*a* indo-européen, défini par la correspondance indo-iran. *a* = *a* des autres langues (par contraste avec *ə : indo-iranien *i* = *a* des autres langues) est fréquent à l'initiale absolue du mot, mais ne joue par ailleurs aucun rôle dans les alternances vocaliques indo-européennes (v. M. S. L., XII, p. 224 et suiv.).

Le *ŭ* qui termine sl. *otŭ* n'est pas simplement graphique comme celui qu'on trouve parfois dans *iz*, *vŭz* écrits *izŭ*, *vŭzŭ* ; c'est une véritable voyelle, ainsi que l'atteste la parfaite constance de graphies comme *otŭdati* en regard des graphies également constantes : *izdati*, *vŭzdati*, et de même dans tous les cas analogues ; le petit russe a d'ailleurs *vôd*, *vid* avec une longue secondaire que peut seule expliquer la présence d'un *ŭ* final à date ancienne ; enfin le *ŭ* est conservé dans des formes telles que serbe *odàzvati*, russe *otozvát'*, polon. *odezwac'*, de *otŭzŭvati*. Le *d* que présentent plusieurs dialectes modernes, le serbo-croate, le slovène, le tchèque, le polonais, le petit-russe, n'est pourtant pas nécessairement phonétique ; il peut être analogique du type *podŭ*, *nadŭ*, *prědŭ*, etc. ainsi que l'a vu M. Baudouin de Courtenay (v. *Arch. f. sl. phil.*, XIX, 330).

Mais, à côté de *otŭ*, il subsiste trace d'un préverbe *ot-*, correspondant pour la forme à lit. *at-*, notamment dans v. sl. *otiti*, parf. *ošĭlŭ*, partic. *ošĭdŭ* (toutes formes attestées plusieurs fois dans les anciens manuscrits de l'Évangile), à côté de *otŭšĭlŭ*, *otŭšĭdŭ* dans L. IV, 42 et Mt. XXVIII, 8 où la préposition *otŭ* voisine a fait rétablir *otŭ* dans Mar., *oxoditi* (Mc, VI, 31 ; XIII, 34 ; L., V, 16 Zogr. Mar. ; cf. par exemple Euch. 18 a, 18 b, 26 b) à côté de *otŭxoditi* (Mt. XXV, 14 Zogr. Mar. Ass. ; L., IX, 39 Ass. à côté de *oxoditi* Zogr. ; Mar, ; L., II, 37 Zogr. à côté de *oxoditi* Ass., Mar. ; les trois fois dans la partie de l'Évangile reproduite dans l'Évangile par leçons) ; *otiti* ne peut être expliqué par **otŭ-iti*, avec élision de *ŭ* : **otŭ-iti* n'aurait pu que rester **otŭ-jiti* ou donner tout au plus *otyti*. Ni dans Év. ni ailleurs, le mot *otrokŭ* n'est jamais écrit **otŭrokŭ*. De même en regard de *otŭkryjątŭ* L., II, 35 Zogr. Mar. Ass. Sav. on lit *okrŭvenĭe* L. II, 32 Zogr. Mar., *otŭkrŭvenĭe* Ass. Sav.

On expliquera de même encore *ot-ęti* qu'on trouve à côté de *otŭ-jęti* (*otŭnęti*, par exemple Supr. 256, 25 et 26, est postérieur) et *ostąpiti* de **ot-stąpiti*. Le lit. *at-* et le sl. *ot-* se comportent vis-à-vis de lit. orient. *ata-* exactement comme lat. *ab* vis-à-vis de skr. *ápa*, gr. ἀπο, et v. pruss. *au-*, sl. *u* vis-à-vis de skr. *áva*. — Les deux formes *otŭ-* et *ot-* ont la même signification : *otŭxoditi* et *oxoditi* « ἀποχωρεῖν » sont des synonymes parfaits et l'on a vu plus haut d'autre part que *otŭvěštati* a le même sens que lit. *atsakýti* : *ot-* n'est donc plus en slave qu'une survivance isolée et dépourvue de sens propre. Mais cette vieille forme donne néanmoins une précieuse confirmation de l'étymologie proposée ici en garantissant l'antiquité de lit. *ata-*, *at-* et en établissant l'existence de deux formes anciennes à l'intérieur du slave même. Il est dès lors permis de penser que des graphies constantes comme celle de *otrěšiti*, et non *otŭrěšiti*, dans Mar. ou *otvrěsti*, et non *otŭvrěsti*, dans Cloz. ne sont pas fortuites. On voit aussi que le *d* de la forme dialectale *od-* peut à la rigueur remonter à une ancienne alternance slave commune *ot-* : *od-* comparable à *vŭs-* : *vuz-*, etc.

---

3. — *otŭnądĭ*.

L'adverbe *otŭnądĭ* traduit εἰς τὸ παντελές L. XIII, 11 Zogr. Mar. Ass. ; ὅλως Mt., V, 34 Zogr. Mar. ; διὰ παντός Ps. LXVIII, 24 ; la graphie *otŭnądĭ* est celle de tous les textes vieux slaves ; le mot est donc parfaitement clair et pour la forme et pour le sens, bien qu'il n'ait pas survécu dans les dialectes plus récents. L'étymologie est moins transparente. Miklosich, dans son *Etymologisches wörterbuch*, p. 217, cite le mot à côté de *nąditi*, *nuditi*, ce qui n'est nullement satisfaisant pour le sens et n'explique pas la forme. La véritable étymologie est indiquée par le mot correspondant en vieux russe : *otinudĭ* dans Ostromir et les textes postérieurs (v. Sreznevskij, *Materialy*, sous *otŭinudĭ*) : on doit couper *ot-inądĭ* ; le premier terme est la forme sans jer final de la préposition *otŭ* ; pour le second, un rapprochement s'impose avec *vŭjiną* (*vyną*) « διὰ παντός », Mc, V, 5 ; Mt., XVIII, 10 ; L. XXIV, 53 ; Ps. XV, 8 ; etc. ; *vynnaě* (féminin) διηνεκής Cloz. 319, et par conséquent avec *jino-* « seul » (*jinočędŭ* « μονογενής », *jinokŭ* « μονιός » Ps. LXXIX, 14 et « μοναχός » Euch. 57 b, etc.) La formation, unique en son genre à ce qu'il semble, est à rapprocher du type des adverbes indiquant le point de départ, tels que *kądu* (*kądą*) ou *kądě*, etc. qui sont très souvent précédés de la préposition *otŭ*. On remarquera en passant que cette étymologie exclut l'idée d'un emprunt de sl. *jino-* au germanique (got. *ains*, etc.) que propose sans raison valable M. Hirt, P. B. S. B., XXIII, 333 et suiv.

La graphie étymologique de *otŭnądĭ* serait *ot-ĭnądĭ* ; le *ŭ* au lieu de *ĭ* est conforme à l'orthographe ordinaire du vieux slave en pareil cas. Il résulte de là que v. sl. *jino-* « seul » repose, non sur un slave très ancien **ĭno-*, comme *jinŭ* « ἄλλος », mais sur **ĭno*; et en effet *voiną* « διὰ παντὸς » Ps. LXIX, 5 suppose **vŭjĭną*; on a aussi rapproché le pol. *nog* « γρύψ » tch. *noh* en regard de v. sl. *jinogŭ*. Le slave oblige donc à poser un i.-e. **ino-* à côté de **oino-* attesté par gr. οἴνη, lat. *oino-*, *ūnus*, irl. *óen*, got. *ains*, lit. *vënas* (cf. M. S. L., XI, 298).

La forme **ĭno-* dont l'existence est ainsi attestée facilitera sans doute l'explication de l'étrange alternance *jedinŭ*, *jedĭna*, *jedĭno* (v. Ljapunov, *Izslědovanije o jazykě sinodal'nago spiska*, I, 167 et suiv.).

---

4. — *vŭ jistiną.*

Miklosich, *Vergl. gramm.*, IV, 400 et suiv., cite toute une série d'emplois de la préposition *vŭ* suivie de l'accusatif pour indiquer comment est faite une action ; on trouve ainsi : *vŭ jistiną* « en vérité » ἀληθῶς L. XXI, 3 Zogr. Mar. Ass. et dans beaucoup d'autres passages de l'Évangile; *vĭ rěsnotą* « ἀληθῶς » Ps. LVII, 2; *vŭ měrą* « ἐκ μέτρου » J., III, 34 ; *vŭ jistiną ji pravostĭ* « ἐν ἀληθείᾳ καὶ εὐθύτητι » Ps. CX, 8 ; *vŭ slastĭ* « ἡδέως » Mc VI, 20 Zogr. Mar. Ass. ; *vŭ pravŭdą* « δικαίως » L. XXIII, 41 Zogr. Mar. Ass., et « ὄντως » Supr. 181, 26 ; *vĭ lěpotą* « εἰκότως » Supr. 278, 20 ; *vŭ jimę* « ἐν τῷ ὀνόματι » J. X, 25 Zogr. Mar. Ass. ; *vŭ gněvŭ svoi* « ἐν τῇ ὀργῇ αὐτοῦ » Ps. LXXVI, 10 ; *vŭ tajiną* Euch. 11 a ; *vŭ širotą* « en largeur »

Supr. 168, 9 ; *vŭ dlŭgotą* « en longueur », ib. ; etc. Dans tous ces cas on attend le locatif bien plutôt que l'accusatif ; toutefois Miklosich a rapproché l'emploi grec de εἰς δέον, εἰς δύναμιν, εἰς κάλλος, etc. (v. par exemple Kühner-Gerth, *Ausf. gramm. d. gr. spr.*, II, p. 471, § 432) ; et il est en effet incontestable que l'emploi grec de εἰς avec l'accusatif et l'emploi slave de *vŭ* avec ce même cas sont très analogues l'un à l'autre ; on peut citer de même des expressions comme lat. *mirum in modum*. Mais de pareils rapprochements ne sont décisifs qu'autant qu'ils sont les seuls possibles ; or tel n'est pas le cas et le lituanien suggère une autre explication : la seule expression où Szyrwid emploie la préposition *už* est la locution *už tiesu* « en vérité », exactement synonyme de *vŭ jistiną* et de *vŭ rěsnotą*, et l'on est par là conduit à se demander si, dans cet emploi, sl. *vŭ* ne devrait pas être rapproché du lit. *už* au point de vue étymologique.

Sans doute on sait que c'est v. sl. *vŭz*, *vŭs* qui répond exactement à lit. *už* ; on sait aussi que les prépositions et préverbes terminés par *s* conservent leur consonne finale en slave, sous la forme sourde *s* devant consonne sourde, sous la forme sonore *z* devant toute sonore : voyelle, sonante ou consonne ; *jis*, *jiz*, cf. lit. *isz*, gr. ἐξ, se comporte à cet égard exactement comme *vŭs*, *vŭz*. Mais *vŭs*, *vŭz* et lit. *už* représentent d'anciens **ups*, **ubz*, c'est-à-dire sont à i.-e. **ŭp*, *ŭb* (ags. *ŭpp*, v. h. a. *ŭf*, arm. *hup* « près de » ; cf. lat. *sub*) ce que gr. ἐνς est à ἐν, etc. En effet dans les prépositions et préverbes terminés par une occlusive, l'occlusive finale tombe en slave : *vy-* répond à ags. *ūt*, v. h. a. *ūz*, cf. skr. *ud-*. De même, en regard de skr. *bahíḥ*, le lit. *be* représente sans doute i.-e. **bhegh* et le sl. *bes*, *bez* i.-e. **bhegh* plus *s* et le v. sl. *ras*, *raz* (russe *ros*, *roz*) repose sur **ordh* plus *s* (cf. ci-dessus p. 153). Même sans être précédée d'une consonne, *s* subsiste dans sl. *nis*, *niz* (cf. *nišĭ* de **nīstyo-* ou **nīskyo-*) en regard de skr. *ni-*, *nī-* ; mais on notera que l'on a *nizu*, *niže*, *nižĭnjĭ* en regard de *vyše*, *vyšĭnjĭ*. Au contraire la conservation du *b* de *ob* dans *ob onŭ polŭ* « de l'autre côté » à côté de *o* dans *o desnąją* est un fait unique, bien que très explicable phonétiquement ; et même ici, la forme *o* est la plus ordinaire. Rien n'empêche donc de tirer *vŭ* d'un i.-e. **up*, *ub* dans *vŭ jistinq*, etc.

Le temps où quelque chose se fait est indiqué en slave par *vŭ* suivi de l'accusatif; le locatif qu'on attendrait d'après l'analogie du sanskrit, de l'arménien, du grec, du latin et du lituanien ne se rencontre pas; ainsi L. II, 1 ἐν ταῖς ἡμέραις ἐκείναις est traduit par *vŭ dĭni ty*; l'exemple Ps. IX, 22 *prězirišì vĭ blago vrěmję vĭ pečalexŭ* « ὑπερορᾷς ἐν εὐκαιρίαις ἐν θλίψει » est bien caractéristique. L'emploi de l'accusatif ne s'expliquerait pas avec *vŭ* répondant à lit. *į*, gr. ἐν, lit. *in*; il est au contraire fort naturel avec *vŭ* issu de **up*; cf. gr. ὑπὸ νύκτα « vers la nuit » ou « pendant la nuit » (v. Kühner-Gerth, *Griech. gramm.* II, p. 525), lat. *sub noctem* « à la nuit », zd *upa ušåṅhəm* « à l'aurore » (Yt, V, 62). L'hypothèse que sl. *vŭ* représenterait deux prépositions autrefois bien distinctes reçoit ainsi une certaine confirmation.

---

5. — *su-gubŭ*.

Les prépositions et préverbes slaves qui sont employés en composition avec des formes nominales présentent souvent une forme différente de celle qui sert de préposition et de préverbe. Là où il n'y a pas de sonante, on rencontre opposition de longue et de brève : *pa-* (= lit. *po-*) dans *paguba, pamętĭ, pažitĭ, padŭšti* en regard de *po-* (= lit. *pa-*) dans *pogubiti, pomĭněti, požiti* (cf. toutefois les divers cas où *po-* subsiste, ci-dessus p. 88); *pra-* (= lit. *pro-*) dans *pradědŭ, praroditelji* en regard de *prodati*; cette forme *pra-* semble limitée aux termes de parenté; on a en effet *prostŭ* « ὀρθός » (Supr. 84, 21; Ps. XIX, 9; Euch. 95 b), et de là « ἁπλοῦς » (L. XI, 34; Euch. 103 a; etc.) que J. Schmidt, *Pluralbild.*, 346, a fort bien expliqué par **pro-sthos*. Enfin, en face du **pos-*, *poz-* de *pozdě*, identique à celui de skr. *paçcā*, lat. *pŏst*, on a **pŏz-*, dans *pozderŭ* « stipula » (s. *pòzder*), mais **pōz-* dans *pazderŭ* (pol. *paździór*), même sens, et seulement **pōz-* dans *paz-nogŭtĭ* « ὁπλή », *paznegŭtĭ* (Ps. LXVIII, 32), pol. *paznogieć*, tch. *paznehet*; comme lit. *pãnagės* et serbe *zȁnoktice* ce mot a dû désigner d'abord plus spécialement la racine des ongles; *pazuxa* (Supr. 126, 19; 241, 5), russe *pázuxa*, pol. *pazucha* (cf. le substantif neutre serbe *pȁzuho*), semble corrompu de *pazduxa*, lequel ne serait conservé qu'en slovène; *paz-duxa* serait composé de *paz-* et de **duxa* (cf. skr. *dóḥ*, gén. *doṣṇáḥ* « avant-bras »; zd *daoša-*, pehlvi *dōš* « épaule »; irl. *dóe*, gén. *dóat* « bras ») exactement comme lette *paduse* « aisselle » et lit. *pažastis*, *pažastė* (cf. skr. *hástaḥ* « main », zd *zastō*). — Enfin, à côté de *do* = lit. *da*, on trouve *da-* = ags. *tó* dans *daže*, *dažiji*.

Dans les cas où la préposition a compris, à date ancienne, une nasale, la différence des formes de préposition et de préverbe d'une part, de premier terme de composé nominal de l'autre, se traduit autrement. En regard de *vŭ*, *vŭn* (= lit. *į*) on trouve v. sl. *onušta*, *ądolĭ* (pol. *wądoł*), etc.; en regard de *sŭ*, *sŭn*, on trouve *sąpĭrĭ*, pol. *sąpierz*, slov. *sôpier*; v. sl. *sąsědŭ*, pol. *sąsiad*, slov. *sôsed*; etc. Cet usage doit être fort ancien; car il se montre nettement dans le composé *są-dŭ* « κρίσις, κρῖμα » r. *sud*, *sudá*, s. *sûd*, *súda*, pol. *sąd*, *sądu*, tch. *soud*, dont le second terme est un nom thématique *-*dh-o-* de la racine **dhē-*; pour la forme, cf. v. sl. *obĭ-do* « θησαυρός », serbe *nâd* et *náda* « espérance » (à rapprocher de v. sl. *nadežda*), lit. *iñdas*, etc. (Leskien, *Bildung der nomina*, 48 et suiv.); et pour le sens de « jugement, convention, loi » (posée par une autorité, s'opposant ainsi à la coutume): gr. ἔθος, ἦθος, skr. *svadhā́*, got. *sidus*, lit. *sam-das* « location », *samdýti* « louer », got. *doms*, v. isl. *dómr*, v. h. a. *tuom* « jugement » (d'où v. sl. *duma*), véd. *dhā́ma* « loi », zd et v. perse *dāta-* « loi », gr. θέμις « loi » et συνθήκη « contrat », σύνθημα. — Le mot v. sl. *sądŭ* « μέλος, σκεῦος » est différent du précédent, comme le montrent r. *súd*, *súda*, s. *sûd*, *sûda*, pol. *sąd*, *sędu*, tch. *sud*; mais il est sans doute aussi composé de **som-* et de **dho-*, cf. skr. *saṃ-dhiḥ* « union, articulation ».

De plus, en regard de *sŭ* = lit. *sù*, on a *su-gubĭ*, souvent dans le Clozianus (v. l'index de l'édition de M. Vondrák) et dans le Suprasliensis (ainsi 40, 13; 266, 23; 273, 17; 340, 13 et 14, cf. *sugubĭnŭ* 348, 26; *usugubite* « διπλασιάσατε » Supr. 239, 17); on lit *sugubèiša* « διπλότερον » Mt., XXIII, 15 Mar. (Zogr. Ass. def.). Nulle part on ne signale une forme **sągubŭ*. Ce premier terme *su-* ne peut représenter qu'un ancien **sou-* et est à v. sl. *sŭ* = lit. *su* ce que *są-* est à v. sl. *sŭ*, *sŭn* = skr. *sa-*, gr. ἀ- (c'est-à-dire i.-e. **sṃ-*); le lit. *su* représente donc bien i.-e. **su* et non **sų*, comme on l'a supposé à tort (M. S. L., IX, 50).

A côté de *sugubŭ*, on trouve *sugobŭ* : *sugobo* Cloz. 794, 796 ; *sugobjite* Cloz. I, 1 ; *sugobĭ* Euch. 67 a. Ce n'est pas un mot différent de *sugubŭ*, mais simplement le produit d'une dissimilation vocalique dont on retrouve l'équivalent dans les diverses transcriptions du gr. κουκούλιον : *kukuljĭ*, *kokuljĭ* et *kukoljĭ* (Euch. 100 a ; 97 a ; 99 a et 100 a). — Comme exemple de dissimilation vocalique analogue, on peut signaler le changement de *a* en *ě* (ou *e*) dans : *alavastrŭ* « ἀλάβαστρον » Zogr. (L. VII, 37) Mar. Ass. écrit *alavěstrŭ* Mc XIV, 3 et *alavestrŭ* Mt. XXVI, 7 Zogr. et dans *skandalŭ* « σκάνδαλον » écrit dans Mar. *skanŭdalŭ* L. XVII, 2, *skanĭdalŭ* Mt., XVIII, 7 ; *skanĭdělŭ* Mt. XIII, 41 ; *skanŭdělŭ* Mt., XVIII, 7 (les autres manuscrits de l'Évangile ont *sŭblaznŭ*) ; de plus, en regard de *čajati* « attendre, espérer, » on a, avec un élargissement *k* fréquent en slave (cf. *zrakŭ*, *zrŭcati* : *zĭrěti* ; *zvęknąti* : *zvĭněti* ; etc.), *čakati* et *čekati*, ce dernier attesté par serbe *čěkati*, tch. *čekati*, pol. *czekać*. Le tchèque a de même, dès les premiers textes, *beran* en regard de pol. *baran*, r. *barán*.

Le cas de *sumĭněnĭje* (Supr. 73, 20), *sumĭněti* (*sumĭnitŭ sę* « φείδεται » Supr. 306, 26), pol. *sumnienie*, slov. *sumniti se* est différent sans doute de celui de *sugubŭ*. C'est en effet *sąmĭněnĭje* qui est la forme ordinaire du vieux slave : L. XVII, 20 Zogr. Mar. ; Euch. 20 a ; Supr. 40, 16 ; etc. ; *sumĭněnĭje* pourrait n'être qu'une altération de *sąmĭněnĭje* ; car il semble bien que, au voisinage des nasales, les voyelles nasales aient tendu de bonne heure à se dénasaliser ; il est frappant par exemple que, sauf la leçon en tous cas fautive *razljučaete* Cloz. I, 133, tous les exemples de graphie *u* pour *ą* du Clozianus se trouvent dans des mots qui renferment une autre nasale, consonne ou voyelle : *muka* (au lieu de *mąka*) 620, II 53 ; *bogonaučenują* I, 28 ; *drugują* II, 111 ; *tęžju* I, 145 ; *mąku* 617 ; *usuždająšte* 654 ; *ątrobu* 746 ; de même la graphie *o* dans : *novoją* I, 30 ; *duxovŭnoją* II, 28 ; *koją* II, 114 ; *nemogošte* I, 180 (on lit cependant *vĭsěko pravŭdą* 275 ; peut-être sous l'influence de *lěpo* à la même ligne). Et surtout on doit citer les alternances connues : *gnąšati* Euch. 79 a ; 85 a ; Ps. CVI, 18 ; Supr. 270, 6 (cf. 286, 22) : *gnušati* Supr. 83, 6, pol. *gnusny*, slov.

gnûs et *gnjûs*, s. *gnûs* et *gnjûs*, bl. r. *gnjus*) — *mǫditi* (L. I, 21 et XII, 45 Zogr.; Ps. XXXIX, 18 et LXIX, 6), *mǫdĭnŭ* (L. XXIV, 25 Zogr. Mar.); *muditi* (Mt., XXIV, 48 et XXV, 5 Zogr. Mar.; L. I, 21 Ass.; Supr. 89, 8; 91, 2 et 8), pol. *mudzić*, slov. *muditi*; v. sl. *mudĭnŭ* (L. XXIV, 25 Ass.; Euch. 78a) — *nǫditi* (Mt., XI, 12 et L. XXIV, 29 Zogr. Mar. Ass.; Ps. XXXVII, 13 = Euch. 76 b; etc.), *nǫžda* (L. XIV, 18 Zogr. Mar. Ass. Sav.; Euch. 22 b; Supr. 111, 24; etc.), pol. *nędza* : *nuditi* (Mt. XI, 12 Sav.; Supr. 324, 13), *nudĭma* (Supr. 309, 15), pol. *nudzić*, slov. *nuditi* — pol. *nękać* : *nukać* — pol. *wnęk* : *wnuk*. Par malheur on n'est fixé sur la forme la plus ancienne d'aucun de ces mots et *ǫ* et *u* se laissent expliquer directement dans ceux qui ont des étymologies admissibles. L'alternance *kǫdǫ* : *kǫdu* n'est pas moins obscure. Le mieux est donc de ne pas tirer parti du premier terme *su-* de *sumĭnĕnĭje* aussi longtemps que l'on ne sera pas au clair sur ces alternances, et le seul exemple de *su-* sur lequel on puisse faire fond est *sugubŭ*; mais cet exemple au moins paraît solide; car la dénasalisation complète de *sǫ-* serait un fait unique.

---

6. — *lĭgŭkŭ*.

L'indo-européen avait deux adjectifs distincts, l'un appartenant à la racine **lengʷh-* « aller vite » attestée par skr. *ráṃhate*, zd *rənjaiti* et l'autre à une racine **legʷh-* ou *legh-* « être petit, menu, sans importance ». A la première racine appartiennent gr. ἐλαφρός « rapide, léger », v. h. a. *lungar* et les formes de comparatif et superlatif zd *rənjyah-*, *rənjišta-*; cf. pour le sens v. h. a. *rasc*, v. isl. *rǫskr* et got. *raþs* en regard de v. irl. *rethim* « je cours ». A la seconde racine appartiennent lat. *leuis* qui n'a pu, ce semble, perdre aucune nasale (cf. Sommer, *Handbuch d. lat. laut- u. formenlehre*, p. 230) et les comparatifs skr. *rághīyān*, *lághīyān*, cf. aussi *ṛhánt-*. — Les racines terminées par une occlusive ont assez souvent en indo-européen une voyelle réduite, bien distincte de **ə*, et qu'il est commode de désigner par °, ainsi dans lat. *quattuor*, sl. **čĭtyre* (tch. *čtyři*), v. Fortunatov, K. Z. XXXVI, 34 et suiv., et Hirt, *Ablaut*, p. 14 et suiv.; ce ° se rencontre après *l*, ainsi, en regard de lit. *splečiù* et *plàsti*, skr. *práthati*, zd *fraθō* « largeur », v. sl. *plesna* « plante des pieds », dans lit. *splìsti*, gr. πλατύς (jamais *παλτυς), lat. *planta*, arm. *layn* « large » (*la* ne peut être que *l*°; car *ḷ* donne *al*). A côté de la forme *leg^wh- attestée par lat. *leuis* et skr. *rághīyān*, il y avait de même *l^og^wh-, attesté par ἐλαχύς, λάχεια « petit », irl. *lau* « petit, mauvais », compar. *laigiu*, et qui doit être représenté en slave par *lĭg-, car c'est balt. *i*, sl. ĭ qui représentent d'ordinaire i.-e. °; et l'on a en effet v. sl. *lĭgŭkŭ* « léger », par exemple Mt., XI, 30 (*lĭgŭko* Zogr.; *legŭko* Mar.; *legĭko* Ass.) et Euch. *legŭko*, *leŭko* (38 a, 78 b, 85 b, 100 a); *lĭgota* « légèreté », II Cor., I, 17; russe *lëgkij*, *legkó* et *l'góta*; polon. *lekki*; serbe *lȁgan*, *lȁgahan*. Le ĭ de *lĭgŭkŭ* s'explique donc aisément et les hypothèses par lesquelles M. Vondrák, *Altkirchensl. gramm.*, p. 73, s'est efforcé de l'expliquer en partant de i.-e. *ṇ̥ ne sont pas moins inutiles qu'inadmissibles en elles-mêmes.

Les deux adjectifs représentés l'un par gr. ἐλαφρός, v. h. a. *lungar*, zd *rənjišta-* et l'autre par gr. ἐλαχύς, λάχεια, skr. *ṛhánt-*, lat. *leuis*, irl. *lau*, v. sl. *lĭgŭkŭ* étaient assurément différents et pour la forme et pour le sens; mais à ces deux points de vue, ils étaient aussi très voisins l'un de l'autre et l'on conçoit qu'ils aient été plus ou moins confondus; le skr. *raghúḥ*, *laghúḥ* qui signifie « rapide » et « léger » peut reposer également sur **lṇ̥ghús* et sur **leghús* ou **l°ghús* (car il semble bien que i.-e. *° soit représenté en indo-iranien par *a*); dans lit. *leñgvas* « léger », got. *leihts* « léger » et aussi dans v. h. a. *lungun* « poumon » (littéralement la partie légère de l'intérieur du corps; cf. peut-être arm. *lanǰkh* « poitrine » si le sens ancien est « poumons ») il a pu y avoir simplement fixation du sens de « léger » propre dès le début à gr. ἐλαφρός à côté du sens de « rapide », mais on peut admettre aussi une influence de l'autre adjectif signifiant « petit ».

De *lĭgŭkŭ* on rapproche v. sl. *lĭdza*, *lĭza* « profit », v. sl. *lĭgynji* « allègement, consolation » (Supr. 194, 18) et « profit », v. russe *ne lĭga* et russe *ne l'zjá* « il est impossible », v. sl. *polĭdza* « ὠφέλεια » J., XII, 19, russe *pól'ga* et *pól'za*. Le *dz*, *z* résulte ici de l'action du ĭ précédent non accentué; la forme russe *lĭga*, *pól'ga*, pet. r. *pil'ga* suppose *lĭ'ga-; l'alternance de *lĭga* et *lĭdza* s'explique peut-être par la mobilité de l'accent :

**līgá* donne *līdzá*, mais *lī'gą* subsisterait conformément à la loi de M. Baudouin de Courtenay ; cf. v. sl. *stĭdza*, russe *stezjá*, serbe *stàza*, mais russe dial. *stegá*, *zga* en regard de lette *stiga*, v. h. a. *stega* (tandis que polon. *sc'ieżka* est dérivé de **stèga*, cf. got. *staiga*). La forme *lĭdzě*, *lĭzě* qu'on lit par exemple dans Cloz. 127 *ašte e lĭzě* « s'il est possible », cf. Supr. 274, 7 ; etc., est un datif et peut par suite appartenir soit à *lĭga*, soit à *lĭdza* ; on sait en effet par le datif pluriel *sicěmŭ* que la gutturale altérée par une voyelle palatale précédente peut être suivie de *ě* (v. M. S. L., XI, 8 ; Ljapunov, *Izslědovanije*, I, p. 73 et suiv., et, plus récemment, Lorentz, K. Z. XXXVII, 264 et suiv., qui paraît ignorer les deux notes précitées) ; l'emploi du datif *lĭdzě* dans les propositions négatives et conditionnelles est exactement pareil à celui du datif *trěbě* dans les mêmes conditions (L. XIV, 35 ; Cloz. I, 160).

---

7. — *peštĭ*, *peštera* « caverne ».

Le vieux slave a deux mots *peštĭ*, exactement pareils pour la forme, mais très différents pour le sens. L'un, signifiant « poêle », traduit κλίβανος, κάμινος Mt. XIII, 42, 50 ; L. XII, 28 ; Ps. XX, 10 ; etc. et se retrouve dans r. *peč'*, *péči* ; s. *pêć'*, *pèć'i* ; pol. *piec* (masc.) ; il appartient visiblement à la même racine que *peką*, *pešti* et répond à skr. *paktíḥ*, gr. πέψις ; il ne fait aucune difficulté. L'autre, signifiant « caverne », traduit σπήλαιον J. XI, 38 Zogr. Mar. Ass. ; Supr. 354, 9 ; il n'a pas d'étymologie satisfaisante ; car le sens interdit, ce semble, de le tenir pour identique au précédent.

D'ailleurs *peštĭ* « caverne » n'est pas isolé en slave et ne saurait être séparé de *peštera* « σπήλαιον » J. XI, 38 Sav. Ostr. ; Supr. 210, 18 ; 393, 8 ; 417, 19 ; r. *pečóry* « grottes, cavernes » ; et aussi de s. *pèc'ina* « caverne ».

Le latin *specus*, *specu* rappelle immédiatement le mot slave. Le sens est le même. L'alternance *sp* : *p*- à l'initiale est bien connue.

Quant à la formation, *peštĭ* est clair : *peštĭ* est à lat. *specus*, *specu* ce que skr. *pṛṣṭíḥ* « côte » est à *párçuḥ*, zd *pərəsuš* « côté ». Le s. *pèc'ina* est dérivé de **pekti*- et n'appelle pas d'observations.

La forme *peštera* est au contraire assez énigmatique. Un suffixe **-terā-* de substantif ne paraît se rencontrer en slave que dans un seul autre mot : *nestera* « nièce » (attesté en vieux russe, v. Sreznevskij, *Materialy*), s. *nèstera,* v. polon. *nies'ciora* (Brückner, *Archiv f. sl. phil.,* XI, 137) : le sens est assez net ; comme partout ailleurs, **-tero-* marque ici une opposition ; c'est un dérivé du thème **nepot-, *nept-,* exactement comparable au lat. *mātertera,* dérivé de *māter* : la *nestera* est à la fille ce que la *mātertera* est à la mère. L'explication compliquée qu'ont proposée Miklosich, *Vergl. gramm.,* II, 91, et J. Schmidt, *Pluralbild.,* 63, pour *nestera* est fort peu admissible, bien qu'elle ait été reproduite depuis, notamment par M. Lidén, *Studien,* 37. Le suffixe qui est dans *peštera* doit être aussi le suffixe indo-européen **-tero-* qui marque opposition de deux objets ; l'emploi n'en est pas plus surprenant ici que dans gr. ὀρέστερος « de la montagne » (par opposition à la plaine). D'ailleurs le latin a une formation sans doute analogue : *cau-er-na* renferme, devant le suffixe secondaire **-no-* (féminin **-nā-*), l'élément **-er-, *-ero-* qui est synonyme de **-ter-, *-tero-* ; la différence entre *peštera* et lat. *cau-er-(na)* est de même ordre que celle entre skr. *pu-trá-ḥ* « fils » et lat. *pu-er* ; pour l'addition de **-no-,* cf. *internus, hesternus,* etc. Le gr. ἄντρον est moins intéressant parce que le sens est « intérieur » ; cf. ombr. a n t e r, v. sl. *ątrĭ.*

L'emploi des suffixes marquant opposition de deux objets dans *peštera, cauerna* rappelle celui des mêmes suffixes dans les mots signifiant « ventre ». Le « ventre » est l'intérieur de la bête : gr. ἔντερα, skr. *āntrám, antrám,* arm. *ənderkh,* v. sl. *ątroba* « κοιλία » et *jętro* « foie » : la valeur de **-tero-, *-tro-* est ici très claire. Mais le même suffixe ou des suffixes très voisins se retrouvent dans toute une série d'autres mots : gr. γαστήρ, lat. *uen-ter* peuvent se discuter (il est remarquable que γαστήρ se fléchisse tout autrement que les noms d'agents et d'une manière toute pareille aux termes de parenté comme πατήρ ; de même lat. *uenter* ; cf. le suffixe de skr. *antár, antári-,* lat. *inter,* qui est athématique) ; got. *hair-þra* en regard de v. sl. *črěvo* « κοιλία », r. *čerévo,* s. *crijèvo,* v. tch. *trzievo* et skr. *jaṭh-áram* en regard de got. *kilþei* présentent nettement *-*tro*-, *-*ero*-; et surtout il y a la famille bien connue de :

lit. *vě'd-ara-s* « estomac », v. pruss. *weders*;

skr. *ud-ára-m* « ventre », zd *ud-ara-* ; gr. ὅδ-ερο-ς· γαστήρ (avec un ὁ dont l'esprit rude semble indiquer qu'il s'agit d'une graphie de la prononciation dialectale *u* (et non *ü*) cf. Brugmann, *Griech. gramm.*[3], p. 27 et 194; on pourrait aussi penser à un ancien Ϝοδερος).

gr. ὕσ-τρο-ς · γαστήρ et ὑσ-τέρα; le lat. *uterus* fait difficulté; on ne peut guère expliquer le *t* qu'en partant d'un ancien **utro-*; la forme s'explique en indo-européen : un i.-e. **ud-tro-* aboutissait en effet à **utro-* comme **med-tro-* à *metro-* (gr. μέτρον), suivant une remarque de M. Grammont, suggérée par le bel article de M. F. de Saussure, M. S. L., VI, 246, et suiv.; on peut aussi expliquer **utro-* en latin (Vendryes, *Recherches sur... l'intensité initiale*, 228).

L'élément radical **wed-* de ces divers mots est peut-être celui qu'on rencontre, sous la forme sans *e*, **w°d-*, dans lit. *vidùs* « intérieur, milieu » où l'alternance des suffixes **-eu-* et **-tero-*, **-ero-* rappelle l'opposition de lat. *specus, specu* et de v. sl. *peštera*; de gr. κρατύς et κρατερός; etc.

---

8. — *nejęsytĭ*.

Le *-ję-* de *nejęsytĭ* « pélican » (Ps. CI, 7), « vautour », littéralement « insatiable » (cf. le synonyme *nesytĭ*), et de *nejęvěrŭ* « incrédule » est encore inexpliqué. D'autre part, on ne signale en baltique et en slave au premier terme des composés aucune trace de la particule négative i.-e. **n̥-* qui est attestée dans toutes les autres langues indo-européennes conservées sous une forme un peu archaïque : indo-iran. *a-*, *an-* arm. *an-*, gr. ἀ-, ἀν-, lat. *in-*, celt. *an-*, germ. *un-*. On est par là conduit tout naturellement à se demander si les formes anciennes ne seraient pas **ję-sytĭ* « insatiable », **ję-věrŭ* « incrédule » avec un **ję-* qui en effet représenterait régulièrement i.-e. **n̥-*. Ces deux mots auraient été conservés par hasard alors que l'emploi de **ję-* = gr. ἀ- avait disparu en slave; et, comme ils n'étaient plus analysés, on aurait, par une sorte de contamination d'anciens **jęsytĭ, *jęvěrŭ* et des formes nouvelles *nesytĭ, nevěrĭnŭ,* dit *nejęsytĭ, nejęvěrŭ*; c'est ainsi que, en italien, on a *con meco* au lieu de *meco* et en russe *navrjad li* à côté de *vrjad li*; il y a ici simplement accumulation d'une forme ancienne et d'une forme moderne ; le fait est d'ailleurs singulier. — Ce qui vient à l'appui de cette hypothèse, c'est l'aspect très archaïque du composé possessif *nejęvěrŭ,* qui n'a aucun suffixe de dérivation, chose usuelle en indo-européen, mais rare en slave dans ce type de composés et conservée presque uniquement dans le composé très archaïque *ubogŭ* en regard de *bogatŭ.*

Cette explication du *-ję-* de *neję-věrŭ* suppose que le mot *věra* « πίστις » (r. *vě́ra,* s. *vjèra,* tch. *víra*) soit original en slave ; car l'archaïsme **jęvěrŭ* deviendrait peu admissible si l'on tenait, avec M. Hirt, *věra* pour un emprunt au germanique. Mais il n'y a là aucune difficulté : v. h. a. *wāra* signifie « vérité » et non pas « foi », le v. isl. *vár* signifie « vœu », et le got. *tuzwerjan* « douter » ne donne aucun droit de poser un mot **wērō* « foi » en germanique. Il n'est pas non plus légitime de voir dans *věra* un mot slave parent de lat. *uērus*; le sens est trop essentiellement différent, comme l'a noté M. Bréal, M. S. L., VII p. 146, n. 2. Au fond, le mot slave se rapproche surtout pour le sens de la racine iranienne *var-* « croire » : *fravarānē* est le terme par lequel dans l'Avesta le mazdéen confesse sa foi ; il est probable qu'on est en présence d'un vieux terme religieux qui se retrouve en iranien comme dans *svętŭ,* cf. zd *spəntō*; *slovo,* cf. zd *sravah-* « parole » ; *bogŭ,* cf. v. perse *baga* « dieu ». Ce n'est pas ici le lieu d'examiner si lat. *uērus* doit être rapproché de zd *var-* (v. Fick-Stokes, *Vergl. wört,* II, 272, et Uhlenbeck, *Et. wört. d. got. spr.*^{2}, sous *tuzwerjan*) ou de la racine **wes-* de got. *wisan* (v. en dernier lieu Hirt, *Ablaut,* p. 134, n.) ; le seul rapprochement clair pour le sens est celui de v. sl. *věra* et de zd *var-* « croire ».

---

9. — *slězena* et le nom indo-européen de la « rate ».

V. sl. *slězena,* v. russe *selezena* (russe mod. *selezënka*), b. sor. *slozyna,* s. *slezina* supposent un ancien **selzenā,* resp. **selzīnā.*

Même abstraction faite du suffixe, ce mot ne répond exactement à aucune des formes du nom de la « rate » dans les autres langues indo-européennes : comme les noms de la « langue », les noms de la rate sont irréductibles à un original commun ; mais les divers noms ont entre eux un air de parenté qu'il est intéressant de relever. Les formes les plus voisines de la forme slave sont, en iranien, zd *spərəza-*, persan *supurz*, jud.-tat. *süpül* ; pehlvi *spārz* (l'*a* noté entre *p* et *r* n'est peut-être qu'une « mater lectionis »), *kāš. espöl*, et, en celtique, irl. *selg*, m. bret. *felch* (avec *f* issu de *sp*) : la finale *-elg$_1$h-, *-ḷg$_1$h- (ou -elg$_1$-, -ḷg$_1$- ?) est commune au slave, à l'iranien et au celtique, mais le slave a *s-* initiale en regard de *sp-* des deux autres langues (la chute du *p* étant phonétique en irlandais) ; en slave *spelz- n'a pu d'aucune manière aboutir à *selz-, et, même en reportant la chute du *p* jusqu'au moment où *el* est devenu *ḷe* (?), comme le fait M. T. Torbiörnsson, *Die gemeinslavische liquidametathese* (*Upsala Univ. årsskrift*, 1902), I, 27, on n'explique pas la chute du *p* : si *p* subsiste devant *l* consonne, il serait étrange qu'il tombât devant *l* voyelle. — Il est intéressant de noter qu'on retrouve la même opposition d'une forme avec et sans *p* dans skr. *plīhán-* en face de lat. *liēn* (qui pourrait être *slīg$_1$hēn-) : ceci suffit à montrer combien il serait vain de vouloir expliquer la chute du *p* en slave même. — On a ainsi les formes : *spelg$_1$[h]- (spḷg$_1$[h]-) ; *selg$_1$[h]- ; *plīg$_1$h- ; *līg$_1$h- (ou *lig$_1$h- ?).

Le gr. σπλήν, σπληνός présente à son tour une forme sans gutturale irréductible aux précédentes, soit *splēn- ; on ajoute souvent σπλάγχνα « entrailles » qui ne va ni pour le sens ni pour la forme, et qu'il convient par suite d'écarter.

L'arménien a *phaycaɫn*, avec un *ph* initial qui ne peut reposer que sur un ancien *ph* indo-européen, le *p* initial ne donnant que *h* : le *p* du sanskrit, de l'iranien et du celtique admet aussi cette origine ; seul le π de gr. σπλήν suppose nécessairement un i.-e *p. Le *c* de *phaycaɫn* repose sur *g$_1$, et non sur *g$_1$h. Il faudrait partir de *phaig$_1$len-.

En baltique, on rencontre lit. *blužnis*, v. pruss. *blusne* ; le *b* initial résulte sans doute d'une assimilation de *p* initial à la sonore aspirée intérieure ; on sait que, en indo-européen, une racine ne peut tout ensemble commencer par une occlusive sourde et finir par une sonore aspirée : le τ de gr. στείχω, dont la racine commence par *s*, est ancien, mais, celui de τεῖχος repose sur un ancien θ ; souvent un doublet muni de *s*- a maintenu la sourde, ainsi dans des cas tels que skr. *kṛdhúḥ* en face de *á-skṛdhoyuḥ*, mais c'est sans doute le *b* issu de *bh* de lit. *blužnis* qui représente le traitement phonétique indo-européen dans un cas de ce genre. — L'*u* représente non pas i.-e. *ə qui ne peut jamais être autre chose que le degré zéro d'une tranche *ā*, *ē* ou *ō*, mais la voyelle réduite i.-e. °qui apparaît dans les racines terminées par une occlusive, cf. ci-dessus, p. 164 Seulement, au lieu d'être représentée par *i* comme elle l'est d'ordinaire en baltique, elle l'est ici par *u* ; on retrouve le même traitement dans lit. *ùpė*, en face de v. pruss. *ape*, indo-iran. *āp*-, *ap*- « eau », gr. ὀπός ; et ce traitement n'a rien de très surprenant puisque, comme on sait, i.-e. **ṛ*, *ḷ*, *ṇ*, *ṃ* sont représentés en letto-slave non seulement par *ir*, *il*, *in*, *im*, mais aussi parfois par *ur*, *ul*, *un*, *um*, sans que le principe de la répartition soit connu. — On peut donc poser que les formes baltiques reposent sur un i.-e. **bhl°g₁hen*- (ancien **pl°g₁hen*- ?).

L'alternance de *bh*- et de *ph*- à l'initiale n'est pas sans exemple par ailleurs : de même que le persan *nāf* s'oppose à skr. *nā́bhiḥ*, v. pruss. *nabis*, v. h. a. *nabolo*, v. irl. *imbliu*, le v. sl. *pąpŭ* (r. *pup*, *púpa* ; pol. *pęp* ; s. *pȕpak*, *pȕpaka*) s'oppose à lit. *bámba*.

En somme, pour huit dialectes indo-européens, on a sept formes plus ou moins pareilles à quelques égards, mais absolument différentes à d'autres ; seuls, le celtique et l'iranien s'accordent. Et il est à noter que les dialectes par ailleurs les plus voisins divergent ici : le sanskrit d'avec l'iranien, le slave d'avec le baltique, et le latin d'avec le celtique. On n'a aucun moyen de déterminer la nature du lien qui unit ces formes divergentes.

Les exemples de ce genre ne manquent pas en indo-européen ; le plus connu est celui du nom de la « langue » : le v. sl. *językŭ* n'a de correspondant exact que dans v. pruss. *insuwis* et ne se laisse d'ailleurs ni rapprocher d'une manière définie ni séparer de skr. *jihvā́*, zd *hizvā*-, lit. *lëžùvis*, got. *tuggo*, irl. *tenge*, lat. *lingua*, toutes formes inconciliables entre elles. Pour la « chèvre », on a : skr. *ajáḥ* « bouc », *ajā́* « chèvre », *ajínam*

« peau », pehlvi *azag* « chèvre » (Horn, *Grundr. d. neup. et* p. 269), lit. *ožỹs* « bouc », *ožkà* « chèvre », v. pruss. *wosux* « bouc », *wosee* « chèvre », v. sl. *azno* « peau » (ces mots supposent un ancien thème **ăg-* dont ils présentent diverses dérivations) — zd *izaêna-* « de peau », arm. *ayc* « chèvre », gr. αἴξ, αἰγός « chèvre », αἰγίς « peau de chèvre » — v. sl. *koza* « chèvre », *kozĭlŭ* « bouc », *kozĭlę* « chevreau », *koža* « peau » (cf. peut-être got. *hakuls* « manteau »), ags. *hécen*, alb. *kets* « chèvre », *keθ-ši* « bouc » ; les dialectes occidentaux ont des mots qui leur sont particuliers : lat. *caper*, gall. *caer*, v. isl. *hafr* (les mots iraniens cités par M. Uhlenbeck, *Et. wört. d. got. spr.* [2], p. 55 et par M. Schrader, *Reallexikon*, p. 985, n'ont évidemment rien à faire ici : le *č* initial et le *p* intervocalique les excluent ; gr. κάπρος signifie « sanglier ») et lat. *haedus*, got. *gaits*. Pour le « renard » on trouve : gr. ἀλώπηξ, lit. *lãpė* — skr. *lopāçáḥ* (chacal), zd *raopiš*, persan *rōbāh* — bret. *louarn* — arm. *ałuēs* — v. sl. *lisŭ* dont l'*i*, à en juger par l'intonation (s. *lȉs*, *lìsa*, tch. *lis* ; russe *lisá*) repose sur **ei* et non sur **ī*. — Il faut noter ces ressemblances étranges de mots ayant le même sens ; mais, avec les moyens dont on dispose actuellement, il serait chimérique d'en vouloir rendre compte dans le détail.

---

10. — *malŭ*.

Le v. sl. *malŭ* « petit » ne répond exactement à aucun autre mot indo-européen : got. *smals*, v. h. a. *smal* diffère et par la présence de *s* initiale et par le vocalisme ; le gr. μῆλον (avec η panhellénique) « petit bétail, mouton » peut être parent, mais le rapprochement ne saurait passer pour certain, et d'autant moins que le correspondant celtique (irl. *mil*, etc.), signifie simplement « animal ».

Si l'on veut aller un peu plus loin, on peut remarquer encore que plusieurs mots signifiant « petit » commencent par *sm-*, *m-* : gr. σμικρός, μικρός — v. h. a. *smāhi*, v. isl. *smár*, cf. lat. *macer* — v. sl. *mězinĭcĭ* « dernier-né » (et, dans certains dialectes modernes, « petit doigt »), lit. *mãžas* « petit », v. pruss. *massais* « moins ». Mais ces mots n'ont en commun que l'élément initial *sm* : *m*, et la rencontre peut fort bien être fortuité.

Cette absence d'étymologie n'a rien de surprenant ; la notion de « petit » change très souvent de dénomination : ni ital. *piccolo*, ni esp. *pequeño*, ni fr. *petit* ne sont issus de lat. *paruos* et le lat. *paruos* répond moins encore que v. sl. *malŭ* à un terme d'une autre langue indo-européenne. Les mots signifiant « petit » diffèrent d'une langue à l'autre, d'un dialecte à l'autre : le got. *leitils* n'est pas identifiable au v. h. a. *luzzil*, et l'on ne connaît, à proprement parler, l'étymologie ni de l'un ni de l'autre adjectif ; on voit seulement qu'ils sont récents, car ils ont reçu les finales caractéristiques de l'adjectif signifiant « grand » auquel l'adjectif « petit » s'oppose naturellement et avec lequel il tend par suite à s'associer dans l'esprit : cf. v. h. a. *luzzil* et *mihhil* — ags. *lýtel* et *micel* — got. *leitils* et *mikils*, v. isl. *lítell*, acc. masc. *lítenn*, et *mikell*, acc. masc. *mikenn*, et même les adverbes got. *leita* « ὀλιγόν » (Mc I, 19), v. isl. *lít* en regard de v. isl. *miok*, *miǫk* ; on reconnaît les finales de gr. μέγας, μεγαλο-, lat. *magnus* en regard de arm. *mec*, skr. *mah-* (et *mahá-*, *mahánt-*).

C'est par suite de développements de sens singuliers qu'un mot arrive à signifier « petit » et il serait chimérique de vouloir deviner de pareils changements : si le passage de all. *klein* au sens de « petit » ne s'était pas produit en pleine période historique, personne ne se serait sans doute avisé de l'imaginer.

D'ailleurs, d'une manière générale, les mots désignant des infirmités ne sont pas expliqués pour la plupart : v. sl. *gluxŭ* « sourd », *slěpŭ* « aveugle », *xromŭ* « boiteux » sont dépourvus d'étymologies satisfaisantes : par exemple, si l'on rapproche *sromŭ* de skr. *srāmaḥ*, zd *rāma-*, on ne réussit pas à expliquer par là le *x* initial.

Les adjectifs qui désignent des infirmités ou qu'on emploie dans un sens défavorable sont sujets à se renouveler sans cesse et par suite beaucoup d'entre eux ne sauraient avoir d'étymologie indo-européenne ; il est donc inutile de s'obstiner à une recherche qu'on doit s'attendre à voir rester sans résultat. Il en est de ces adjectifs comme des animaux qui n'ont pas de nom indo-européen : on sait par exemple que le

« lézard » n'a pas de nom commun aux diverses langues ; on ne pourra donc faire plus que des hypothèses incertaines sur l'origine de *ašterŭ* « σαῦρα » (Supr. 297, 19 ; lire *aštera zelena* au lieu de *ašte razdělena*), r. *jáščer*, etc.

Là même où l'on entrevoit pour un mot signifiant « petit » un rapprochement plausible, il résulte de ce qui précède qu'il convient de ne rien affirmer, et c'est sous le bénéfice de cette réserve qu'est présentée l'observation suivante sur le mot *xudŭ*.

Le rapprochement de v. sl. *xudŭ* « petit, médiocre, misérable » et de skr. *kṣudráḥ* « petit » qu'a proposé M. Pedersen, I. F., V, 60 et suiv., et qui a été souvent reproduit depuis, est beaucoup moins séduisant qu'il ne paraît d'abord, quand on observe que skr. *kṣudráḥ* ne saurait être séparé de skr. *kṣódati* « il écrase », sans parler des contestations phonétiques qu'on pourrait soulever. Un autre rapprochement, plus satisfaisant pour la forme et aussi satisfaisant pour le sens, peut être proposé : l'arm. *xun* est exactement synonyme de sl. *xudŭ* ; la finale slave *-dŭ* serait alors suffixale, comme dans *tvrŭdŭ* en regard de lit. *tvìrtas*. On aurait ici un nouvel exemple du traitement slave *x* de i.-e. **kh* à joindre aux cas connus de *soxa*, cf. lit. *szakà*, skr. *çākhā*, pers. *šāx*, arm. *çax* (Pedersen, I. F., V, 50) ; et *xoxotati*, cf. arm. *xaxankh*, skr. *kakkhati*, gr. καχάζω ; de *xotěti (xŭtěti)*, cf. arm. *xand* « désir violent » ; etc. Le got. *hauns* « bas, humble », v. h. a. *hōni* pourrait aussi être rapproché de arm. *xun* et de sl. *xudŭ* ; le vocalisme serait le même que celui du mot slave. Enfin on pourrait peut-être citer encore, avec un autre suffixe, gr. κοῦφος « léger ».

Le traitement sl. *x* de i.-e. **kh* qu'on admet ici d'après M. Pedersen permettrait aussi d'expliquer le rapprochement très séduisant de v. sl. *plěšĭ* « chauve », r. *plěxán*, tch. *plechatý* et de lit. *plìkas* (même sens) : la seule combinaison qui rende immédiatement compte de ce rapprochement est une racine **pleikh-* dont on aurait en slave la forme **ploikh-* dans *plěx-* et en lituanien la forme **plikh-* dans *plikas*, cf. tch. *plchý*. L'hypothèse d'un emprunt du mot lituanien au slave semble exclue (Leskien, *Bildung*, p. 32). On aurait ainsi pour la calvitie un terme letto-slave qui ne se retrouverait pas dans les autres langues.

11. — *tuždĭ*.

v. p. 506

La dissimilation de *j* par un autre *j*, supposée M. S. L., IX, 137 et suiv., pour expliquer *žěją*, a déjà trouvé dans la forme *pitěją* une importante confirmation (M. S. L., XI, 14); *tuždĭ* en regard de *štuždĭ* « ἀλλότριος » en fournit un nouvel exemple. En effet v. sl. *štuždĭ* (J. X, 5 Zogr. ; Supr., Euch., etc.), r. *čužój*, pol. *cudzy* supposent un slave commun **tjudjĭ*, tandis que *tuždĭ*, qui est la forme de l'ancienne traduction de l'Évangile (L. XVI, 12 Zogr. Mar. Ass. ; J. X, 5 et Mt. XVII, 25 et 26) et du Psautier (aussi Euch. 68 b., etc. ; Supr. 375, 15), *tuzĭ* des feuilles de Kiev IV b 10, s. *tûđ* supposent **tudjĭ* (une troisième forme *stuždĭ* qu'on lit par exemple Euch. 68 b et Supr. 313, 9 peut s'expliquer soit par une contamination de *štuždĭ* et de *tuždĭ*, soit par une dissimilation de *štuždĭ* en *stuždĭ*) : **tudjĭ* est la forme attendue, avec la même dissimilation qu'on observe dans *žěją* et *pitěją* ; la conservation de **tjudjĭ* à côté de **tudjĭ* serait surprenante dans un mot original, mais le thème sl. **tjudjé-* est un dérivé d'un emprunt au germanique : got. *þiuda*, v. sax. *thioda*, v. isl. *þióð*, et se trouve par là même dans une situation à part.

On conçoit aisément qu'un adjectif tiré d'un mot étranger signifiant « nation » désigne précisément l'étranger : la nation germanique était pour les Slaves la nation étrangère par excellence : le *němĭcĭ*, c'est-à-dire le muet, le βάρβαρος, est le Germain. Il est d'ailleurs curieux que lette *tauta* désigne à date ancienne surtout un peuple étranger.

La longue de s. *tûđ* n'enseigne rien sur l'intonation ; il s'agit d'un adjectif accentué sur la finale : fém. *túđa*, neutre *túđe*, et par suite comparable à *nâg* (v. M. S. L. XI, 349) ; il n'y a donc ici nulle contradiction avec le cas de *bljŭdo*.

Là où la seconde syllabe ne renferme pas un groupe dont *j* est le second terme, d'après l'explication proposée il ne doit pas y avoir d'alternance *tj* : *t* ; et en effet en regard de v. sl. *štutiti*, *oštutiti* « γνῶναι, αἰσθεῖν », r. *očutít' sja*, s. *ćútiti*, pol. *cucić*, il n'y a de variante **tutiti* dans aucun dialecte ; v. sl. *študŭ* « τρόπος », s. *ćûd*, tch. *cud*, *cudný*, r. *pričúda* n'ont pas non plus de variante **tudŭ*.

12. — *dvĭri, vrata,* etc.

Le vieux slave présente le pluriel dans plusieurs mots où l'on serait tenté au premier abord d'attendre le duel :

dvĭri « θύρα », par exemple dans l'Évangile : Mt. XXV, 10 ; J. X, 1, 2, 7, 9.

vrata (pluriel neutre) « πύλη, πυλών » Mt. VII, 13, 14 ; XXVI, 71 ; etc. ; Ps. LXVIII, 13.

usta (pluriel neutre) « στόμα », très souvent dans l'Évangile.

nozdri « ῥῖνες » Ps. CXIII, 14 ; Supr. 296, 2 et 435, 20.

črěsla (pluriel neutre) « ὀσφύς » L. XII, 35 ; Euch. 85 b.

Comme le vieux slave a conservé rigoureusement l'emploi du duel et ne manque pas de mettre ce nombre partout où il est expressément question de deux objets ou bien quand il s'agit de choses notoirement paires, comme les « yeux », *oči,* ou les « oreilles », *uši* (v. Belič, *Izvěstija* de la sect. de langue et litt. russes de l'Acad. de St-Pétersbourg, IV, 1159 et suiv.), on doit tenir l'emploi du pluriel dans ces mots pour ancien.

Et en effet, dans les cas correspondants, le baltique et le grec n'ont que le pluriel et non le duel :

A v. sl. *dvĭri* répond le pluriel lit. *dùrys* (cf. aussi lat. *forēs,* v. h. a. *turi* et l'adverbe arm. *durs* « dehors ») ; le sanskrit a de même le pluriel véd. *dvā́raḥ* et *dúraḥ* « la porte » à côté du duel véd. *dvā́rau.* Le grec a le pluriel θύραι (cf. Osthoff, *Zur armenischen laut- und wortforschung,* dans les *Sprachwissenschaftlichen abhandlungen* de L. von Patrubány, 116 et suiv.).

A v. sl. *vrata* répond le pluriel lit. *vartaĩ* qui tient la place d'un pluriel neutre conservé dans v. pr. *warto* « thor « (Voc.) ; v. Berneker, *Preuss. spr.* 269 (cf. le pluriel ombr. veres, *uerir,* osq. veru). — Le mot grec, différent, est aussi pluriel : πύλαι.

Près de v. sl. *nozdri* on trouve lit. *nasraĩ* ; cf. aussi gr. ῥῖνες (et lat. *nārēs*).

A v. sl. *usta* répond le pluriel neutre v. pr. *austo* « munt » (Voc.) ; le masculin singulier correspondant à skr. *óṣṭhaḥ* « lèvre » se trouve au contraire dans l'accusatif v. pruss. *āustin* « maul » (Ench. 52) ; le dérivé zd *aoštra* « *lap* » (lèvre) du *Frahang* doit être un féminin comme le dérivé slave *ustĭna* « χεῖλος ».

Là où il s'agit explicitement des « deux narines » ou des « deux lèvres », le duel devait être naturellement employé en indo-européen et c'est ainsi qu'on a skr. *óṣṭhau* « les deux lèvres » Ṛ. V., II, 39, 6 dans un passage où sont énumérées au duel les parties du corps qui vont par paires: yeux, mains, etc. D'ailleurs, comme on le voit par *dvā̆rau,* le sanskrit tend à remplacer par des duels les pluriels anciens ci-dessus énumérés.

Mais le pluriel doit être considéré comme correct au point de vue indo-européen partout où deux objets se réunissent pour former un tout; l'emploi du pluriel pour indiquer un tout composé de plusieurs parties est bien établi (v. Delbrück, *Vergl. synt.,* I, p. 147 et suiv.; Brugmann, *Griech. gramm*[3]., p. 369 et suiv.); on a eu tort seulement de croire que l'emploi du pluriel n'était pas légitime lorsque les parties n'étaient qu'au nombre de deux.

---

13. — A propos de *svĭtěti.*

La racine bien connue *$*k_1weit$-* « briller » (qui se dit en particulier de l'éclat de l'aurore qui paraît) n'est attestée que dans les dialectes orientaux : en indo-iranien et en letto-slave. On a en védique le thème racine dans *açvitan, çvitānáḥ,* l'aoriste sigmatique *açvait,* l'aoriste à redoublement *açiçvitat*; ni le sanskrit classique ni le zend n'ont conservé de formes verbales; dès les plus anciens textes sanskrits et iraniens, *$*k_1weit$-* tend à être éliminé par la concurrence d'une autre racine signifiant « briller », i.-e. **leuk-*; les deux racines n'étaient sans doute pas exactement synonymes, et **leuk-* paraît avoir désigné à l'origine un éclat moindre que *$*k_1weit$-,* celui de la lune (v. sl. *luna,* lat. *lūna,* arm. *lusin*), des étoiles (v. pruss. *lauxnos* « gestirne »), de l'aurore commençante (gr. ἀμφιλύκη), de la lumière artificielle (gr. λύχνος, lat. *lūmen*), d'une marque, d'une tache blanche dans un objet coloré (lit. *laŭkas,* gr. λοῦσσον, v. Osthoff, *Etymologische parerga,* I, 77); au contraire on a en letto-slave une série complète de formes verbales:

1° lit. *szvitù, szvitěti*; v. sl. *svĭštą, svĭtiši* (par exemple J., I, 5), inf. *svĭtěti* « être clair »; les présents du lituanien et du slave différent ; il est probable que le présent slave en *-i-* est dû à l'infinitif *svĭtěti*.

2° lit. *szvëczù, szvĕsti* « briller » et *szveiczù, szveĭsti* « parer, orner » (faire briller) : formes munies du suffixe secondaire *-*ye*- et tirées du thème racine **$k_1$weit*-.

3° lit. *szvintù, szvìsti* ; v. sl. *svĭnq, svĭnqti* (serbe *svănuti, svănĕ*) « devenir clair, commencer à briller », non attesté dans les textes proprement vieux slaves, mais représenté par son itératif *svitati* « ἐπιφώσκειν » Mt. XXVIII, 1 et L. XXIII, 54, serbe *svìtati*, polon. *s'witac'*, tch. *svítati*.

4° lit. *szvaitýti* « rendre brillant », v. sl. *světiti* Mt., V, 15, russe *svĕtít'*, v. tch. *svietiti* (tch. *svítiti*), pol. *s'wiecic'*.

La seule forme nominale non tirée d'un verbe que présente le slave est *světŭ* (r. *svĕt, svĕ'ta* ; s. *svìjet, svìjeta*) « lumière » avec ses dérivés *svěšta* (r. *svĕčá*, s. *svijèc'a*, pol. *s'wieca*) « flambeau » et *světilŭ* « brillant » (r. *svĕ'tlyj*, s. *svìjetao, svijètla*) ; l'indo-iranien n'a pas l'abstrait correspondant mais il a l'adjectif skr. *çvetáḥ* « brillant », zd *spaētō*, auquel le slave n'a pas de correspondant non plus qu'à skr. *çvitnáḥ, çvitráḥ* (cf. lit. *szvitrinĕti*), *çvity-áñc*-.

Enfin, si l'on considère, d'une part, que les anciennes palatales indo-européennes initiales sont représentées en slave par des gutturales quand le mot renferme une sifflante à l'intérieur (*gqsĭ, dzvězda* = pol. *gwiazda*; *kosa* [cf. skr. *çásati* « il coupe »], etc., v. M. S. L., IX, 374) et, de l'autre, qu'il est difficile de séparer le nom occidental de la « fleur », lat. *flōs*, irl. *bláth*, got. *bloma*, de la famille connue de lit. *báltas*, v. sl. *bělŭ*, gr. φαληρός, φαλιός, etc. (ce que dit M. Hirt, *Ablaut* §293, est trop douteux) et de la forme élargie de φλέγω, etc., on sera tenté de voir dans le *kw*- initial de v. sl. *cvĭtq, cvětŭ*, tch. *ktvu, květ* un représentant de i.-e. **k_1w*- dont le *k* se justifierait à l'infinitif *cvisti*, tch. *kvísti* et à l'aoriste *cvisŭ*, et le mot « fleurir, fleur » serait tiré en slave de la racine **$k_1$weit*- « briller » par une spécialisation de sens due à l'isolement de la forme.

Tous ces mots sauf le dernier sont très clairs et aucun ne fait difficulté. Il en est tout autrement de ceux qui relèvent d'une autre racine à peu près synonyme, terminée par *d*. On trouve en effet les mots suivants :

skr. *çvindate* « il brille », mot de glossaire, qui ne se rencontre pas dans les textes ;

lit. *svidù, svidèti* « briller » ; *svidùs* « brillant » ;

lat. *sīdus* « astre, constellation » (Fröhde, BB. XIV, 111 Solmsen, *Untersuch. z. gr. laut-und verslehre*, 206) ;

got. *hweits* (et *hwaiteis*), v. isl. *huítr*, ags. *hwít*, v. h. a. *wīz* « blanc » ;

gaul. *Vindo-(magus)*, gall. *gwynn*, irl. *find* « blanc ».

Le *ç* du skr. *çvindate*, n'étant pas attesté en védique, est incertain ; il peut être une graphie savante pour un *s* prâkrit, gauchement sanskritisé sous l'influence de la racine *çvit-* ; si la forme douteuse lit. *szvidus* est authentique, il est aisé d'en expliquer le *sz* initial par l'influence de la famille de *szvitèti* ; enfin le germ. **hwītaz* peut résulter d'une contamination de **sweid-* et de **k₁weit-* ; la forme celtique **windo-* suppose une racine **sweid-*, avec l'infixe nasal et l'alternance connue de *s* + consonne : consonne (cf. *sk : k* ; *st : t* ; etc.) ; on pourrait aussi expliquer par un ancien **widro-* « brillant » le lat. *uitrum* ; on sait en effet que *dr* semble donner *tr* en latin (Thurneysen, K. Z., XXXII, 562, sqq.), mais *uitrum* a aussi été expliqué autrement (v. Schrader, *Reallexikon*, sous *Waid*, p. 932) ; cette même forme **wid-*, avec l'infixe nasal qu'on a dans skr. *çvindate* et dans celt. **windo-* se retrouve sans doute dans gr. ἰνδάλλομαι « je parais », ancien Ϝινδάλλομαι, comme l'indiquent quelques passages homériques (τ 224 et Ψ 460 ; peut-être aussi γ 246) ; le sens s'explique mieux par là que par le rapprochement ordinaire avec skr. *vindáti*, arm. *gtanem*, irl. *finnaim*, tous verbes signifiant « trouver ». La racine **(s)weid-*, ainsi attestée sur tout le domaine indo-européen, n'est pas représentée en slave où la concurrence de **k₁weit-* ne lui a sans doute pas permis de subsister.

---

14. — Latin *lactūca* en slave.

Le mot latin *lactūca* a été emprunté par le slave à la même date que les anciens emprunts au germanique tels que *vrŭtŭ, vrŭtogradŭ, lukŭ, črěšnja, plugŭ,* et autres termes de culture et de jardinage ; car le groupe *kt* y subit le même traitement que dans le mot original v. sl. *nošti*, slov. *noč*, serbe *nôć*, tch. *noc*, r. *noč'* en regard de lit. *naktìs* et l'on a serbe *lôć'ika*, slov. *ločika*, tch. *locika*; le pet.-r. *łóčyc'a* diffère et par l'accentuation et par le suffixe qui a été modifié. Ce traitement du *kt* de lat. *lactūca* peut s'interpréter de deux manières suivant la manière dont on envisage le traitement du groupe *kt* dans les mots originaux.

1° Si l'on admet, comme semble encore le faire M. Leskien dans la 3e édition de son *Handbuch*, § 28, p. 42, que *kt* donne v. sl. *št*, serbe *ć*, russe *č*, tch. *c* devant toute voyelle, on peut partir de lat. *lactūca* avec un *c* prononcé *k*: il n'y a aucune difficulté.

Mais cette hypothèse semble inadmissible; car le traitement v. sl. *št*, etc. du groupe *kt* ne se rencontre que devant les voyelles palatales, comme dans *nošti*, *dŭšti* ou dans des cas où il a pu y avoir extension analogique, ainsi dans le supin *pešti* qui s'explique aisément par l'infinitif *pešti*. Et en effet la palatalisation du groupe *kt* et son identification absolue avec le groupe *tj* qui sont choses fort naturelles devant une voyelle palatale seraient inexplicables devant une voyelle de la série *a*, *o*, *u*: la prononciation jodisée des consonnes n'est jamais déterminée en slave par autre chose que par *j* ou par des voyelles de la série palatale. En fait on a pol. *lot*, bl. russe *lët*, c'est-à-dire **letŭ* qui, à en juger par lit. *lekiù*, *lěkti*, doit reposer sur **lekto-*, et qui indique par suite le traitement normal de *-kto-* en slave; le verbe *letěti*, *leštą*, *letitŭ* (Ps. XVII, 11 et XC, 5) et l'itératif *lětati* sont sans doute dérivés de ce thème **leto-*. On est ainsi conduit à reconnaître que *kt* donne sl. *t* devant voyelle non palatale (v. par exemple Brugmann, *Grundr.*, I², p. 622; Vondrák, *Altkirch. gr.*, p. 133).

Cette doctrine s'impose d'ailleurs plutôt par son évidence a priori que par la force des exemples: **letŭ* est en effet le seul mot qu'on puisse alléguer d'une manière à peu près sûre; on cite aussi *pletą* en regard de v. h. a. *flihtu*, lat. *plectō* et de gr. πλέκω, lat. *plicō*, skr. *praçnaḥ*; mais on pourrait à la rigueur rendre compte de *pletą* par une forme i.-e. **pl-et-* qui différerait de **plek-* par l'élargissement; car **pl-ek-* renferme un élargissement, comme l'a vu M. Persson, *Wurzelerweiterung*, 35. Quant à *pętĭ*, on n'y saurait voir avec certitude le représentant de lit. *peñktas,* gr. πέμπτος, lat. *quintus* (dont l'*i* suppose **quiñtos*); en effet il est inquiétant que *pętĭ* doive être tenu pour analogique de l'ordinal *pętŭ*; or, il est facile d'éviter cette difficulté si l'on constate que, dans un groupe *-eñkt-,* le *k* se réduit à fort peu de chose : l'occlusion se fait pour la nasale, l'explosion seulement pour *t* : par suite le *k* se manifeste seulement par le fait que les vibrations glottales cessent avant que les organes quittent la position requise pour la gutturale et prennent la position de la dentale *t*; c'est ce qui a lieu pour le skr. *pañktiḥ* qui a fini par se prononçer *pañtiḥ* (v. Wackernagel, *Altindische gramm.,* I, 269), pour indo-iran. **pañkta-* qui donne zd *pañta-* dans le nombre fractionnaire *pañtañhum* « cinquième » (Yasna, XIX, 7) et pour le lat. **queñctos* qui a donné *quintus.* — Mais, même en ne tenant pas compte de l'exemple douteux *plętą* et de l'exemple tout à fait dénué de valeur *pętŭ,* il reste que le seul traitement possible de *kt* devant *ū* est *t*, et, par suite, que *lactūca* avec *c* non palatalisé ne pouvait donner s. *lòc'ika,* etc.

2° Les formes prises en slave par lat. *lactūca* supposent une prononciation fortement mouillée de *c* dans le groupe *ct*; or, on sait en effet que, dans les dialectes romans autres que l'italien parlé au sud de l'Apennin et les dialectes balkaniques, le groupe *ct* est profondément altéré : de *factu(m), octo,* l'italien a *fatto, otto,* le roumain *fapt, opt,* mais le piémontais *fait, œt,* le roumanche *fat', ot',* le français *fait, huit,* l'espagnol *hecho, ocho,* le portugais *feito, oito*; et le mot *lactūca* lui-même est ainsi représenté : it. *lattuca,* roum. *laptuca,* mais piém. *laitüa,* lomb. *lačüga,* fr. *laitue,* prov. *lačūgo,* esp. *lachuga,* port. *leituga* (d'après W. Meyer-Lübke, *Gr. des lang. rom.,* I, § 459 et suiv.). On le voit, le mot *lactūca* a été emprunté par le slave avec sa prononciation exacte; la prononciation molle de sl. *kt* devant voyelle palatale s'est trouvée être ce qui répondait le plus exactement au *ct* des dialectes romans : ce n'est ni de l'Italie du sud ni des Balkans que les Slaves ont reçu des mots romans, c'est des populations germaniques dont les Slaves occidentaux ont reçu de nombreux éléments de civilisation et dont la langue populaire était le germanique et la langue religieuse et savante le latin ; M. Bréal a finement noté (M. S. L., VII, 440) que les abbayes ont été pour beaucoup dans la propagation des plantes cultivées (cf. maintenant aussi Schrader, *Reallexikon*, 265) ; ce latin était naturellement prononcé à la manière des populations romanes qui habitaient au nord des Alpes.

Le *y* qui serait après consonne dure le représentant naturel de lat. *ū* a été remplacé par *ī* après *k'ť*, exactement comme il est arrivé après *ž* (issu de *j* initial du latin classique) dans *židovinŭ* « juif ».

L'emprunt d'un mot latin avec sa prononciation proprement romane n'est pas un fait unique : *križĭ*, *kaležĭ*, *židovinŭ*, *banja* fournissent des exemples analogues qui ont déjà été cités M. S. L., XI, 178 et suiv. ; M. Vondrák les a, il est vrai, révoqués en doute (*Gramm.*, p. 369) à cause de leur petit nombre, mais les emprunts du slave au roman ont été faits indirectement, par une entremise germanique, ainsi que l'attestent certains détails : la longue de *križĭ* et de *kaležĭ* et l'*ū* (issu de *ō*) supposé par le *y* de *pastyrjĭ* ; etc. ; ces emprunts ne sauraient donc être très nombreux.

Au surplus la liste des cas signalés se laisse allonger assez aisément et l'on peut encore citer :

1° *konoplja* (cf. M. S. L., XI, 179) ; M. Vondrák, *l. c.* ; p. 370, repousse l'idée d'un emprunt au latin, parce que, dit-il, « le mot est panslave et par suite ancien » ; avec cet argument on arriverait à contester que *crŭky* soit un emprunt germanique ; car il n'y a pas de raison de tenir les emprunts de mots germaniques se rapportant au christianisme pour plus anciens que les emprunts latins. — Le lit. *kanãpės* et le v. pruss. *knapios* (Voc. ; lire *kanapios* ?) sont empruntés au slave.

2° V. russe *istŭba*, russe *izbá*, serbe *izba*, tch. *jizba*, *izba*, etc. ; il s'agit évidemment du mot qu'on a dans v. h. a. *stuba*, fr. *étuve*, etc. ; c'est sous la forme romane avec *i* initial devant *st* que le mot a été emprunté par les Slaves, comme l'a déjà reconnu M. Ljapunov, *Izslěd. o jazykě sinodaln. spiska*, p. 236, n. ; mais le slave ne répond pas exactement à la forme française qui a *u*, c'est-à-dire un ancien *u* long, et le *ŭ* de **jistŭba* répond au *ŭ* de v. h. a. *stuba* : comme *križĭ* et *kaležĭ*, le mot a quelque chose de germanique. — L'*i* initial de *jispolŭ* (Euch. 52 b), *jispolinŭ* (Ps. XVIII, 6 ; XXXII, 16) « géant », en regard de la forme sans *i* initial *spolinŭ* (Supr. 370, 25), semble reconnaître la même origine que l'*i* de v. russe *istĭba*; comme pour tch. *obr* « géant », il s'agit sans doute d'un nom de peuple.

3° Le mot *polata* « παλάτιον » (Supr. 178, 16), russe *paláta*, est, comme v. h. a. *pfalanza*, v. sax. *palencea* un féminin tiré d'un pluriel neutre latin, qui n'est pas la forme représentée en roman (ital. *palazzo*, etc.); mais il ne présente pas la nasale germanique; le *t* au lieu de *tj* à la fin du mot est surprenant (car on ne peut guère songer à une action de *palătum*); mais le *č* du serbe *pòlača* ne l'est pas moins. La forme lat. *palătium* est bien représentée, au genre près, dans les dialectes occidentaux; tch. *palác*, polon. *pałac*, ht sor. *pałac*. Les divers dialectes slaves ne s'accordent donc pas entre eux; mais aucune de leurs formes ne remonte au germanique et toutes viennent directement du latin. Le v. h. a. *pfalz* remonte sans doute à *palāta*, mais avec accent sur l'initial. — On a de même *pogača* (ᵽ: *pògača*) en regard de it. *focaccia*, fr. *fouace*, tandis que le mot vieux haut allemand est *fochenza*.

4° *ągŭlŭ*, attesté par le datif *ągŭlu* Mt. XXI, 42; Mc, XII, 10; L. XX, 17 d'après le témoignage concordant de Zogr., Mar.; Ass., et aussi Ps. CXVII, 22, et plus nettement encore par le génitif pluriel *ągolŭ* Euch. 37 a. Ce mot ressemble trop absolument à lat. *angulus* pour n'être pas éminemment suspect d'être emprunté bien qu'on ne voie pas qu'il rentre dans l'une des catégories de sens des autres emprunts slaves anciens à des langues occidentales; l'accentuation initiale et l'intonation de serbe *ȕgal, ȕgla* et *nȕgao, nȕgla* (d'après *vŭn ągŭlŭ, vŭn ągŭlě*), cf. r. *úgol, úgla* (et *uglá*) s'expliquent bien dans l'hypothèse de l'emprunt. Toutefois on ne doit pas oublier, d'une part, que l'arménien a un mot *ankiwn* « coin » où se retrouve exactement l'élément radical de lat. *angulus* et, d'autre part, que skr. *aṅgúliḥ, aṅgúriḥ* « doigt » (cf. aussi *áṅgam* « membre » et *anguṣṭháḥ* = zd *anguštō* « doigt ») peut être à lat. *angulus* ce que gr. ἀγκάλη « coude, bras », ἀγκύλη, ἀγκοίνη et ἀγκών sont à ἀγκύλος « plié, courbe », ἄγκος « vallée », etc.; le lat. *ungulus* « bague » est évidemment à rapprocher de skr. *aṅgulīyam* « bague » de *aṅgúliḥ* « doigt », v. sl. *prŭsteni* de *prŭstŭ*, arm. *matani* « bague » de *matn* « doigt » (v. Hübschmann, I. F., IV, 119): un i.-e. **angulo-*, **ongulo-* est donc bien établi et *ągŭlŭ* pourrait être original en slave.

5° **redika* ou **rĭdĭka* « radis » supposé par pet. russe *red'ka*, russe *rě́d'ka*, et **rĭdĭky* (à côté de **redĭky*?) supposé par tch. *ředkev*, pol. *rzodkiew*, s. *řdakva* (c'est-à-dire **rĭdĭkŭva*). Ces formes répondent exactement à l'italien *rádica* « racine » (cf. W. Meyer-Lübke, *Gramm. d. l. romanes*, II, § 17), à ceci près que l'*a* a subi l'altération palatale attestée par le v. h. a. *retih* « rettich » (masculin) ; l'*a* est d'ailleurs conservé dans serbe *rồtkva*, *rồkva* et *rồdakva* ; on trouve de même slov. *breskva*, pol. *brzoskiew* en regard de s. *brồskva*, tch. *broskev*, pol. *broskiew*, de lat. *brassica*. Pour l'hésitation entre **rĭdĭka* et **rĭdĭky* on comparera v. sl. *raka* (Mt., XXIII, 29), russe *ráka*, serbe *rȁka*, mais tch. *rákev* ; cf. got. *arka*, lat. *arca*. La brève de la première syllabe de *rĭdĭky* est d'origine germanique ; car on a concurremment v. h. a. *retih* et *rătih*. La représentation de *e* par sl. *ĭ*, quoique peu ordinaire, n'est pas sans exemple : le got. *mekeis* est représenté en slave non seulement par v. sl. *mečĭ*, *meča* (L. XXI, 24 Zogr. Mar.), mais aussi par v. serbe *mìčĭ*, serbe *mȁč*, *mȁča* (v. Ljapunov, *l. c.*, p. 65 et suiv.) ; on peut citer aussi *lĭvŭ* (Ps. XXI, 22 ; etc.) en regard de v. h. a. *lewo*, lat. *leō* ; en regard de lat. *Graecus* le v. sl. *grĭčĭsky* « ἑλληνιστί » J. XIX, 20 (on notera que le slave a la forme latine et non la forme germanique à *k* initial : got. *kreks*, v. h. a. *kriach*) ; enfin le russe *car'* suppose **cĭsarjĭ* à côté de v. sl. *cěsarjĭ*.

6° Le lat. *scandula* (it. *scandola*, v. fr. *eschanle*, fr. mod. dial. *écente*, *échandole*, etc.) est représenté par serbe *skũdla*, slov. *skodla* « bardeau », c'est-à-dire par un ancien **skądŭla*, tandis que le v. h. a. *scintula* « schindel » représente lat. *scindula*. Le lat. *scutella* (fr. *écuelle*) est représenté par s. *zdjèla* et slov. *zdéla*, c'est-à-dire par **skŭděla* : le *ě* est issu du *e* accentué devant *ll* ; cf. *pěnędzĭ* de germ. **penninga-* ; le *d* est issu du *t* intervocalique roman, lequel tend à devenir sonore dans les dialectes romans du nord, comme toute occlusive intervocalique (le roumain étant, bien entendu, mis à part) ; les formes germaniques v. h. a. *scuzzila*, ags. *scutel*, v. isl. *skutell* ne sauraient expliquer le *d* slave. Le vieux slave présente des formes très divergentes et qui, pour le sens et pour la forme, ont l'air de contaminations des représentants de *scandula* et de *scutella* : L., V, 19 κέραμος « tuile » est traduit par *skądolĭ* Zogr., *skqdelĭ* Mar., *skądŭly* (acc. plur.) Ass., *skądĭlĭ* Sav., *skudělĭ* Nik. ; κεράμιον « vase » L. XXII, 10 et Mc, XIV, 13 est traduit au locatif par *skądolĭnicě* Zogr., *skądĭlĭnicě* Mar. ; κεραμεύς est traduit par *skądelĭnikŭ* Ps. II, 9, le génitif κεραμέως par les adjectifs *skądelĭnikovŭ* Mt., XXVII, 7 Zogr. Mar., *skądelĭničĭ* ib. Ass. et Mt., XXVII, 10 Zogr. Mar. Ass. Sav., *skądělĭničĭ* Ostr. dans les deux passages. L'*o* de *skądolĭ* du Zographensis, l'*e* de *skądelĭničĭ* dans le Zographensis et Sava, le *ě* de *skądělĭničĭ* dans Ostromir ne sauraient être d'anciens *ŭ* ou *ĭ* ; il s'agit d'anciens *o* et d'anciens *e*; l'*o* de *skądolĭ* est le *o* roman de *scandula* qui est intermédiaire entre *ŭ* et *o*, comme on sait; l'*e* de *skądelĭ*, *skądělĭ* est l'*e* de *scutella* ; l'*e* du texte de l'Évangile de Sava ne provient pas d'un original glagolitique, comme le suppose M. Sćepkin, dans son livre sur Sava, p. 101. — On notera que les mots dont il est question ici n'ont pas l'*i* qu'on observe dans **jistŭba.*

7° *poganŭ* (Euch. 23 a ; 103 b ; Supr. 83, 13), fém. *poganynĭji* Mc, VII, 26 Zogr. Mar., cf. serbe *pògan*, russe *pogányj*, tch. *pohan*, représente lat. *pāgānus* dont il reproduit l'accentuation. En germanique le mot n'est pas emprunté, mais il est traduit (v. Kluge, *Etym. wört.*, sous *heide* 2).

8° *papežĭ* (Assem. p. 144, l. 1, de l'édition Crnčić), tch. *papež*, pol. *papierz*, slov. *papež*, a un *ž* qui ne saurait être expliqué par le *s* du *bābes* de Notker dont on le rapproche : on ne voit pas comment *s* aurait pu donner *ž* ; d'ailleurs l'*s* même de Notker est très énigmatique. On est tenté de voir dans ce *papežĭ* le cas régime **pāpece(m)* d'un mot **pāpex* qui résulterait d'une bizarre contamination des deux noms latins du pape : *pāpa* et *pontifex* ; il est permis de se demander si le *bābes* de Notker ne repose pas aussi sur **pāpex*. Le traitement du roman *c* dans *papežĭ* serait le même que dans *križĭ* et *kaležĭ* et ne fait par suite aucune difficulté.

9° *komŭkati* (Euch. 11 b ; cf. Supr. 314, 29) est sûrement le lat. *commūnicāre* « communier » ; on n'est pas en présence d'une haplologie :

commū
nicāre.

car *mu* et *ni* n'appartiennent pas à deux éléments morphologiques différents, ce qui est la condition nécessaire de ce phénomène (Grammont, *Dissimilation consonantique,* 147 et suiv.). On a affaire à un abrégement de mot long : le fait n'est pas rare et l'on en peut citer comme exemple le cas bien connu du gr. mod. τριάντα, issu de τριάκοντα. L'influence germanique se traduit ici par le fait que la voyelle longue non initiale et non accentuée *u* a disparu, tandis que l'initiale du mot est parfaitement conservée.

Les trois mots *osĭlŭ* (r. *osël, oslá*), *kotĭlŭ* (r. *kotël, kotlá* ; s. *kȍtao, kȍtla*), *kŭbĭlŭ* (s. *kȁbao, kȁbla*) ont l'accentuation de lat. *asĕllum, catĕllum,* **cuppĕllum* (fr. *coupeau*), et non celle des mots germaniques correspondants : all. *esel, kessel, kübel* ; la différence entre ce traitement de *-ellum* et la forme de **skŭdĕla* pour **scutella* est à rapprocher du cas déjà signalé de *mečĭ* : *mĭčĭ,* etc.

Il n'est donc pas difficile de citer une série de mots slaves empruntés au latin ; il convient de rappeler aussi v. sl. *livra* de lat. *lībra* ; *kolęda* (Euch. 103 b), pol. *kolęda,* serbe *kȍleda* de lat. *calendae* ; *krĭstĭjanŭ* « christiānus », r. *krest'jánin,* s. *kr̀šćanin,* tch. *křest'an* ; etc., et il faudrait encore ajouter les mots qui, comme *rąkavŭ* « manica » ou *črŭnilo* « atramentum », sont de simples traductions, plus ou moins artificielles et gauches, de mots latins. On aurait alors une idée de l'influence assez grande qu'a eue le vocabulaire des moines et du clergé de l'Église d'Occident sur le vocabulaire slave.

Comme il a été indiqué ci-dessus, ce clergé connaissait le latin, mais il était surtout germain ; aussi le latin qu'il a transmis n'est-il pas toujours le roman parlé, mais une langue apprise où les mots usuels étaient en partie remplacés par des formations analogiques ; c'est peut-être ce qui explique l'aspect insolite de certains emprunts. Ainsi on a le suffixe bien connu lat. vulg. *-tōrio,* prononcé à la germanique *-tūrio* (cf. *pastyrjĭ,* de **pāstūr-,* lat. vulg. *pāstōre*), au lieu d'une finale *-teriu* ou *-tru* dans les trois mots savants qui suivent : *monastyrjĭ* (russe *monastýr',* pol. *monaster*) ou *manastyrjĭ* (Euch. 87 a, 92 a, etc. ; Supr. 90, 12 et 14 ; serbe *mȁnastīr*) de **monastōriu,* dont la finale *-tōriu* se retrouve dans v. h. a. *munistūri,* tandis que les dialectes romans ont *monasterio* ou *monisterio* (fr. *moutier,* cf. v. h. a. *munistiri,* ags. *mynster*) — *psaltyrjĭ* (Cloz. 353 ; russe *psaltýr',* pol. *psalterz*) en regard de lat. vulg. *psalteriu* (fr. *psautier* ; cf. v. h. a.*psalteri, salteri* d'où tch. *žaltář*) ; le caractère savant du mot slave ressort de l'initiale *ps* qui est tout à fait contraire au génie de la langue — *plastyrjĭ* (russe *plástyr'*) en regard du roman **plastro* (fr. *plâtre* et, pour le sens, *emplâtre*; cf. v. h. a. *phlastar*). — Le latin qu'ont reçu les Slaves est un latin de maîtres d'école allemands.

---

15. — De quelques particularités des noms empruntés au grec.

1° Le genre.

En transcrivant les mots grecs, les traducteurs ont représenté par des masculins les neutres grecs en -ον, ainsi dans l'Évangile *alavastrŭ* ἀλάβαστρον — *krinŭ* κρίνον — *kuminŭ* κύμινον — *piganŭ* πήγανον — *satŭ* σάτον — *skandalŭ* σκάνδαλον (seulement Mar.) — *talantŭ* τάλαντον — *assarĭjĭ* ἀσσάριον — *dinarjĭ* δηνάριον — *sudarjĭ* σουδάριον ; de même dans les autres textes : *jidolŭ* εἴδωλον (Ps. XCVI, 7 ; CXIII, 12; CXXXIV, 15; Euch. 2 b) — *orŭganŭ* ὄργανον (Euch. 94 a, en regard de *organy* [*organŭny* ms.] ὄργανα Ps. CXXXVI, 2 ; cf. *organy* dans la citation Cloz. 352, 355) — *tympanŭ* τύμπανον (Ps. LXXX, 3) — *potirjĭ* ποτήριον (Euch. 11 b) — *urarj* ὠράριον (Euch. 38 b; on notera la représentation de ω inaccentué par sl. *u*). Font exception, sans raison visible, *muro* μύρον, par ex. Mt. XXVI, 9, *lepto* λεπτόν (à en juger par le duel *lep'tě* Mc XII, 42 et L. XXI, 2) et *evanĭgelĭe* : les traducteurs se rendaient donc bien compte de l'identité du genre neutre en slave et en grec. Mais ils ont suivi dans la majorité des cas un usage populaire déjà établi : *korablĭ* « πλοῖον » qui, par son *b*, contraire à la transcription *v* employée par les traducteurs pour le β grec, et par son sens, se dénonce comme un emprunt populaire au gr. καράβιον (gr. mod. καράβι) est masculin et non pas neutre comme l'original grec ; le russe *korábl'* a conservé l'accentuation grecque tandis que s. *kȍrābalj* a pris l'accentuation de *kȍrāb* (gr. κάραβος). Ici, comme ailleurs, les traducteurs slaves se sont laissé guider par ce sens naturel de leur langue qui donne tant de prix à leur témoignage.

Le masculin et le féminin sont soigneusement distingués; les masculins en -ης sont rendus par des mots slaves en -*ŭ*, ainsi : *adŭ* ᾅδης — *ependŭtŭ* ἐπενδύτης — *konŭdratŭ, kodrantŭ* κοδράντης — *patriarxŭ* πατριάρχης — *tetrarxŭ* τετράρχης — *ụpokritŭ* ὑποκριτής dans l'Évangile. En revanche le féminin συκάμινος est rendu par *sụkamina* L. XVII, 6. Le féminin πλίνθος a de même fourni *plinŭta* et *plita*.

Cette différence du masculin et du féminin se traduit d'une manière très nette dans les mots appartenant à la troisième déclinaison grecque. Les masculins passent aux thèmes en -*o*- *afedronŭ* ἀφεδρών — *xitonŭ* χιτών — *finikŭ* φοῖνιξ (*pinikŭ* Ps.) — *ji*γ*emonŭ* ἡγεμών — *k̑enturionŭ* κεντυρίων — *statirŭ* στατήρ — *tektonŭ* τέκτων, le tout dans l'Évangile. Les féminins passent au contraire aux thèmes en -*a* : *xlamụda* χλαμύς Mt. XXVII, 28, 31; Euch. 49 b — *paropsida* παροψίς Mt. XXIII, 25, 26 — *aspida* ἀσπίς Ps. LVII, 5; XC, 13 — *jikuna* εἰκών Ps. LXXII, 20 (r. *ikóna*) — *pinak̑ida* πινακίς Supr. 107, 3. Le nouveau testament renferme de même une série de noms propres : *Salamina* Σαλαμίς, *Troada* Τρωάς, *Persida* Περσίς, etc. Le masculin *akridŭ* n'a pas le genre de ἀκρίς, tout simplement parce que, dans les deux passages de l'Évangile (Mt. III, 4 et Mc I, 6), le genre n'est pas immédiatement reconnaissable, le mot n'étant pas accompagné de l'article dans le texte grec et que les auteurs slaves postérieurs se sont laissé guider par le genre de *prągŭ*. — Quant aux neutres en -μα, le traducteur a suivi la forme qu'il avait sous les yeux : le nominatif singulier καταπέτασμα est rendu par le féminin *katapetazma* Mt. XXVII, 51 et L. XXIII, 45 (cf. *xrizma* de χρίσμα qui est un véritable emprunt et sert à traduire μύρον), tandis que le pluriel ἀρώματα est rendu à l'accusatif et à l'instrumental pluriels par *aromaty* (masculin) : Mc XVI, 1; L. XXIII, 56 et XXIV, 1; J. XIX, 40.

2° La lettre *f*.

Avant d'entrer dans l'usage, la lettre *f* empruntée au gr. φ paraît avoir fait difficulté pour la plupart des Slaves et il y a lieu de croire que les copistes prononçaient souvent *p*, c'est-à-dire qu'ils traitaient le φ comme les traducteurs eux-mêmes avaient traité le θ et le remplaçaient par l'occlusive sourde correspondante (v. M. S. L., XI, 173 et suiv.). Il subsiste quelques traces curieuses de cette prononciation.

Le gr. προφήτης, qui est d'ordinaire traduit par *prorokŭ,* est transcrit une fois Cloz. 134, mais on lit dans le texte *fropitu* au lieu de *profitu* ; cf. *frepektŭ* « praefectus » et *frospura* « προσφορά » dans le *Lexicon* de Miklosich et *Fanpilija* « Παμφυλία » Act. XV, 38 Christinop. — Cf. *tafati* τὰ πάθη en tête du chapitre XVIII de saint Jean, Mar. — Dans tous ces cas les copistes mettent la spirante caractéristique du mot grec à l'initiale, semblant ne voir dans le *f* qu'un détail graphique caractérisant le mot étranger.

En effet le *f* n'était pour eux qu'une sorte de *p* propre aux mots grecs : le gr. ὕσσωπος, qui est correctement rendu par *υsopŭ* dans l'Évangile, J. XIX, 29 apparaît à l'instrumental sous la forme *osofomŭ* Ps. L. 9, et *isofomĭ* Euch. 84 b, dans une allusion à ce passage du psautier. De même le gr. σκορπίος rendu par *skorpii, skorpiją* L. XI, 12 Zogr. Mar. Ass. et au pluriel par *skorpiję* L. X, 19 Zogr. Mar. Ass. a la forme *skorĭfii* (p. 45) et *skorĭfiją* (p. 128) L. XI, 12 et *skorŭfiję* L. X, 19 Sav. ; cf. *skorŭfiję* Euch. 51 b. De même encore *Fetronii* Πετρώνιος Euch. 93 a.

Ceci n'empêche pas d'ailleurs que *f* ne fût moins difficile à prononcer pour un Slave que θ ; le correcteur qui a corrigé dans le Zographensis un certain nombre de mots renfermant en grec un θ a introduit non pas θ (sauf dans *Θoma* J. XXI, 2), mais *f* ; ou du moins ses θ ont été pour la plupart remplacés par *f* par un copiste et l'on a : Mc VIII, 10 *Dalĭmanufanĭsky* Δαλμανουθά ; Mc II, 26 *(Avia)farě* Ἀβιάθαρ ; L. III, 38 *Sifovŭ* Σήθ ; J. V, 2 *Fezda* Βηθεσδά (*Vitezda* Mar. Ass.).

3° La lettre υ et la diphtongue grecque οι. v. p. 507

Les anciens traducteurs ont régulièrement rendu l'υ grec par une lettre υ empruntée à l'alphabet grec et qui ne sert dans aucun mot slave ; considérant ce υ comme appartenant à la série palatale, ils le faisaient précéder de γ et non de *g*, ainsi dans *Eγυptŭ, Eγυpĭtŭ* [parfois écrit *Eγυpetŭ*] Mt. II, 13, 14, 15, 19 Ass. (Zogr. Mar. def.) ; Ps. LXXVII, 43 ; LXXIX, 9 ; etc., et le jer développé par υ après voyelle et devant consonne était *ĭ*, ainsi dans *Paυĭlŭ* Παῦλος qui a finalement abouti à *Pavlŭ*. Les Slaves n'en sont pas venus pour cela à prononcer υ et, dès les plus anciens manuscrits, υ tend à être remplacé par les voyelles les plus voisines *i* et *u* ; on a ainsi par exemple, au lieu de *antυpatŭ* « ἀνθύπατος », la série des formes suivantes dans le Suprasliensis : *anθυpatŭ* 74, 5, *anθupatŭ* 74, 10 et *antupatŭ* 74, 23, *anθipatŭ* 86, 12. La graphie *tumĭpanŭ* « τύμπανον » Ps. LXXX, 3 est aussi très remarquable avec son *u*, altération de υ, et son *ĭ* qui conserve le souvenir de la voyelle molle υ.

La diphtongue οι n'est pas traitée comme υ dans l'Évangile ; elle est représentée par *i* dans les deux exemples : *jikonomŭ* « οἰκονόμος » L. XVI, 8 Zogr. Mar. (Ass. def.) et *finikŭ* φοῖνιξ J. XII, 13 Zogr. Mar. Ass. ; cf. *pinikŭsŭ* Ps. XCI, 13. Mais, en dehors de l'Évangile, on trouve οι représenté par υ pour le mot στοιχεῖον, ou plutôt pour le pluriel στοιχεῖα de ce mot, dans *stυxija* qu'on lit en de nombreux passages du Nouveau Testament (v. l'index de l'édition Kalužniacki et le *Lexicon* de Miklosich, sous *stuxija*), dans Euch. 4 a (*stuxija*) et dans Supr. 361, 20. A cet égard comme à beaucoup d'autres, on observe dans les textes postérieurs à la traduction de l'Évangile une tendance pédante à calquer dans le plus petit détail les originaux grecs.

Parfois il est difficile de déterminer la leçon ancienne ; ainsi pour σμύρνα on a *ʒmυr(ĭ)na* Mt., II, 11 Ass. Sav. (Zogr. Mar. def.) ; mais Mar. a le dérivé *ʒmrŭnno* J. XIX, 39 en regard de *ʒmυrno* Ass., *ʒmŭrno* Zogr. ; et la graphie *ʒmrŭna* est celle de Ps. XLIV, 9 ; Cloz. 888 et 889 (mais *ʒmυrna* Supr. 340, 22 et 23).

ADDITIONS ET CORRECTIONS

P. 1 et suiv. Toute la partie de ce fascicule relative à l'aspect était achevée et imprimée quand a paru le second fascicule du volume XXXVIII de la *Zeitschrift* de Kuhn, avec un intéressant article de M. Sarauw relatif à cette même question (p. 145 et suiv.). L'objet très particulier de l'exposé ci-dessus et l'objet au contraire très général de l'article de M. Sarauw sont trop différents pour qu'il y ait lieu d'instituer ici une discussion ; mais il sera permis de se féliciter de certaines rencontres.

P. 16, l. 9, lire : *da vrŭgątŭ*.

P. 45, l. 10, lire : *priništjąšte*, au lieu de *priništeste*.

P. 71, l. 2, supprimer *g̅ĭ̅* ; l. 3, lire : *g̅ĭ̅* au lieu de : *gĭ*.

P. 73, l. 21, lire : τοῦ τὰ.

P. 75, l. 7, lire : ποιήσατε, au lieu de : *sŭtvorite*.

P. ~~96, l. 17, lire : ἠγαπᾷτε.~~

P. 114. l. 6, lire : le *ĭ* de *bĭdrŭ*, au lieu de : le *ŭ* de *bŭdrŭ*.

P. 117, l. 10 du haut, lire : *gła*, avec *ł* ; et de même p. 119, l. 9 et 10, *ł* au lieu de *l* ; et ailleurs, passim.

P. 117, l. 16 du bas, lire : *prišĭlĭca*.

P. 139, l. 18 du bas, lire : langue, au lieu de : langues.

P. 141, l. 6, lire : **-ěxŭ*, au lieu de : **ě-xŭ*.

P. 169 et suiv. : sur *slězena*, voir Pedersen, dans *Materialy i prace komisyi językowej ak. um. w Krakowie*, I, p. 171, reçu au moment où la fin de ce volume était déjà mise en pages.

CHARTRES. — IMPRIMERIE DURAND, RUE FULBERT.

www.ingramcontent.com/pod-product-compliance
Ingram Content Group UK Ltd.
Pitfield, Milton Keynes, MK11 3LW, UK
UKHW020325230726
13925UKWH00002B/630

9 782013 566766